Immobilien-Wegweiser

durch den Steuerdschungel

Sibylle Merki, MAS FH in MWST, eidg. dipl. Steuerexpertin

Immobilien-Wegweiser durch den Steuerdschungel

Impressum

ISBN: 978-3-033-05057-0
Verlag: Hauseigentümerverband Schweiz
Copyright: Hauseigentümerverband Schweiz
Druck: Ostschweiz Druck AG, Wittenbach
1. Auflage 2015

Die Verfasserin

Sibylle Merki, diplomierte Steuerexpertin, Master of Advanced Studies FH in Mehrwertsteuer, Würenlingen, verfügt über umfassende Kenntnisse im Immobilienbereich.

Die Autorin hat schon zu Beginn ihrer langjährigen Berufstätigkeit ihre Faszination für Steuern und alles was dazugehört, entdeckt. Und als sie später mehrere Jahre als Steuerkommissärin in einer kantonalen Steuerverwaltung tätig war, hat sie ihre Leidenschaft rund um das Steuerwesen endgültig gepackt. Kein Wunder also, dass sie sich dann auch in ihrer privatwirtschaftlichen Tätigkeit immer mehr auf den Steuerbereich konzentriert und so gewissermassen ihr Hobby zum Beruf gemacht hat. In ihrer Tätigkeit wird Sibylle Merki häufig mit komplexen Fragen im Liegenschaftsbereich konfrontiert.

Dank der Verfasserin

Ich danke dem Hauseigentümerverband Schweiz, der mir die Möglichkeit geboten hat, dieses Buch zu schreiben und damit den vielen Immobilienbesitzern etwas Licht ins Dunkle der Besteuerung rund um Boden und Bau zu bringen. Ebenfalls danken möchte ich den kantonalen Steuerverwaltungen, welche meinen Fragenkatalog beantwortet haben. Die hohe Rücklaufquote hat mich natürlich besonders gefreut. Ein ganz herzliches Dankeschön gehört all den Personen in meinem persönlichen Umfeld (speziell erwähnen möchte ich meinen Vater, Otto Merki), die immer für mich da waren und mich mit Rat und Tat unterstützt haben.

Würenlingen, im Februar 2015

Immobilien-Wegweiser durch den Steuerdschungel

INHALTSVERZEICHNIS

I.	**EINLEITUNG**	12
1.	**Allgemeines**	12
II.	**LIEGENSCHAFTEN STEUEROPTIMAL ERWERBEN, NUTZEN UND VERKAUFEN**	13
1.	**Eine Liegenschaft kaufen oder bauen - Standortwahl**	13
1.1.	Ort der Besteuerung	13
1.2.	Kauf oder Bau einer Liegenschaft	18
1.2.1.	Alleineigentum	19
1.2.2.	Gemeinschaftliches Eigentum	19
1.2.2.1.	Miteigentum (gewöhnliches Miteigentum/Stockwerkeigentum)	19
1.2.3.	Gesamteigentum	20
1.2.4.	Umbau	21
1.2.5.	Renovation / Sanierung	21
1.2.6.	Energetische Gebäudesanierung	21
1.3.	Finanzierung und Amortisation einer Liegenschaft	23
1.3.1.	Hypotheken und Amortisation	23
1.3.2.	Schuldzinsen allgemein	24
1.3.3.	Libor-Hypothek und CAP-Prämie	24
1.3.4.	Festhypothek und Forward-Zins	26
1.3.4.1.	Direkte Amortisation	26
1.3.4.2.	Indirekte Amortisation	27
1.3.4.3.	Amortisieren mit Blick auf die Steuern	29
1.3.4.4.	Weitere Möglichkeiten der Amortisation	29
1.3.4.5.	Hier lohnt sich eine Amortisation nicht	29
1.3.4.6.	Weitere Anlagemöglichkeiten bei einem Verzicht auf die Amortisation	31
1.3.4.7.	Problemfall Erhöhung der Hypothek im Alter	34
1.3.5.	Finanzierung mit Mitteln der beruflichen Vorsorge (2. Säule)	35
1.3.5.1.	Regeln für einen Vorbezug	35
1.3.5.2.	Der Begriff Wohneigentum	37

1.3.5.3.	Weiteres zum Vorbezug	37
1.3.5.4.	Verpfändung des Vorsorgeanspruches	39
1.3.5.5.	Finanzierung der Heizung mit Mitteln der beruflichen Vorsorge	41
1.3.6.	Finanzierung mit Mitteln der gebundenen Selbstvorsorge (Säule 3a)	42
1.3.7.	Finanzierung durch Erbvorbezug oder Schenkung	43
1.3.8.	Finanzierung mit Darlehen im Familien- oder Freundeskreis	43
1.4.	Steuerbelastung	44
1.4.1.	Einkommenssteuer	44
1.4.2.	Vermögenssteuer	49
1.4.3.	Handänderungssteuer, Notariatskosten und Grundbuchgebühren	52
1.4.3.1.	Berechnung der Handänderungssteuer	55
1.4.3.2.	Steuertarif	55
1.4.3.3.	Steuerbefreite Handänderungen	59
1.4.3.4.	Bezahlung der Handänderungssteuer	59
1.4.3.5.	Grundbuch	60
1.4.4.	Liegenschaftssteuer	61
1.4.5.	Nachlass- sowie Erbschafts- und Schenkungssteuer	64
1.4.5.1	Wo das bewegliche und unbewegliche Vermögen besteuert wird	68
1.4.5.2	Bewertung des Vermögensanfalls im Zeitpunkt des Todes	68
1.4.6.	Immobilien und Quellenbesteuerung	69
2.	**Nutzung, Liegenschaftsertrag und Abzüge**	**70**
2.1.	Allgemein	70
2.2.	Eigenmietwertbesteuerung und Mieterträge	70
2.2.1.	Worauf man bei Mietertrag und Eigenmietwert achten muss	72
2.2.2.	Abschaffung des Eigenmietwertes	72
2.3.	Vorzugsmiete	73
2.3.1.	Bestimmung des Eigenmietwertes	74
2.3.2.	Unternutzungsabzug	74
2.3.3.	Einschlag vom Eigenmietwert in Härtefällen	76
2.3.4.	Berufsauslagen	80

2.3.5.	Fremdnutzung	81
2.4.	Nutzniessung	81
2.5.	Wohnrecht	82
2.6.	Effektiver Liegenschaftsaufwand - das können Sie abziehen	83
2.6.1.	Werterhaltende Aufwendungen	85
2.6.2.	Wertvermehrende Aufwendungen	85
2.6.3.	Lebenshaltungskosten	86
2.6.4.	Betriebs- und Verwaltungskosten	86
2.6.5.	Abgrenzungsprobleme	87
2.6.6.	Das Erbringen von Eigenleistungen an einer Liegenschaft	90
2.6.7.	Einige ausgewählte Praxisbeispiele sowie Gerichtsentscheide zu Liegenschaftsunterhaltskosten (werterhaltend/wertvermehrend, Lebenshaltungskosten versus Betriebskosten)	91
2.6.8.	Mängel (konstruktive Mängel) und damit verbundene Schäden	97
2.6.9.	Gebrauchsdauer	98
2.6.10.	In welcher Steuerperiode die Unterhaltsarbeiten abgezogen werden können	99
2.6.11.	Steuerliche Behandlung eines Gewinnungskostenüberschusses	100
2.7.	Effektive Kosten und Pauschalabzug	100
2.7.1.	Liegenschaftsunterhalt und Kleinquittungen	109
2.8.	Wer kann die Unterhaltskosten geltend machen?	109
2.9.	Renovationskosten zeitlich aufteilen	110
2.10.	Anlagekosten für Energiesparmassnahmen und Umweltschutz	111
2.11.	Abzugsfähige Verwaltungskosten	119
2.12.	Spezialitäten beim Stockwerkeigentum	119
2.12.1.	Einlagen in den Erneuerungsfonds und andere Unterhaltskosten	119
2.12.2.	Besteuerung des Erneuerungsfonds	120
2.13.	Schuldzinsen und andere Finanzierungskosten	120
2.13.1.	Beschränkung des Schuldzinsenabzuges	120
2.13.2.	Zeitpunkt des Schuldzinsenabzuges	122
2.13.3.	Andere Finanzierungskosten	122

2.14.	Baukreditzinsen	122
3.	**Steuerfolgen beim Verkauf einer Liegenschaft**	**123**
3.1	Grundsätzliches	123
3.2	Grundzüge der Grundstückgewinnsteuer	125
3.2.1.	Allgemeines zum monistischen und dualistischen System	131
3.2.2.	Monistisches System	131
3.2.3.	Dualistisches System	131
3.3	Bevorzugte Handänderungen	132
3.4	Einreichung der Steuererklärung für Grundstückgewinne	133
3.5	Ersatzbeschaffung	134
3.6	Kaskadenersatzbeschaffung	136
3.7	Besteuerung nach der Höhe des Gewinns und der Besitzdauer	139
3.8	Steuerhoheit	139
3.9	Interkantonaler Vergleich der Grundstückgewinnsteuer	141
III.	**SPEZIALTHEMEN**	**151**
1.	**Mehrwertsteuer und Immobilien**	**151**
1.1.	Steuerpflicht bei der Mehrwertsteuer	151
1.2.	Ausnahmen im Mehrwertsteuerbereich	152
1.3.	Kauf von Liegenschaften	152
1.4.	Vermietung/Verpachtung von Liegenschaften	153
1.5.	Option	154
1.6.	Vorsteuerabzug	155
1.7.	Nutzungsänderung	155
1.8.	Eigenverbrauch	156
1.9.	Einlageentsteuerung	156
2.	**Schenkung von Liegenschaften**	**156**
2.1.	Allgemein	156
2.2.	Wahl des Liegenschaftenkantons	157
2.3.	Zusammenfassung der Möglichkeiten bei der Übertragung einer Liegenschaft in Kantonen mit Schenkungssteuern:	161
2.4.	Wie die Kapitalisierung im Steuerrecht erfolgt	161

3.	Immobilien und Steuern im Konkubinat	162
4.	Liegenschaften bei Scheidung	169
5.	Der Kauf eines Ferienhauses und seine fiskalischen Auswirkungen	170
5.1.	Allgemein	170
5.2.	Aufteilung Einkommen und Vermögen	170
5.3.	Repartitionswerte	171
5.4.	Ferienwohnung im Ausland	176
5.5.	Wohnsitzwechsel	178
5.6.	Ausscheidungsverluste bei einer Liegenschaft im Inland	178
5.7.	Ausscheidungsverluste bei einer Liegenschaft im Ausland	179
IV.	ANHANG	181
1.	Tipps zum Ausfüllen der Steuererklärung in Bezug auf Liegenschaften	181
2.	Übliche Beilagen zur Grundstückgewinnsteuererklärung	183
3.	Einsprachemöglichkeiten	184
4.	Mustereinsprache (Beispiel kantonales Steueramt Zürich)	185
5.	Besteuerung von Liegenschaften im Privatvermögen	186
6.	Wohneigentumsförderung	187
7.	Merkblatt des kantonalen Steueramtes Zürich über die steuerliche Abzugsfähigkeit von Kosten für den Unterhalt und die Verwaltung von Liegenschaften Nr. 18/821 ab Seite 12 Abgrenzungskatalog	189
8.	Gesetzliche Erbteile und Pflichtteile / freie Quote	194
9.	Adressen der Steuerverwaltungen	196
10.	Abkürzungsverzeichnis	200
11.	Stichwortverzeichnis	203
12.	Informationsquellen / Rechtsquellenverzeichnis	211
13.	Wichtige Begriffe	214
14.	Merkblatt 1 Steuerbefreite Handänderungen in den Kantonen und Gemeinden	218
15.	Merkblatt 2 Rückerstattung der Verrechnungssteuer an Stockwerkeigentümergemeinschaften	223
16.	Merkblatt 3 Dienstbarkeiten, Grundlasten und vorgemerkte Rechte	225

Vorwort der Autorin

In meinem beruflichen Alltag bin ich immer wieder mit Immobilienfragen und -problemen konfrontiert. Im Hinblick darauf, dass es sich hier um eines der komplexeren Gebiete im schweizerischen Steuerrecht handelt, ist das eigentlich nicht verwunderlich. So stellen sich bereits vor dem Erwerb von Grundeigentum unzählige Fragen.

Ein grosser Teil der Bevölkerung träumt von den eigenen vier Wänden. Mit Blick auf die gegenwärtig sehr tiefen Hypothekarzinsen, hoffen viele, auf eine Verwirklichung ihrer Träume. Der Weg dahin ist, wenn überhaupt, ein langer und steiniger. Er beginnt mit einer langfristigen Planung und/oder einem Objekt, das den eigenen finanziellen Verhältnissen Rechnung trägt. Die falsche Einschätzung der Tragbarkeit einer Immobilie kann den Genuss eines eigenen Hauses oder einer Wohnung jäh zerstören. Also müssen vor einem endgültigen Entscheid stets alle möglicherweise auftretenden Veränderungen - beispielsweise steigende Hypothekarzinsen, Wegfall eines Einkommens (bei Zweitverdienern), usw. - abgeklärt werden.

Begleiten wir die fiktive Familie Heim auf ihrem Hürdenlauf zum Immobilienkauf. Diese hat, nicht zuletzt durch geschäftlich bedingte Umzüge des Ehemannes, viele Stationen durchlaufen. Und hat viele gute, aber leider auch schlechte Erfahrungen sammeln können bzw. müssen! Damit Fehler vermieden, Probleme frühzeitig erkannt und Planungsmöglichkeiten richtig eingeschätzt werden, ist es sinnvoll, sich von Fachleuten helfen zu lassen.

In diesem Buch werden die steuerlichen Bestimmungen der einzelnen Kantone tabellarisch wiedergegeben, es ist jedoch unerlässlich, in konkreten Fällen die diesbezügliche kantonale Gesetzessammlung vorgängig zu konsultieren. Änderungen ergeben sich immer wieder und leider oft auch sehr kurzfristig.

Dieses Buch befasst sich ausschliesslich mit Immobilien im Privatvermögen. Eine Erweiterung auf Liegenschaften im Geschäftsvermögen würde den Rahmen des Buches sprengen. Im Mehrwertsteuerbereich beschränkt sich dieses Buch auf grundlegende Informationen. Denn allein zum Thema Mehrwertsteuer auf Immobilien könnte ein umfassender Leitfaden geschrieben werden.

In diesem Werk wurde der Stand der Steuergesetzgebung bis Juni 2014 hinsichtlich des Wohneigentums beim Bund, in den Kantonen und Gemeinden berücksichtigt. Das Buch soll Hauseigentümer sensibilisieren, auch die steuerlichen Aspekte gebührend zu berücksichtigen. Es soll bei einfacheren Steuerfragen als Leitfaden dienen.

I. EINLEITUNG

1. Allgemeines

Vorerst ein Überblick über das schweizerische Steuersystem. Dieses widerspiegelt die föderalistische Struktur unseres Landes. In der Schweiz erheben nämlich sowohl der Bund als auch die 26 einzelnen Kantone und die rund 2 350 Gemeinden Steuern.

Quelle: Die geltenden Steuern von Bund, Kantonen und Gemeinden; Steuerinformation der Vereinigung der schweizerischen Steuerbehörden, Bern, Stand 1. Januar 2014.

Befassen wir uns vorerst mit der Frage «*Warum dürfen die Kantone überhaupt Steuern erheben*»? Die Bundesverfassung hat den Kantonen eine staatliche Selbständigkeit (Art. 3 und Art. 42 BV) eingeräumt. Aufgrund dieser Souveränität können sie jede Steuer erheben, die nicht durch die Bundesverfassung dem Bund allein vorbehalten ist. Trotz dieser Befugnis sind die Rechte der Kantone in verschiedenen Hinsichten eingeschränkt. Bedeutsam sind die bundesrechtlichen Einschränkungen, die sich aus dem verfassungsmässigen Auftrag zur Steuerharmonisierung sowie aus dem Doppelbesteuerungsverbot ergeben.

Die Bundesverfassung (Art. 129 BV) beauftragt den Bund, in Zusammenarbeit mit den Kantonen für die Harmonisierung der direkten Steuern von Bund, Kantonen und Gemeinden zu sorgen. Dafür wurde ein Steuerharmonisierungsgesetz (StHG) erlassen, welches auf den 1. Januar 1993 in Kraft gesetzt worden ist. Mit der Umsetzung des Steuerharmonisierungsgesetzes in den Kantonen und Gemeinden wird einerseits die sogenannte **horizontale Harmonisierung** angestrebt. Andererseits wird die sogenannte **vertikale Harmonisierung** zwischen dem Bund und den Kantonen mit dem auf das StHG abgestimmten, von den eidgenössischen Räten am 14. Dezember 1990 verabschiedeten und auf den 1. Januar 1995 in Kraft getretenen Bundesgesetzes über die direkte Bundessteuer (DBG) erreicht.

Dort wo das Steuerharmonisierungsgesetz klare Vorgaben macht, ist die Umsetzung einfach. Weniger Probleme werfen jene Normen auf, die Freiräume belassen. Schwierigkeiten bietet die Rechtsangleichung vor allem bei auslegungsbedürftigen Steuerharmonisierungsbestimmungen. Leider kann man nicht ganze Artikel oder Absätze den drei genannten Typen von Vorschriften zuordnen. Vielmehr ist es oft so, dass derselben Vorschrift einerseits völlig klare Anweisungen zu entnehmen und andererseits weitere Textelemente in geringerem oder höherem Masse auslegungsbedürftig sind. In

Fällen, wo überzeugende sowie mit guten Gründen unterschiedliche Auslegungen des StHG möglich sind, ist der kantonale Gesetzgeber ermächtigt, nach den eigenen Wertungen zu entscheiden. Als Folge dieser unterschiedlichen Auslegungen dürfen von den Kantonen nicht immer identische Lösungen erwartet werden.

Wichtig ist auch die Erkenntnis, dass von einer bestimmten Person nur dann eine Steuer erhoben werden kann, wenn ein Steuerrechtsverhältnis zwischen der Person und dem Steuerhoheitsträger besteht. Damit ein solches Steuerrechtsverhältnis zustande kommt, müssen fünf Elemente gegeben sein. Dies sind die Steuerhoheit, das Steuersubjekt, das Steuerobjekt, die Steuerberechnungsgrundlage und das Steuermass. Diese Voraussetzungen müssen in der Verfassung oder einem formellen Gesetz geregelt sein.

II. LIEGENSCHAFTEN STEUEROPTIMAL ERWERBEN, NUTZEN UND VERKAUFEN

1. Eine Liegenschaft kaufen oder bauen – Standortwahl

1.1. Ort der Besteuerung

Hand aufs Herz: Sicher haben sich nicht nur Marion und Roger Heim Gedanken über den Bau oder Erwerb einer Liegenschaft gemacht. Für viele Menschen bedeutet ein Eigenheim Unabhängigkeit und Gestaltungsfreiheit. Nachdem sich die Familie Heim entschlossen hat, eine Liegenschaft zu erstellen oder zu erwerben und sich Klarheit über ihre finanzielle Möglichkeiten verschafft hat, stellt sich anschliessend die Frage der Standortwahl. Abzuklären sind in diesem Zusammenhang weitere Faktoren wie Ortsgebundenheit, Einkaufsmöglichkeiten, Schulen, öffentliche Verkehrsmittel, usw. Für Immobilien gilt sowohl im internationalen wie auch im interkantonalen Verhältnis der Grundsatz, dass eine Liegenschaft am Ort der gelegenen Sache besteuert wird. Es empfiehlt sich somit in jedem Fall, die Steuerbelastungen am vorgesehenen Wohnort sorgfältig abzuklären und gegebenenfalls Vergleiche mit anderen Standorten anzustellen. Zu beachten ist auch, dass plötzlich ein vermeintlicher Steuervorteil durch eine Gesetzesänderung wegfallen kann.

Häufig steht beim Kauf einer Liegenschaft auch die Frage der reduzierten Steuerbelastung im Raum. Bevor jedoch auf Einzelheiten eingegangen wird, muss als Wichtigstes anhand eines realistischen Budgets geklärt werden, ob und bis zu welcher Grenze die

Belastung mit Hypothekarzinsen und Unterhaltskosten für die Familie Heim überhaupt tragbar ist. Dabei muss für unverhofft eintretende Veränderungen auch ein gewisser finanzieller Spielraum vorhanden sein.

> Beim Vergleich zwischen Miete und Kauf kommen verschiedene Punkte zum Tragen. Unter anderem:
> - Derzeit verfüge ich nicht über ausreichende Eigenmittel für den Kauf einer Liegenschaft
> - Durch den Kauf von Wohneigentum wird die finanzielle Flexibilität und die Mobilität eingeschränkt
> - Abhängigkeit von der Bank (sofern für Finanzierung nicht genügend Eigenmittel vorhanden sind)
> - Steuerliche Unterschiede

Familie Heim erstellt eine Vergleichsrechnung zwischen einer Mietwohnung und einer Eigentumswohnung. Diese gibt ihr auch Rückschlüsse auf die steuerliche Optik. Steuerliche Kriterien allein sollten für den Entscheid, ein Eigenheim zu erwerben, nicht massgebend sein. Auch kann niemand voraussagen, wie die steuerliche Ausgestaltung des Wohneigentums in einigen Jahren aussehen wird. Mit den tiefen Hypothekarzinsen ist ein Kauf in der heutigen Zeit zweifellos für viele weitere Haushalte in Reichweite gerückt. Aber die Folgen von steigenden Hypothekarzinsen dürfen für einen Kaufentscheid nicht unberücksichtigt bleiben.

> **BEISPIEL** Vergleich zwischen Miete oder Kauf einer Eigentumswohnung (steuerliche Auswirkungen)
>
> Bisheriger Wohnort und auch Wunschstadt für eine Eigentumswohnung: Baden (Kanton Aargau). Verheiratet, beide 38 jährig, 2 Kinder (12 Jahre und 10 Jahre). Der Ehemann ist berufstätig, die Ehefrau ist Hausfrau.
>
> Einkommen 2013 jährlich brutto CHF 90 000, Ersparnisse CHF 70 000, Kaufpreis Eigentumswohnung in Baden CHF 500 000, Vorbezug aus der Pensionskasse CHF 50 000.
> 1. Hypothek CHF 260 000
> 2. Hypothek CHF 140 000 (die zweite Hypothek wird indirekt via Säule 3a amortisiert).

Immobilien-Wegweiser durch den Steuerdschungel

Miete		
Bruttoerwerbseinkommen	CHF	90 000
Netto-Einkommen	CHF	78 300
Abzüge		
abzüglich Pauschalabzug Berufskosten und Velo	CHF	3 749
abzüglich Versicherungsabzug	CHF	4 000
abzüglich Kinderabzug für 2 Kinder	CHF	12 800
abzüglich Säule 3a	CHF	6 739
steuerbares Einkommen Gemeinde/Kanton	CHF	51 012
steuerbares Einkommen Bund	CHF	49 912
Steuerbares Vermögen*	CHF	0
Steuerschuld Kanton und Bund, ohne Feuerwehr und Kirchensteuern	CHF	2 999

*Ersparnisse CHF 70 000 abzüglich steuerfreier Betrag im Kanton Aargau für Verheiratete CHF 180 000 sowie Abzug pro Kind CHF 12 000.

Eigentumswohnung:		
Bruttoerwerbseinkommen	CHF	90 000
Netto-Einkommen	CHF	78 300
Eigenmietwert		
(60 % von CHF 2'000 Monatsmiete)	CHF	14 400
Total der Netto-Einkünfte	CHF	92 700
abzüglich erlaubte Abzüge	CHF	20 549
abzüglich Schuldzinsen Hypothek	CHF	12 400
abzüglich Amortisation 3a	CHF	6 739
abzüglich Unterhaltskosten (pauschal 20 %) von EMW	CHF	2 880
steuerbares Einkommen Gemeinde/Kanton	CHF	50 132
steuerbares Einkommen Bund	CHF	51 336*

Steuerbares Vermögen:		
Eigentumswohnung		
(von Verkehrswert 80 %)	CHF 400 000	
Ersparnisse	CHF 20 000	CHF 420 000
abzüglich Schulden (Hypothek)		CHF 400 000
Reinvermögen		CHF 20 000
abzüglich steuerfreie Beträge		CHF 204 000
steuerbares Vermögen		CHF 0
Steuerschuld Kanton und Bund, ohne Feuerwehr und Kirchensteuer		CHF 2 889

*Die aargauischen Eigenmietwerte sind tiefer als die für die direkte Bundessteuer massgebenden Werte. Die Eidgenössische Steuerverwaltung hat bestimmt, das zum kantonalen Eigenmietwert für die Steuerperiode ein Zuschlag von 20 % hinzugerechnet werden muss. Sofern bei selbst bewohntem Eigenheim die Unterhaltskosten pauschal geltend gemacht wurden, kann die Pauschale auf dem Mietwertzuschlag ebenfalls berücksichtigt werden.

Wie dieses Beispiel zeigt, ergeben sich beim Vergleich Miete/Kauf in Bezug auf die Steuern nur geringfügige Abweichungen. Zu beachten ist aber, dass für das eigene Haus jährlich mit höheren Kosten zu rechnen ist als für eine Mietwohnung.

Die Kosten nehmen noch mehr zu, wenn die Hypothek direkt amortisiert wird. Zu beachten ist auch, dass die Zinssätze für Hypotheken momentan sehr tief sind. Nicht ausser Acht gelassen werden darf, dass beispielsweise bei Streitigkeiten mit einem Nachbarn als Mieter eine Mietwohnung relativ rasch gekündigt werden kann. Ein Haus oder eine Stockwerkeinheit zu verkaufen, ist zweifellos erheblich schwieriger. Insbesondere wenn ein gewisser Verkaufsdruck entsteht, kann die unangenehme Situation eintreten, dass die Liegenschaft unter ihrem Wert veräussert werden muss. Und das gilt es unter allen Umständen zu vermeiden.

Weitere Fragen, die zwar beim Kauf noch in weiter Ferne liegen, aber manchmal schneller ein Thema werden als einem lieb ist, müssen sorgfältig abgeklärt werden. Liegt die Liegenschaft in einer Gemeinde mit einem starken Bevölkerungswachstum, d.h. kann die Liegenschaft im Bedarfsfall jederzeit wieder ohne Verlust verkauft werden? Wie sieht es aus, wenn die Kinder eine Spezialschule besuchen müssen? Komme ich auch ohne Auto zurecht? Oder besteht die Möglichkeit, die Liegenschaft weiter auszubauen (beispielsweise Dachwohnung, Bau eines Wintergartens, Garagenanbau, etc.) falls unverhofft weiterer Platzbedarf entsteht? Sofern jemand eine Liegenschaft kaufen will, muss eine Tragbarkeitsrechnung erstellt werden. An einem einfachen Beispiel wollen wir uns eine solche ansehen.

Familie Heim hätte Gelegenheit, ein Einfamilienhaus zum Preis von CHF 1 200 000 zu erwerben. An eigenen Ersparnissen sind bei dieser Familie CHF 240 000 vorhanden. Die Finanzierungslücke von CHF 960 000 soll mit Hypotheken abgedeckt werden. Das jährliche Netto-Einkommen beträgt CHF 220 000. Bei einer maximalen Belehnung von 65 % durch die erste Hypothek und 15 % durch die zweite Hypothek ergibt sich folgende Ausgangslage:

Erwerbspreis der Liegenschaft:	CHF 1 200 000
Eigene Mittel (20 %)	CHF 240 000
Jährliches Netto-Einkommen	CHF 220 000
Zinssatz 1.Hypothek (variable Hypothek)	2.75 %
Zinssatz 2.Hypothek (variable Hypothek)	3.75 %
Hypothekarkredit	CHF 960 000
1.Hypothek	CHF 624 000
2.Hypothek	CHF 336 000

Die 2. Hypothek muss innert 15 Jahren amortisiert werden.

Für die Nebenkosten wird üblicherweise mit 1 % vom Kaufpreis gerechnet.

Nachfolgend sehen wir uns die Tragbarkeitsrechnung anhand von zwei verschiedenen Beispielen etwas näher an. In der ersten Variante wird von den heute anwendbaren Zinssätzen einer variablen Hypothek ausgegangen; diese sind verhandelbar (je nach Bankinstitut und Verhandlungsgeschick können sie sehr unterschiedlich sein). In einer zweiten Variante wird von einem kalkulatorischen Zinssatz von 5 % für die erste Hypothek und von 5.5 % für die zweite Hypothek ausgegangen. Mit diesen beiden Varianten sollen die Heims darauf sensibilisiert werden, was bei einer Hypothekarzinserhöhung bei praktisch gleichbleibenden Einkommensverhältnissen passieren wird.

Tragbarkeitsrechnung (aktuelle Zinssätze)	CHF	Tragbarkeitsrechnung (kalkulatorische Zinssätze)	CHF
Kosten 1. Hypothek pro Jahr	17 160	Kosten 1. Hypothek pro Jahr	31 200
Kosten 2. Hypothek pro Jahr	12 600	Kosten 2. Hypothek pro Jahr	18 480
Amortisation 2. Hypothek pro Jahr	22 400	Amortisation 2. Hypothek pro Jahr	22 400
Nebenkosten pro Jahr	12 000	Nebenkosten pro Jahr	12 000
Jährliche Kosten	64 160	Jährliche Kosten pro Jahr	84 080
Das Verhältnis der Kosten zum Netto-Einkommen beträgt 29.2 %.		Das Verhältnis der Kosten zum Netto-Einkommen beträgt 38.2 %.	

> Das Einfamilienhaus ist bei tieferen Zinsen tragbar. Wenn die Zinsen aber steigen, wird es problematisch. Die maximale prozentuale Belastung des Netto-Einkommens sollte nicht höher als 33 bis 35 % sein.

1.2. Kauf oder Bau einer Liegenschaft

Den Entscheid, eine Liegenschaft zu kaufen oder zu erstellen, treffen die meisten Erwerber nur einmal im Leben. Es ist daher äusserst wichtig, seine Bedürfnisse und Vorstellungen genau zu kennen und auch einzubringen. Schliesslich soll das richtige Objekt gefunden werden. Der Wunsch der Familie Heim ist ein freistehendes Einfamilienhaus, weil es einen grossen Freiraum und Unabhängigkeit bietet. Aber wer kümmert sich um den grossen Umschwung? Wäre da nicht ein Reiheneinfamilienhaus, welches meistens einen geringeren Landanteil aufweist, geeigneter? Es empfiehlt sich ein vorsichtiges Herantasten an das Thema «Kauf oder Erstellung» einer Liegenschaft und keine voreiligen Schlüsse zu ziehen.

Der Kauf eines «älteren» Hauses birgt manchmal finanzielle Gefahren, welche nicht auf den ersten Blick ohne weiteres zu erkennen sind. Hier empfiehlt es sich, unbedingt ein Gutachten eines erfahrenen Fachmannes über den Gebäudezustand erstellen zu lassen. Nur so können unschöne Überraschungen vermieden werden.

Fällt die Entscheidung, zugunsten eines Hauses und eines Architekten, ist viel Individualität geboten. Allenfalls lässt Familie Heim das Haus durch einen Generalunternehmer erstellen. Der Bauherr sollte sich bewusst sein, dass ihm eine zeitintensive Phase bevorsteht. Seine Bedürfnisse muss er minutiös abklären und seine Wünsche konkret einbringen. Gedanken darüber, welchen Architekturstil oder welche Objektart (bspw. alt, klassisch, urban, modern, ökologisch) er bevorzugt, sind unabdingbar. Ebenso muss frühzeitig daran gedacht werden, was mit dem Haus geschieht, wenn man älter wird. Auch sollte die Möglichkeit abgeklärt werden, ob ohne extreme Mehrkosten, alles auf einer Ebene erstellt, ein Lift eingebaut oder die ganze Liegenschaft rollstuhlgängig gemacht werden kann.

Ein Generalunternehmer bietet ein klar definiertes Objekt an. Selbstverständlich besteht auch hier eine gewisse Einflussmöglichkeit auf den Ausbau, wobei allfällige Mehrkosten belastet werden. Die Kosten und der Termin sind fix, die Einflussmöglichkeiten jedoch beschränkt.

Nach dem Entscheid kaufen oder bauen kommt der Moment, sich mit Steuerfragen zu befassen. Dies beginnt bei der Bewertung der Liegenschaft durch das Steueramt. Denn selbstnutzende Liegenschaftsbesitzer müssen den Eigenmietwert sowie den Vermögenssteuerwert versteuern.

> Beim Bau einer Liegenschaft muss sich Familie Heim bewusst sein, dass es sich bei den Kosten für die Erstellung eines Eigenheimes um so genannte Anlagekosten handelt. Anlagekosten können im Gegensatz zu den Unterhaltskosten nicht vom steuerbaren Einkommen in Abzug gebracht werden. Bei einem späteren Verkauf wird - sofern kein Steueraufschub geltend gemacht werden kann - die Grundstückgewinnsteuer erhoben. Hier besteht dann die Möglichkeit - sofern ein Gewinn erzielt wird - diese Baukosten vom Verkaufserlös in Abzug zu bringen. Es ist deshalb unerlässlich, die entsprechenden Rechnungen bzw. die detaillierte Bauabrechnung im Hinblick auf einen späteren Verkauf sorgfältig aufzubewahren.

Für viele steuerrechtliche Fragen werden Antworten in den frei zugänglichen Weisungen oder Merkblättern der kantonalen Steuerverwaltung sowie im kantonalen Steuergesetz oder auch in den Wegleitungen zur Steuererklärung gefunden.

1.2.1. Alleineigentum

Bei selbstbewohntem Alleineigentum ist der Eigentümer steuerpflichtig für den Liegenschaftsertrag, den Eigenmietwert. Es können aber die selbst getragenen Liegenschaftsunterhaltskosten und die Hypothekarschuldzinsen des steuerbaren Vermögensertrages plus CHF 50 000 vom steuerbaren Einkommen in Abzug gebracht werden. Der Vermögenssteuerwert der Liegenschaft sowie die Hypothek als Schuld sind unter der Rubrik Vermögen in der Steuererklärung zu erfassen.

1.2.2. Gemeinschaftliches Eigentum

Im Steuerrecht gilt grundsätzlich jede Form von Eigentum (Allein-, Gesamt- oder Miteigentum) an Grundstücken als Grundeigentum, d.h. der Gesamt- oder Miteigentümer wird für seine Quote bzw. seinen Anteil am Grundstück steuerlich gleich behandelt wie der Alleineigentümer.

1.2.2.1. Miteigentum (gewöhnliches Miteigentum/Stockwerkeigentum)

Steht eine Liegenschaft im Miteigentum und bewohnen die Miteigentümer sie zusammen oder wenn die Liegenschaft durch einen Miteigentümer an den anderen Miteigentümer vermietet ist, muss sich jeder seinen prozentualen Anteil am Mietwert bzw. den Mieteinkünften anrechnen lassen, entsprechend dem jeweiligen Miteigentumsanteil (BGE vom 26. Juni 2002 2.508/2001). Dabei richtet sich bei Miteigentumsgemeinschaften der Anteil am steuerbaren Ertrag und am abziehbaren Aufwand nach den im Grundbuch eingetragenen Miteigentumsquoten.

Vom Grundsatz, dass Unterhaltskosten nur diejenige Person abziehen kann, welche auch die Erträge versteuert hat, gibt es eine Ausnahme. Die Grundeigentümerschaft einer Liegenschaft, die mit einer unentgeltlichen Nutzniessung oder mit einem unentgeltlichen Wohnrecht belastet ist, kann den von Gesetzes wegen zu tragenden Unterhalt absetzen, obschon sie insoweit keine Erträge deklarieren muss (B25.6 Nr. 59, 2011 DBG/BE, StE 10/2011).

Steht die Liegenschaft im gemeinschaftlichen Eigentum mehrerer Personen (Mit- oder Gesamteigentum), so sind die Unterhaltskosten durch diese Personen anteilsmässig (im Ausmass ihres Eigentumsanteils) geltend zu machen. Bei Mit- oder Gesamteigentum und solidarischer Haftung ist der Schuldzinsenabzug auch dann anteilsmässig zu gewähren, wenn die Bank die Zinsen nur von einer Person vereinnahmt.

Allerdings ist bei den Schuldzinsen rechtlich das Vorhandensein einer Geldschuld Voraussetzung für die Entstehung einer steuerlich relevanten Zinsschuld. Deshalb sind stets nur Zinszahlungen für eigene Schulden der steuerpflichtigen Person abziehbar. Übernimmt der oder die Steuerpflichtige für einen Dritten die Zahlung von Schuldzinsen, wird er bzw. sie dadurch nicht zur Schuldnerin im Sinne von Art. 33 Abs. 1 lit. a DBG bzw. Art. 9 Abs. 2 lit. a StHG und kann daher die entsprechende Zahlung steuerlich nicht absetzen (Peter Locher, Kommentar zum DBG, I. Teil, Therwil 2001, Art. 33 N 5).

1.2.3. Gesamteigentum

Beim Gesamteigentum werden der Liegenschaftsertrag, der Liegenschaftsunterhalt, die Schuldzinsen, der Liegenschaftswert und die Schulden auf der Liegenschaft zu gleichen Teilen in der Steuererklärung deklariert. Ein Konkubinatspaar hat eine Liegenschaft in Gesamteigentum. Das Paar hat sich entschlossen, eine Regelung bezüglich der Aufteilung des Eigentums zu machen. Die Aufteilung soll 10 % zu 90 % erfolgen. Grundsätzlich sollte es möglich sein, sofern der Gesellschaftsvertrag dem Steueramt offengelegt wird, dass auf diese internen Quoten abgestellt wird. Wichtig ist aber die Feststellung, dass dann jedoch alle Liegenschaftspositionen nach der gleichen Quote aufgeteilt werden. Das heisst, sowohl der Eigenmietwert, die Liegenschaftsunterhaltskosten, der Liegenschaftswert, die Schulden und Schuldzinsen auf der Liegenschaft werden nach dem Gesellschaftsvertrag aufgeteilt.

Ein wichtiges Beispiel für das Gesamteigentum ist die Erbengemeinschaft, die jeweils am Nachlass Gesamteigentum hat.

> **Merke:** Wirtschaftlich gesehen erscheint ein Gesamteigentümer als Eigentümer eines Anteils an der in gemeinschaftlichem Eigentum befindlichen Sache. Im Unterschied zu einem Miteigentümer steht ihm jedoch kein Recht auf Verfügung über seinen Anteil oder auf Teilung der Sache zu. Während der Dauer des Gesamteigentums gehört einem Gesamteigentümer nicht ein bestimmter, abgegrenzter Teil der Sache, sondern bloss der Anspruch auf einen zukünftigen Anteil.

1.2.4. Umbau

Werden bei einem Umbau nur die Grundmauern des Kellergeschosses saniert und der Rest wird neu gebaut, ist damit zu rechnen, dass dies als Neubau qualifiziert wird. Deshalb ist der Aufwand für die Sanierung der Kellermauern bei der Einkommenssteuer nicht als Unterhalt abzugsfähig. Bei einem späteren Verkauf der Liegenschaft können diese Kosten als Anlagekosten bei der Grundstückgewinnsteuer geltend gemacht werden.

1.2.5. Renovation / Sanierung

Weist ein Haus einen Sanierungsbedarf auf, sollte zuerst geklärt werden, ob der werterhaltende Teil der Unterhaltskosten steuerlich abzugsfähig ist und wie der Abzug von Unterhaltskosten gehandhabt wird. Bei grösseren Investitionen kann es sinnvoll sein, die Kosten über mehrere Jahre zu verteilen oder wenigstens über das Jahresende aufzusplitten.

1.2.6. Energetische Gebäudesanierung

Häufig besteht der Wunsch oder das Bedürfnis, ein Haus energieeffizienter zu gestalten. Dies kann schnell zu grösseren Renovationen führen. Zuerst war nur der Ersatz der Heizung ein Thema. Plötzlich wird festgestellt, dass es auch noch neuer Fenster und einer neuen Fassade bedarf, diverse Haushaltgeräte angeschafft sowie allenfalls das Bad renoviert werden müssen. Die meisten Kantone richten bei einer umfassenden Renovation Subventionen aus. Zudem können auch durch die energieeffizienten

Massnahmen erhebliche Folgekosten (bspw. Heizenergieverbrauch, Steigerung des Wohnkomforts, Verminderung von Wärmeverlusten, etc.) eingespart werden. Ein weiterer Vorteil ist auch, dass i.d.R. solche Kosten steuerlich vom Einkommen (siehe Ausführungen Punkt 2.10) abgezogen werden können. Aus steuerlicher Optik ist es bei einer energetischen Gebäudesanierung überlegenswert, die Investitionskosten über mehrere Jahre zu verteilen.

BEISPIEL Gehen wir davon aus, dass Familie Heim (mit ihren beiden Kindern Aiden und Sandra) im Kanton Zürich Stadt Zürich wohnt und steuerlich abzugsfähige Investitionskosten für energetische Massnahmen in Höhe von CHF 50 000 anstehen. Hier besteht nun die Wahl zwischen einer Gesamtsanierung oder einer solchen in zeitlich gestaffelten Etappen (über vier Jahre hinweg je CHF 12 500). Zur Veranschaulichung bei unterschiedlichen steuerbaren Einkommen werden drei Varianten aufgezeigt. Bei den Berechnungen wird nur die Einkommenssteuer (Bund, Staats- und Gemeindesteuern) berücksichtigt.

Variante 1: steuerbares Einkommen CHF 70 000 (vor Berücksichtigung der energetischen Massnahmen), die jeweilige Steuerersparnis beträgt:

- rund CHF 5 860 bei einmaligem Abzug von CHF 50 000
- rund CHF 8 220 bei viermaligem Abzug von CHF 12 500
- Differenz CHF 2 360 zugunsten einer Staffelung der Steuerabzüge

Variante 2: steuerbares Einkommen CHF 120 000 (vor Berücksichtigung der energetischen Massnahmen), die jeweilige Steuerersparnis beträgt:

- rund CHF 10 740 bei einmaligem Abzug von CHF 50 000
- rund CHF 11 980 bei viermaligem Abzug von CHF 12 500
- Differenz CHF 1 240 zugunsten einer Staffelung der Steuerabzüge

Variante 3: steuerbares Einkommen CHF 200'000 (vor Berücksichtigung der energetischen Massnahmen), die jeweilige Steuerersparnis beträgt:

- rund CHF 17 030 bei einmaligem Abzug von CHF 50 000
- rund CHF 17 470 bei viermaligem Abzug von CHF 12 500
- Differenz CHF 440 zugunsten einer Staffelung der Steuerabzüge

Diese drei Berechnungen zeigen, dass bei einem steuerbaren Einkommen von CHF 70 000 durch die Staffelung immerhin CHF 2 360 an Steuern eingespart werden können. Mit zunehmend höherem Einkommen wird die Differenz aber geringer.

1.3. Finanzierung und Amortisation einer Liegenschaft

Die Finanzierung von Liegenschaften erfolgt meistens mit Hilfe von Baukrediten (während der Bauzeit) und Hypotheken. Der Käufer muss für die Hypothek mindestens 20 % des Belehnungswertes als Eigenkapital beisteuern. Von diesem Wert dürfen nicht mehr als 10 % aus der Pensionskasse stammen und 10 % müssen frei verfügbares Eigenkapital sein. Nach dem Kauf einer Liegenschaft, welche stark fremdfinanziert ist, muss der Eigentümer sich mit der Amortisation und mit Zinszahlungen, welche einen grossen Teil des Einkommens ausmachen können, befassen. Insbesondere bei Zinserhöhungen kann sich dies sehr stark auf die persönliche Ein- und Ausgabenrechnung auswirken.

1.3.1. Hypotheken und Amortisation

Oftmals kommt es zur Überlegung, ob die Amortisation eines Hypothekardarlehens aus steuerlichen Gründen Sinn macht. Sofern der Hypothekarzins nach Steuern höher ist als der Ertrag auf dem Vermögen nach Steuern, lohnt sich eine Amortisation der Hypothek. Grundsätzlich sollten Hypotheken eher aufgestockt werden, umso höher die Steuerprogression des Liegenschaftenbesitzers ist. Allerdings muss auch immer in Betracht gezogen werden, dass die Hypothekarzinsen steigen können oder die Bank schlechtere Konditionen (bspw. Rückzahlungsmodalitäten, etc.) festlegt. Deshalb sollte ein Liegenschaftenbesitzer darauf achten, dass er neben der selbst bewohnten Liegenschaft über finanzielle Reserven verfügt. Allenfalls besitzt er weitere Liegenschaften, bei welchen die Belehnungsgrenze nicht ausgeschöpft ist. In diesem Falle kann auf der selbst bewohnten Liegenschaft ohne weiteres eine relativ hohe Hypothek, d.h. 70 oder 80 %, bestehen. Durch die weiteren Vermögensreserven besteht keine

Abhängigkeit von der kreditgebenden Bank. Sind aber keine weiteren wesentlichen Vermögenswerte vorhanden, sollte sich die Hypothek im Rahmen von 60 % bewegen. Dadurch kann eine allzu grosse Abhängigkeit von der Bank vermieden werden. Manchmal ist es vorteilhafter, sich nicht von steuerlichen Überlegungen leiten zu lassen. Der Grund dafür liegt darin, dass bei einer hohen Belastung und rückläufigen Liegenschaftspreisen die Gefahr besteht, die Liegenschaft zu verlieren. Und das sollte nach Möglichkeit vermieden werden.

Auch wenn in der gegenwärtigen Tiefzinsphase sehr wenig für eine Hypothek bezahlt werden muss, lassen sich oftmals kaum Steuern einsparen. Gerade eben weil der Zins so tief ist, können auch weniger Schuldzinsen vom steuerbaren Einkommen abgezogen werden.

1.3.2. Schuldzinsen allgemein

Voraussetzung einer jeden steuerrechtlich zu beachtenden Zinsschuld ist das Vorhandensein einer Kapitalschuld im Sinne einer Geldschuld. Zinsen für Hypothekarkredite (im allgemeinen Sprachgebrauch: Hypothekarzinsen bzw. Hypozinsen) sind ebenso wie gewöhnliche Darlehenszinsen klassische Schuldzinsen. Aufgrund der geltenden gesetzlichen Bestimmungen sind private Schuldzinsen im Umfang von CHF 50 000 (siehe Ausführungen Ziffer 2.13.1) grundsätzlich abzugsfähig.

1.3.3. Libor-Hypothek und CAP-Prämie

Der Zinssatz einer Libor-Hypothek setzt sich aus einem Basiszinssatz und einer individuellen Marge zusammen. Als Basiszinssatz dient der Libor (London Interbank Offered Rate). Alle bspw. drei oder sechs Monate wird der Liborzinssatz der Entwicklung des Basiszinssatzes angepasst. Der Kundschaft wird von gewissen Banken die Möglichkeit geboten, sich während einer bestimmten Laufzeit und zu einer festgesetzten Zinslimite gegen steigende Zinssätze abzusichern. Die Versicherung wird in der Form einer CAP-Prämie angeboten. Dieser CAP richtet der Kundschaft eine Ausgleichszahlung aus, sollte der bei Vertragsabschluss festgelegte Höchstzinssatz überstiegen werden. Die CAP-Prämie wird in der Regel in den Zinssatz integriert oder ausnahmsweise bei Vertragsabschluss einmalig bezahlt. Es ist ausserdem nicht auszuschliessen, dass die Prämie separat an der Börse kotiert oder anderweitig handelbar ist. Weiter hat die Bank, welche eine Hypothek gewährt, die Möglichkeit verschiedene Drittgesellschaften als Versicherer auf dem Markt auftreten zu lassen. Es fragt sich, ob die CAP-Prämie als privater Schuldzins steuerlich zum Abzug gebracht werden kann. Die CAP-Prämie als Absicherungsmöglichkeit gegen steigende Zinsen stellt insbesondere bei einmaliger Prämie kurz nach Vertragsabschluss eine Art «Schuldzinsenvorauszahlung» dar. Ob sie je zu einem Schuldzins im rechnerischen Sinne wird, ist ungewiss und hängt von nicht beeinflussbaren Faktoren ab. Die zeitliche Vorverlegung der Beanspruchung der steuerlichen Abzugsfähigkeit verstösst an sich gegen das Periodizitätsprinzip. Andererseits wird die Absicherungsoption im Normalfall in die Hypothekarzinsen integriert und ist weder börsenkotiert noch sonst wie separat handelbar. Für die Abzugsfähigkeit ist die wirtschaftliche Einheit von Hypothekarschuldzinsen und CAP-Prämie entscheidend. Dadurch und vor allem durch die Abhängigkeit der Schuld von einer Kapitalforderung, der Hypothek, rechtfertigt sich sachlich die steuerliche Abzugsfähigkeit.

Allerdings ist zu berücksichtigen, dass Hypothekarschuldzinsen steuerlich nur gerade so weit in Abzug gebracht werden können, als diese in der betreffenden Bemessungsperiode nicht durch eine Ausgleichszahlung aus dem CAP vermindert wurden. In der Regel werden die Ausgleichszahlungen aus dem CAP denn auch mit der offenen Schuldzinsforderung verrechnet, so dass der Schuldner lediglich die noch von ihm effektiv geschuldete Differenzzinsforderung (Nettozinszahlung) zu begleichen hat, welche steuerlich vollumfänglich absetzbar ist. Wird keine Verrechnung vorgenommen, kann der Schuldner zwar die ganze Schuldzinsforderung steuerlich absetzen, muss im Gegenzug aber hinnehmen, dass die Ausgleichszahlung steuerbaren Vermögensertrag darstellt.

Falls die Absicherungsoption separat bewertet und handelbar ist, könnte die CAP-Prämie steuerlich nicht abgesetzt werden. Die Ausgleichszahlung aus dem CAP bliebe in diesem Fall als privater Kapitalgewinn steuerfrei.

Sollte die CAP-Versicherung nicht von der den Kredit gewährenden Bank sondern von einer Drittgesellschaft angeboten werden, liegt dem Vertragsverhältnis zwischen letzterer und dem Schuldner kein Darlehensverhältnis bzw. keine Kapitalschuld zu Grunde. Es handelt sich dabei um eine reine Risikoversicherung, deren Prämien steuerlich nicht abzugsfähig sind.

1.3.4. Festhypothek und Forward-Zins

Familie Heim will auf Nummer sicher gehen, weshalb sie sich für eine Festhypothek interessiert. Bei dieser werden der Zinssatz und die Laufzeit bei Vertragsabschluss klar fixiert. Üblich sind Laufzeiten von einem bis zu zehn Jahren. Meistens wird eine solche zwischen vier und sechs Jahren gewählt. Wenn damit gerechnet werden muss, dass die Zinsen steigen, ist dies eine sehr sinnvolle Lösung. Bei sinkenden Zinsen können die Kreditnehmer zwar nicht profitieren und müssen bis zum Ablauf des Vertrages den festgelegten Zinssatz bezahlen. In der heutigen Tiefzinsphase ist dieses Risiko allerdings sehr gering. Der feste Zinssatz ermöglicht es, die Zinsbelastung auf die abgeschlossene Vertragsdauer exakt zu budgetieren. Ein Nachteil der Festhypothek besteht darin, dass bei einem Zwangsverkauf (bspw. Scheidung, etc.) in der Regel eine sogenannte Vorfälligkeitsentschädigung bezahlt werden muss.

Marion Heim hat sich kürzlich mit einer Kollegin über den Kauf einer Liegenschaft unterhalten. Unter anderem haben sie über Festhypotheken diskutiert. Ihre Kollegin hat gerade einen einmaligen Betrag (sog. Forward-Zins) entrichten müssen, zur Absicherung eines im Voraus festgelegten Festzinssatzes auf einer Hypothek, die erst zu einem späteren Zeitpunkt, spätestens jedoch nach 12 Monaten, zu laufen beginnt. Dem Forward-Zins kommt somit der Charakter einer Risikoprämie zu, welche steuerlich nicht zum Abzug zugelassen ist.

1.3.4.1. Direkte Amortisation

Damit die Frage einer Amortisation schlüssig beantwortet werden kann, müssen die Heims sowohl rechnerische (bspw. Zinssatz der Hypothek, Steuerprogression, Möglichkeit einer steuerfreien oder steuerprivilegierten Anlage des für die Amortisation vorgesehenen Kapitals) als auch «emotionale» Faktoren (wie das persönliche Verhältnis zu Schulden, Schaffung von Belehnungsreserven durch Schuldenamortisation, Sicherheit alternativer Vermögensanlagen) berücksichtigen. Schliesslich wollen die Heims mit der gewählten Variante sorgenfrei leben können. Durch die Amortisation der Hypothek wird die Hypothekarschuld tiefer und auch die abzugsfähigen Schuldzinsen reduzieren sich. So werden die jährlichen Steuern immer höher.

1.3.4.2. Indirekte Amortisation

Bei der indirekten Amortisation wird die Amortisation auf ein Säule-3a-Konto (Bank- oder Versicherungslösung) einbezahlt. 3a-Säulen-Konten sind gesetzlich steuerprivilegiert. Die Prämien der Unselbständigerwerbenden können bis zu einem Maximalbetrag von CHF 6 739 (Stand 2014) und bei Selbständigerwerbenden ohne Pensionskasse (20 % des Nettoerwerbseinkommens) bis zu einem Maximalbetrag von CHF 33 696 (Stand 2014) vom steuerbaren Einkommen abgezogen werden.

BEISPIELE	
Selbständig Erwerbstätiger ohne 2. Säule:	
Steuerbarer Gewinn	CHF 80 000
Abzug für die Säule 3a max. 20 %	CHF 16 000
Selbständig Erwerbender ohne 2. Säule:	
Steuerbarer Gewinn	CHF 220 000
Abzug für die Säule 3a max. 20 % von	
CHF 220 000 ergibt CHF 44 000, davon	
Maximalabzug CHF 33 696 (Stand 2014) zulässig	CHF 33 696
Unselbständig Erwerbstätiger ohne 2. Säule:	
AHV-pflichtiges Einkommen	CHF 16 720
Abzug für die Säule 3a max. 20 %	CHF 3 344

Bei der Auszahlung des geäufneten Guthabens wird dieses getrennt vom übrigen Einkommen besteuert. Bei der direkten Bundessteuer werden diese mit einer vollen Jahressteuer, gesondert vom übrigen Einkommen, zu einem Fünftel des ordentlichen Tarifs besteuert. Bei den Kantons- und Gemeindesteuern werden Kapitalleistungen aus Vorsorgeeinrichtungen ebenfalls für sich allein besteuert, die Tarife sind jedoch unterschiedlich (siehe Tabelle Ziffer 1.3.5.3) ausgestaltet. Die Kapitalleistung wird i.d.R. in demjenigen Steuerjahr besteuert, in dem sie zugeflossen ist. Dieser Einkommenszufluss erfolgt nach allgemein steuerrechtlichen Grundsätzen mit vollendetem Rechtserwerb oder mit Fälligkeit der steuerbaren Leistung. Das bedeutet auch, dass alle im gleichen Kalenderjahr ausgerichteten Kapitalabfindungen aus Vorsorge (zweite Säule, Säule 3a, etc.) für Steuerzwecke zusammenzurechnen sind. Auszahlungen der Säule 3a sind frühestens fünf Jahre vor Erreichen des AHV-Alters möglich. Der Vorbezug ist bei Aufnahme einer selbständigen Tätigkeit, zur Finanzierung von selbst bewohntem

Wohneigentum, Sanierung der selbst bewohnten Liegenschaft (siehe Ausführungen Ziffer 1.3.5.5), Rückzahlung von bestehenden Hypotheken, sofern die Austrittsleistung kleiner ist als der Jahresbeitrag, sowie beim definitiven Verlassen der Schweiz möglich. Auch wenn der Vorsorgenehmer eine IV-Rente bezieht und das Invaliditätsrisiko nicht versichert ist, kann die Altersleistung aus der Säule 3a vorzeitig ausgerichtet werden.

Der Zinsertrag aus der 3. Säule ist von der Einkommenssteuer befreit und es werden keine Verrechnungssteuern abgezogen. Auch muss auf dem Vorsorgevermögen keine Vermögenssteuer bezahlt werden. Durch die indirekte Amortisation verringern sich der Hypothekarbetrag und die Zinszahlungen während der Laufzeit nicht. Auch die abzugsfähigen Beträge auf das steuerbare Einkommen und das steuerbare Vermögen werden nicht reduziert. Es darf dabei nicht vergessen werden, dass der steuerliche Vorteil dieser indirekten Amortisation abnimmt, wenn das Geld länger in der Säule 3a bleibt. Denn je länger Beiträge geleistet werden, desto tiefer ist die Rendite. Dies weil ein höheres Alterskapital bei Auszahlung wegen der Progression stärker besteuert wird als ein tieferes. Auch ist die Rendite desto tiefer, je höher die Beitragszahlungen sind, denn auch hier führt das höhere Endkapital bei Auszahlung zu einer höheren Besteuerung. Normalerweise ist nämlich der Zinssatz auf den 3a-Guthaben niedriger als der Hypothekarzins. Bei einer Wertschriften-Investition sieht dies nochmals anders aus. Hier ist es möglich, dass die Rendite langfristig höher ist als der Hypothekarzins. Wird die Säule 3a bei Fälligkeit oder bspw. bei einem Wohneigentumsförderungs-Bezug ausbezahlt, so wird dieser Kapitalbezug - wie bereits vorgängig erwähnt - getrennt vom übrigen Einkommen mit einem privilegierten Steuersatz abgerechnet.

Auch könnte eine Lebensversicherung mit Sparteil in der Höhe der erforderlichen Amortisation abgeschlossen werden. Bei der Auszahlung der Lebensversicherung im Erlebens- oder Todesfall ist diese steuerfrei. Jedoch ist zu bedenken, dass die Prämien nicht vom steuerbaren Einkommen abgezogen werden können, diese sind im allgemeinen Versicherungsprämienabzug enthalten. Somit stellt sich der Steuervorteil erst in Zukunft ein. Handelt es sich um ältere Versicherungsnehmer, zahlen diese wesentlich mehr für die Abdeckung des Todesfallrisikos als jüngere, dies reduziert den Sparteil der Versicherung.

Grundsatzfrage: Entscheidend ist, ob frei verfügbare Mittel gut verzinst angelegt werden können. Kosten die Hypothekarzinsen (inklusiv Steuervorteil) mehr als der Ertrag auf dem Spargeld, fährt man mit der Rückzahlung der Hypothek doch besser.

1.3.4.3. Amortisieren mit Blick auf die Steuern

Wird eine Hypothek amortisiert, sinken die Hypothekarzinskosten. Dadurch erhöht sich aber auch das steuerbare Einkommen. Somit ist es ratsam, bevor eine Abzahlung in Betracht gezogen wird, eine genaue Steuerberechnung vorzunehmen bzw. vornehmen zu lassen. Für Personen mit hohem Einkommen lohnt es sich jedenfalls nicht, sämtliche Hypotheken zurückzuzahlen. Wird ein Eigenheim praktisch nur aus Eigenmitteln finanziert, müssen weniger Hypothekarschuldzinsen bezahlt werden. Dafür steigen aber auch die Einkommens- und Vermögenssteuern.

> **HINWEIS** *Schulden allein aus steuerlichen Überlegungen anzuhäufen, vermag zwar die Steuerlast zu senken, ist aber aus finanzieller Sicht kaum lohnenswert. Die Schuldzinsen können steuerlich zum Abzug gebracht, müssen aber dem Kreditgeber bezahlt werden.*

1.3.4.4. Weitere Möglichkeiten der Amortisation

Die indirekte Amortisation einer Hypothek durch den Abschluss einer Lebensversicherung mit Einmalprämie ist eine weitere Möglichkeit. In diesem Fall sollte die garantierte Todesfall- und Erlebensfallsumme dem Betrag der zu amortisierenden Hypothek entsprechen. Dies nach Abzug eines allfälligen Policendarlehens, welches zur Teilfinanzierung der Einmalprämie aufgenommen wurde.

Auch ein Wertschriftendepot könnte für die Amortisation verpfändet werden.

1.3.4.5. Hier lohnt sich eine Amortisation nicht

Eindeutig ist der Fall dann, wenn die vorhandenen freien Mittel für die Abzahlung mehr Rendite abwerfen als die Steuerersparnis aufgrund des zu bezahlenden Hypothekarzinses ausmacht. Trifft dies zu und kann die Anlage erst noch als sicher eingestuft werden, dann gibt es nichts zu ändern. Klären Sie auch ab, ob allenfalls die Möglichkeit besteht Einmaleinlage-Einzahlungen in die 2. Säule zu tätigen. Diese Einmaleinlagen (Einkäufe in die Pensionskasse bei einer Vorsorgelücke), die der Steuerpflichtige gemäss Reglement der Vorsorgeeinrichtung leistet, können vom steuerbaren Einkommen abgezogen werden. Allerdings dürfen Einkäufe in die 2. Säule nur getätigt werden, wenn keine Vorbezüge für Wohneigentumsförderung gemacht oder diese wieder zurückbezahlt worden sind. Dabei ist zu beachten, dass Grundeigentümer solche Einzahlungen indirekt (Vorbezüge für Wohneigentumsförderung) wieder flüssig machen können. Ist ein Einkauf aufgrund einer Vorsorgelücke getätigt worden, sind

Vorbezüge für Wohneigentumsförderung aus der 2. Säule erst nach Ablauf der festgelegten gesetzlichen Frist von drei Jahren seit dem letzten Einkauf möglich. Ein Vorbezug für Wohneigentumsförderung kann alle fünf Jahre geltend gemacht werden. Wenn noch nicht alle Möglichkeiten der gebundenen Selbstvorsorge (Säule 3a) ausgeschöpft worden sind, empfiehlt es sich, dies nachzuholen, sofern noch keine vorhanden ist und die Bedingungen für den Abschluss einer Säule 3a[1] erfüllt werden. Wird die gesetzlich erlaubte Höhe der Beiträge im Kalenderjahr nicht ausgeschöpft, sollte der Vertrag mit der Bankstiftung oder der Versicherungseinrichtung unbedingt entsprechend angepasst werden. Allenfalls muss auch in Betracht gezogen werden, mehrere Säule 3a Konten zu führen. Dadurch besteht später die Möglichkeit, die Säule 3a gestaffelt zu beziehen. Auch hier gilt das bereits vorerwähnte, dass für Grundeigentümer die Möglichkeit besteht, diese Mittel wieder abzurufen.

---

[1] Personen, welche ein Erwerbseinkommen oder ein Erwerbsersatzeinkommen (bspw. Bezüger von Arbeitslosentaggeldern) erzielen, auf welchem in der Schweiz AHV-Beiträge abgerechnet werden, dürfen eine Säule 3a bilden. Für unselbständig oder selbständig Erwerbstätige, welche einer Vorsorgeeinrichtung der 2. Säule angehören, bildet die Säule 3a eine Ergänzung ihrer beruflichen Vorsorge. Selbständig Erwerbstätige können ihre berufliche Vorsorge aber auch ausschliesslich im Rahmen der Säule 3a bilden, welche dann die 2. Säule ersetzt.

Zusammenfassend kann gesagt werden (2. Säule + Säule 3a):

- Kapitalzahlungen aus der 2. Säule und aus der Säule 3a unterliegen einer getrennt vom übrigen Einkommen berechneten Jahressteuer zu einem privilegierten Tarif. Sämtliche im gleichen Jahr ausgerichteten Kapitalzahlungen an gemeinsam steuerpflichtige Personen sind zusammen zu versteuern.

- Vorsorgeleistungen aus der 2. Säule werden bei Fälligkeit besteuert. Die Fälligkeit tritt im Versicherungsfall (Alter, Tod, Invalidität) ein. Altersleistungen werden normalerweise bei Erreichen des AHV-Alters des Vorsorgenehmers fällig. Nach Art. 13 Abs. 2 BVG können die reglementarischen Bestimmungen indessen vorsehen, dass der Anspruch auf Altersleistungen mit der Beendigung der Erwerbstätigkeit fällig wird, wobei die Beendigung der Erwerbstätigkeit vor oder nach Erreichen des AHV-Alters liegen kann.

- Altersleistungen aus der Säule 3a dürfen frühestens 5 Jahre vor Erreichen des AHV-Alters bezogen werden und zwar stets in einem Betrag. Die gegenwärtige Steuerpraxis toleriert drei bis maximal vier verschiedene Vorsorgeverträge pro Person. Es empfiehlt sich deshalb, seine Säule 3a bei mehreren Bankstiftungen und/oder Versicherungsgesellschaften zu äufnen.

- Aus der 2. Säule und/oder der Säule 3a können Vorbezüge für Wohneigentum zum eigenen Bedarf bzw. zur Amortisation von Hypotheken auf solchem getätigt werden. Ein Vorbezug ist mehrmals möglich, jedoch nur alle 5 Jahre.

- Vorbezüge für Wohneigentumsförderung aus der 2. Säule sind erst zu tätigen, nachdem die noch möglichen Einkäufe in die 2. Säule ausgeschöpft sind.

- Je mehr die Kapitalbezüge aus der 2. Säule und aus der Säule 3a gestaffelt werden können, desto grösser ist die Steuerersparnis.

1.3.4.6. Weitere Anlagemöglichkeiten bei einem Verzicht auf die Amortisation

Keine Hypothekenamortisation zu tätigen kann durchaus sinnvoll sein. Dies aber nur dann, wenn die zur Verfügung stehenden Mittel für die Amortisation dieser Hypothek in Vermögensanlagen investiert werden, welche den Ertrag nicht reduzieren oder erst in Zukunft besteuert werden.

Dabei kann es sich bspw. um Kapital-, Kurs- und Währungsgewinne von Aktien, Obligationen, Fondsanteile, Optionen und Futures handeln. Ebenfalls sind rückkaufsfähige Kapitalversicherungen mit Jahresprämien sowie Kapitalversicherungen mit Einmalprämie (Einhaltung der Bedingungen: mindestens fünf Jahre Vertragsdauer, versicherte Person ist bei der Auszahlung 60 Jahre alt und das Vertragsverhältnis wurde vor dem vollendeten 66. Altersjahr begründet) eine Möglichkeit für steuerfreundliche Anlagen. Des Weiteren sind auch Gewinne aus Beteiligungen grundsätzlich steuerfrei. Der Bundesrat will aber mit der Unternehmenssteuerreform III eine Kapitalgewinnsteuer einführen auf Gewinnen aus Aktien und anderen Wertpapieren im Privatvermögen. Dann gibt es auch Vermögenserträge, welche teilweise besteuert werden. Dabei kann es sich um Obligationen ohne überwiegende Einmalverzinsung und Optionsanleihen ex Option[2] handeln. Besteuert wird hier nur der Zins, nicht aber die Wertzunahme bzw. der Kursgewinn bis zum Verfall oder Verkauf. Dann wird bei Fondsanteilen nur die Ertragskomponente, nicht aber die Kapitalgewinnkomponente besteuert.

Bei Guthaben der Säule 3a, Einlagen und Guthaben bei der beruflichen Vorsorge (BVG), Einlagen und Guthaben bei BVG-Kaderversicherungen und Obligationen mit überwiegender Einmalverzinsung, wird die Besteuerung des Vermögensertrages aufgeschoben.

BEISPIEL Familie Heim hat eine variable Hypothek von CHF 250 000 mit einem Zinssatz von 2.5 % abgeschlossen. Gleichzeitig ist auch noch Erspartes vorhanden, wovon CHF 250 000 in eine Kassenobligation mit 1.250 % Zins angelegt sind. Die Heims deklarieren somit in der Steuererklärung den Zinsertrag von CHF 3 125 und Schuldzinsen von CHF 6 250. Die Laufzeit der Kassenobligation ist gerade abgelaufen. Würden die Schulden mit dem Betrag aus der abgelaufenen Kassenobligation amortisiert, steigt das Einkommen um CHF 3 125, was höhere Einkommenssteuern nach sich zieht. Werden die Steuern des zusätzlichen Einkommens bspw. mit einem **Grenzsteuersatz von 35 %** berechnet, beträgt der Nettoeffekt der Schuldenamortisation in diesem Beispiel CHF 2 031.25. Somit würde sich die Rückzahlung auch nach Steuern lohnen.

---

[2] Die Differenz zwischen dem Wert der Obligation ex-Option im Emissionszeitpunkt und dem garantierten Rückzahlungsbetrag wird weder von der direkten Bundessteuer noch von der Verrechnungssteuer erfasst. Es erfolgt auch keine Besteuerung bei Handänderungen nach Artikel 20 Abs. 1 Buchstabe b DBG. Die periodischen Coupons sind indessen steuerbar. Die Ausgabe von klassischen Options- und Wandelanleihen unterliegt grundsätzlich der Emissionsabgabe, der Sekundärhandel ist Gegenstand der Umsatzabgabe.

Der Grenzsteuersatz besagt, wie viel eines zusätzlich erzielten steuerbaren Einkommensfrankens an die Steuerbehörde geht. Dieses Beispiel zeigt auf, dass von einem zusätzlich erzielten steuerbaren Franken, bei einem 35 %-Grenzsteuersatz, 35 Rappen an die Steuerbehörden gehen. Da Schuldzinsen vom steuerbaren Einkommen abziehbar sind, lassen sich mit jedem Franken an höheren Schuldzinsen 35 Rappen Steuern sparen.

Anleitung zur Berechnung des Grenzsteuersatzes: Nehmen Sie aus Ihrer letzten Steuererklärung das deklarierte Einkommen und berechnen Sie Ihre Einkommenssteuer (Tools für die Berechnung finden Sie jeweils auf der Homepage des Steueramtes Ihres Wohnsitzkantons). Nun erhöhen Sie Ihr deklariertes Einkommen um CHF 1 000. Dann berechnen Sie wiederum die Einkommenssteuer. Müssen Sie nun CHF 370 mehr Steuern bezahlen, beträgt Ihre Steuerprogression 37 %. Die direkte Bundessteuer muss unbedingt in die Berechnung miteinbezogen werden.

KONKRETES BEISPIEL FÜR DIE BERECHNUNG DES GRENZSTEUERSATZES:
(Berechnung nur bezogen auf die direkte Bundessteuer)

Maria hat sich im Laufe des Jahres 2013 von ihrem Mann getrennt. Für sich und die beiden minderjährigen Kinder erhält sie seit der Trennung monatlich CHF 4 000 Unterhalt. Eine Bekannte offeriert ihr ab 1.1.2014 eine Anstellung in ihrer Boutique. Dabei würde Maria nach Abzug der Berufskosten monatlich CHF 2 700 verdienen.

Der Versicherungsprämienabzug pauschal für Verheiratete oder Alleinstehende mit Kindern beträgt bei der direkten Bundessteuer CHF 1 700 (plus CHF 700 pro Kind) mit Pensionskasse bzw. CHF 2 550 (plus CHF 700 pro Kind) ohne Pensionskasse.

Kinderabzug CHF 6 500

Berechnung für das Jahr 2014	mit Erwerb CHF	ohne Erwerb CHF
Unterhalt 12 x CHF 4 000	48 000	48 000
Lohn netto 12 x CHF 2 700	32 400	0
Versicherungsprämie	- 1 700	- 2 550
Versicherungsprämie Kinder	- 1 400	- 1 400
Kinderabzug 2 x CHF 6 500	- 13 000	- 13 000
Steuerbares Einkommen	**64 300**	**31 050**
Steuerbelastung nach Art. 214 Abs. 2 DBG		

Einkommen	64 300	553.00	31 050	27.00
Total		**553.00**		**27.00**
Grenzsteuerbelastung				**1.58 %**

Die effektive Steuerbelastung würde mit Erwerb CHF 51 betragen und ohne Erwerb CHF 0, da pro Kind von der geschuldeten Steuer CHF 251 in Abzug gebracht werden können.

Nach wie vor ein wichtiger Aspekt bei der Amortisation ist die Tatsache, dass eine solche bei der zweiten Hypothek meist aufgrund der Kreditbedingungen vorgeschrieben ist. Weitergehende Amortisationen hängen in erster Linie von den eigenen Vermögens- und Anlagestrategien ab sowie nach der bestehenden Grenzsteuerbelastung und Risikofreudigkeit. Anleger ohne Liquiditätssorgen sollten in der Regel eine weitergehende Amortisation von Hypotheken in Betracht ziehen.

Bei der regelmässigen Amortisation kommt es zu einer Art «Zwangssparen». Damit wird es möglich, zu einem späteren Zeitpunkt die Hypothek wieder aufzustocken und der Finanzierung einer bestimmten Vermögensanlage steht nichts mehr im Weg.

1.3.4.7. Problemfall Erhöhung der Hypothek im Alter

Viele Hauseigentümer bemühen sich während ihres Erwerbslebens, die Schulden (Hypotheken) abzuzahlen. Wer aber nur von den Renten alleine leben muss, ist zu einem eher bescheidenen Lebensstil gezwungen. Möglich ist, dass eine unerwartete grössere Liegenschaftssanierung fällig wird. Obwohl der Wert des Einfamilienhauses über eine Million Franken beträgt, ist eine Erhöhung der Hypothek unsicher. Sobald die Altersgrenze von 60 Jahren erreicht ist, wird es zunehmend schwieriger eine Hypothek aufzustocken. Zudem wird eine Erhöhung in diesem Alter nur bis zu 60 % des Liegenschaftswertes gewährt. Dies weil durch die Rente sowie der verkürzten Lebenserwartung eine schlechtere Tragbarkeit vorliegt. Generell stellt sich die Frage, ob eine vollständige Amortisation sinnvoll ist. Sobald auch noch im Alter ein relativ hohes Einkommen erzielt wird, sei dies durch AHV- und BVG-Renten sowie Vermögenserträge aus Liegenschaften und Kapitalanlagen, so kann es von Vorteil sein, auch noch Schuldzinsen in Abzug bringen zu können.

HINWEIS *Benötigen wir für den späteren Lebensunterhalt zusätzlich zu den Renten Kapital, sollte die Hypothek nicht zulasten von Ersparnissen amortisiert werden.*

1.3.5. Finanzierung mit Mitteln der beruflichen Vorsorge (2. Säule)

Einzahlungen in die berufliche Vorsorge können vom steuerbaren Einkommen in Abzug gebracht werden. Sobald allerdings dieses Guthaben im Vorsorgefall bezogen wird, bittet der Fiskus zur Kasse. Es gibt die Möglichkeit, eine Rente zu beziehen, welche vollumfänglich als Einkommen zu versteuern ist. Eine weitere Form des Bezuges ist die Kapitalauszahlung. Kapitalbezüge werden getrennt vom übrigen Einkommen (ohne Sozialabzüge) zu einem privilegierten Sondersatz besteuert, gleich wie die Säule 3a.

Bei der direkten Bundessteuer werden solche Bezüge gesondert zu einem Fünftel des ordentlichen Tarifs besteuert. Bei den Kantons- und Gemeindesteuern werden Kapitalleistungen aus Vorsorgeeinrichtungen ebenfalls für sich allein besteuert, die Tarife sind jedoch unterschiedlich ausgestaltet (siehe Tabelle 1.3.5.3).

1.3.5.1. Regeln für einen Vorbezug

Das Gesetz zur Wohneigentumsförderung wurde auf den gleichen Zeitpunkt wie das Freizügigkeitsgesetz auf den 1.1.1995 in Kraft gesetzt. Der Zusammenhang zwischen diesen beiden Gesetzen besteht darin, dass die gesamte Freizügigkeitsleistung aus der beruflichen Vorsorge und zusätzlich auch die vorhandenen Kapitalien aus dem vor- und überobligatorischen Bereich sowie Freizügigkeitsansprüche aus früheren Anstellungen für den Erwerb von selbstgenutztem Wohneigentum beansprucht werden können.

Pensionskassenguthaben können bis spätestens drei Jahre vor Erreichen des ordentlichen Pensionierungsalters (vorbehältlich einer günstigeren Regelung im Reglement der Vorsorgeeinrichtung) für den Erwerb von selbst bewohnten Immobilien, oder für die Amortisation von Hypotheken, vorbezogen oder verpfändet werden. Mit einem solchen Vorbezug können auch Anteilscheine bei einer Wohnbaugenossenschaft erworben werden, wenn eine dadurch mitfinanzierte Wohnung selbst bewohnt wird. Mit Geldern aus der Pensionskasse können auch Investitionen (bspw. Ausbau des Dachstockes) bezahlt werden. Der reine Unterhalt von Liegenschaften ist jedoch nicht zulässig. Der erwähnte Vorbezug (vorhandenes Sparguthaben) kann bis zum Alter 50 getätigt werden. Die Höhe des Bezugs ist ab 50 Jahren begrenzt auf die Freizügigkeitsleistung, welche bis zum 50. Altersjahr angespart wurde oder die Hälfte des aktuellen Guthabens, je nachdem, welche Summe höher ist.

BEISPIEL VORBEZUG

Nach Alter 50, Variante 1

Alter im Zeitpunkt des Vorbezugs	56 Jahre
Sparguthaben mit 50	CHF 240 000
Sparguthaben mit 56	CHF 310 000
Hälfte Sparguthaben mit 56	CHF 155 000
Möglicher Vorbezug	CHF 240 000

Nach Alter 50, Variante 2

Alter im Zeitpunkt des Vorbezugs	60 Jahre
Sparguthaben mit 50	CHF 180 000
Sparguthaben mit 60	CHF 380 000
Hälfte Sparguthaben mit 60	CHF 190 000
Möglicher Vorbezug	CHF 190 000

Vor Alter 50

Alter im Zeitpunkt des Vorbezugs	47 Jahre
Sparguthaben im Alter 47	CHF 150 000
Möglicher Vorbezug	CHF 150 000

Im Übrigen muss der Bezug mindestens CHF 20 000 (Ausnahme: Freizügigkeitspolicen und Erwerb von Anteilscheinen einer Wohnbaugenossenschaft) betragen. Zwischen zwei Bezügen müssen mindestens fünf Jahre liegen. Die Invaliditäts- und Todesfallleistungen werden, je nach Reglement, nach einem Vorbezug gekürzt.

Durch den Abschluss einer Versicherung aufgrund der schlechteren Leistungen könnte dieser Nachteil wieder behoben werden. Weiter kann die Vorsorgeeinrichtung in ihrem Reglement vorsehen, dass bei Unterdeckung,[3] solange diese andauert, die Verpfändung, der Vorbezug und die Rückzahlung, zeitlich eingeschränkt, betragsmässig reduziert oder ganz verweigert werden können.

---

[3] Die Pensionskassen sind aufgrund des beruflichen Vorsorgegesetzes (BVG) verpflichtet, jederzeit Sicherheit dafür zu bieten, dass sie die übernommenen Verpflichtungen erfüllen können. Vom Gesetz her (BVG) müssen berufliche Vorsorgeeinrichtungen ihren Versicherten deren einbezahlten Beiträge mit dem vom Bundesrat festgesetzten Mindestzinssatz verzinsen. Eine Unterdeckung entsteht dadurch, dass die Vermögensanlagen der Pensionskasse eine ungenügende Rendite abwerfen. Hält dieser Zustand längerfristig an, so sind die Verpflichtungen der Pensionskasse plötzlich höher als ihr Vermögen. Bei einer kurzfristigen Betrachtungsweise stellt dies noch kein Problem dar. Pensionskassen haben einen langfristigen Verpflichtungs- und Anlagehorizont. Es werden nicht alle Versicherten sofort pensioniert und somit die Ansprüche sofort fällig. Aber auch wenn dem so sein sollte, dürfen Pensionskassen nicht längerfristig einen Deckungsgrad unter 100 % ausweisen. Eine Abweichung ist nur zulässig, wenn sichergestellt ist, dass die Leistungen im Rahmen der BVG bei Fälligkeit erbracht werden können. Die Vorsorgeeinrichtung muss Massnahmen ergreifen, wie sie die Unterdeckung innert einer angemessener Frist beheben wird.

1.3.5.2. Der Begriff Wohneigentum

Gemäss der Verordnung über die Wohneigentumsförderung mit Mitteln der beruflichen Vorsorge (WEFV, SR 831.411) gelten als Objekte des geförderten Wohneigentums die Wohnung und das Einfamilienhaus. Ferienhäuser und Zweitwohnungen sowie die Einräumung von Nutzniessungen (bspw. lebenslängliches Wohnrecht) werden im Rahmen der Wohneigentumsförderung nicht als selbstgenutztes Wohneigentum betrachtet. Voraussetzung für die Beanspruchung ist die Nutzung des Wohneigentums durch die versicherte Person an ihrem ordentlichen Wohnsitz. Als zulässige Formen des geförderten Wohneigentums werden das Eigentum, das Miteigentum (namentlich das Stockwerkeigentum), das Eigentum der versicherten Person mit ihrem Ehepartner zu gesamter Hand und das selbständige und dauernde Baurecht anerkannt (Art. 2 Abs. 2 WEFV).

1.3.5.3. Weiteres zum Vorbezug

Werden die PK-Guthaben von Herrn und Frau Heim verwendet, ist dies nur möglich, wenn sie Mit- oder Gesamteigentum an der selbst bewohnten Liegenschaft erwerben. Ist dies nicht der Fall, muss vorgängig zum Bezug oder zur Verpfändung Mit- oder Gesamteigentum begründet werden. Es können Guthaben in der obligatorischen Pensionskasse, bei einer allfälligen Kaderversicherung sowie Freizügigkeitsguthaben aus einer früheren Anstellung verwendet werden. Wichtig ist, dass Verheiratete für den Vorbezug oder die Verpfändung die schriftliche Zustimmung des jeweiligen Ehepartners benötigen. Der Vorbezug wird vom vorhandenen Sparguthaben abgezogen. Die künftigen Altersleistungen werden entsprechend gekürzt, ebenso die Freizügigkeitsleistung bei Austritt aus der Pensionskasse. Zum Zeitpunkt der Auszahlung des Vorbezugs meldet die Pensionskasse beim Grundbuchamt eine Veräusserungsbeschränkung an. Das Wohneigentum kann somit nicht veräussert werden, solange der Vorbezug nicht zurückbezahlt oder die Veräusserungsbeschränkung auf ein neues selbst bewohntes Wohneigentum übertragen worden ist. Wenn Sie Ihr Wohneigentum verkaufen, ist das vorbezogene Kapital zwingend zurückzuzahlen. Bei einer Wiedereinzahlung des Vorbezuges kann der Steuerpflichtige die Rückerstattung der Steuern verlangen, die er im Zeitpunkt des Vorbezuges für die entsprechenden Beträge bezahlt hat (vgl. dazu nachstehend Seite 40). Das Recht auf Rückerstattung der bezahlten Steuern erlischt drei Jahre nach der Rückzahlung des Vorbezuges. Diese Vorschrift gilt nicht, wenn Sie das Kapital innert zwei Jahren erneut in selbstgenutztes Wohneigentum investieren. Obwohl solche Rückzahlungen, technisch gesehen, Einkäufe darstellen, sind sie vom steuerbaren Einkommen nicht abziehbar. Freiwillige Rückzahlungen sind bis drei Jahre vor der Pensionierung jederzeit möglich, wenn kein Vorsorgefall eingetreten ist. Die Mindestrückzahlung beträgt CHF 20 000.

> **HINWEIS** *Am besten lassen Sie sich den Termin der Auszahlung von der Pensionskasse schriftlich bestätigen.*

Steuerbeträge 2014 (Bundes-, Kantons- und Gemeindesteuern), Kapitalbezug Mann mit Alter 50

Gemeinde	Kanton	Kapitalbezug CHF 500 000		Kapitalbezug CHF 700 000		Kapitalbezug CHF 900 000	
		verheiratet	unverheiratet	verheiratet	unverheiratet	verheiratet	unverheiratet
Aarau	AG	38 094	41 270	56 464	60 101	75 201	78 439
Appenzell	AI	28 112	28 432	40 432	40 832	52 740	52 740
Herisau	AR	39 512	49 565	59 312	74 312	79 100	98 566
Bern	BE	38 618	42 485	59 991	64 816	81 991	87 084
Liestal	BL	33 412	33 732	58 412	58 812	83 400	83 400
Basel	BS	47 062	47 382	68 262	68 662	89 450	89 450
Freiburg	FR	56 257	57 122	83 249	84 194	110 229	110 774
Genf	GE	35 900	39 412	53 651	57 890	71 737	76 076
Glarus	GL	33 912	34 232	48 552	48 952	63 180	63 180
Chur	GR	24 562	46 766	44 833	69 112	65 160	89 100
Delsberg	JU	39 983	48 884	57 663	70 484	75 331	91 592
Luzern	LU	40 560	41 700	59 099	60 320	77 627	78 448
Neuenburg	NE	44 393	44 713	63 369	63 769	82 331	82 331
Stans	NW	38 417	38 737	54 859	55 259	71 289	71 289
Sarnen	OW	35 548	35 868	50 842	51 242	66 125	66 125
St. Gallen	SG	41 392	44 302	66 276	70 302	95 292	99 954
Schaffhausen	SH	31 102	31 422	44 618	45 018	58 122	58 122
Solothurn	SO	38 311	39 114	55 385	55 785	71 967	71 967
Schwyz	SZ	32 446	43 357	54 396	62 812	78 009	81 000
Frauenfeld	TG	36 612	42 192	52 332	60 096	68 040	77 508
Bellinzona	TI	29 812	37 288	42 812	77 479	64 951	122 377
Altdorf	UR	29 217	29 537	41 979	42 379	54 729	54 729
Lausanne	VD	57 196	63 489	86 525	92 898	115 844	121 814

Gemeinde	Kanton	Kapitalbezug CHF 500 000		Kapitalbezug CHF 700 000		Kapitalbezug CHF 900 000	
		verheiratet	unverheiratet	verheiratet	unverheiratet	verheiratet	unverheiratet
Sitten	VS	45 971	46 291	71 512	71 912	92 700	92 700
Zug	ZG	30 767	30 874	45 055	45 242	59 331	59 118
Zürich	ZH	41 410	56 337	74 793	95 321	110 637	138 861

Quelle: TaxWare (Bundes-, Kantons- und Gemeindesteuer)

Durch eine gute Planung von Vorbezügen sollte es möglich sein, Steuern einzusparen (Ziffer 1.3.4.5 Zusammenfassung). Allerdings ist es bei einem solchen Vorgehen sehr wichtig, die gesetzlichen Fristen einzuhalten. Ansonsten kann die erhoffte Steuereinsparung plötzlich als Steuerumgehung qualifiziert werden. Handelt es sich um eine Steuerumgehung sind bspw. Einkäufe in die 2. Säule nicht abziehbar.

1.3.5.4. Verpfändung des Vorsorgeanspruches

Eine andere Möglichkeit besteht darin, die Mittel aus der 2. Säule oder der Säule 3a zu verpfänden. Dadurch ersparen sich die Heims eine Besteuerung des Vorbezuges. Auch bleibt das Pensionskassenguthaben von Marion und Roger Heim in der bisherigen Höhe bestehen. Der Bank dient das Guthaben als Sicherheit. Im Gegenzug wird ihnen ein Hypothekardarlehen gewährt. Weil für die Banken die Verpfändung eines Vorsorgeguthabens eine solide Sicherheit darstellt, kann von besseren Konditionen für die Finanzierung (bspw. 90 Prozent statt der üblichen 80 Prozent) ausgegangen werden. Kann der Kreditnehmer seinen Verpflichtungen nicht nachkommen, besteht für die Bank die Möglichkeit auf das Guthaben zuzugreifen. Grundsätzlich wird der Vorsorgeschutz durch die Verpfändung nicht geschmälert, es sei denn, es müsste eine Pfandverwertung durchgeführt werden. Die Verpfändung selbst hat keine steuerlichen Konsequenzen.

In der Regel wird die Bank Familie Heim verpflichten, nach einer bestimmten Zeit mit der Rückzahlung des Darlehens zu beginnen. Meistens verlangt die Bank nach fünf bis sieben Jahren von den Darlehensnehmern Rückzahlungen, damit Sie nach Erreichen des Pensionsalters wieder über das volle unverpfändete Vorsorgeguthaben verfügen können. Bei der Verpfändung fallen im Gegensatz zum Vorbezug keine Steuern an. Zudem sind die Schuldzinsen auf der Finanzierung grundsätzlich steuerlich (Schuldzinsen limitiert auf Vermögensertrag plus CHF 50 000; siehe Ausführungen Ziffer 2.13.1) abzugsfähig.

Die Bank kann verlangen, dass eine Risikoversicherung abzuschliessen ist. Eine solche sichert das verpfändete Vorsorgevermögen, zumindest im Todes- oder auch im Invaliditätsfall, ab. Tritt ein Todesfall ein, ist es häufig so, dass die Einkommensvoraussetzungen, welche dannzumal Voraussetzung für die Hypothekarkreditgewährung waren, nicht mehr vorhanden sind. Der Bank bleibt nichts anderes übrig, als das Pfand (die Liegenschaft) zu verwerten. Durch den Abschluss einer Risikoversicherung wird für die Hinterbliebenen die Hypothekarbelastung auf der Liegenschaft reduziert, während die Leistungen aus der Pensionskasse bspw. Witwen- und Waisenrenten ungeschmälert erbracht werden.

Auch bei einer Verpfändung des Pensionskassengeldes können weiterhin freiwillige Einkäufe in die Pensionskasse getätigt werden. Der Vorteil solcher Einkäufe ist, dass diese vom steuerbaren Einkommen in Abzug gebracht werden können.

Ist ein Vorbezug getätigt worden, muss dieser vorerst in die Pensionskasse zurückbezahlt werden. Erst danach können wieder Einkäufe getätigt werden. Wird ein Wohneigentumsvorbezug an die Pensionskasse zurückbezahlt, können die bezahlten Steuern zurückverlangt werden. Dafür muss ein Rückerstattungsgesuch, innert drei Jahren nach Wiedereinzahlung, an die zuständige Behörde gestellt werden. Die Rückerstattung erfolgt ohne Vergütungszins. Wichtig ist, dem Rückerstattungsgesuch folgende Unterlagen beizulegen:

- Bescheinigung mit Formular WEF über die Rückzahlung des Vorbezuges durch die Vorsorgeeinrichtung
- Registraturauszug der Eidgenössischen Steuerverwaltung, Sektion Meldewesen, über das in Wohneigentum investierte Vorsorgekapital
- Bescheinigung über den aufgrund eines Vorbezuges bezahlten Steuerbetrag (Bund, Kanton, Gemeinde)

HINWEIS *Häufig ist der Kostenunterschied weniger gross, wenn die Auswirkungen auf die Steuern und die Vorsorge berücksichtigt werden. Machen Sie deshalb unbedingt eine Vergleichsberechnung zwischen einem Vorbezug und der Verpfändung.*

1.3.5.5. Finanzierung der Heizung mit Mitteln der beruflichen Vorsorge

Seit einiger Zeit überlegt sich Familie Heim, die bestehende Gasheizung durch eine Wärmepumpenheizung mit Erdsonde zu ersetzen. Eine solche Anschaffung ist aber sehr kostspielig und deshalb wird die Möglichkeit geprüft, die Wärmepumpenheizung mit Erdsonde durch einen Vorbezug aus der beruflichen Vorsorge zu finanzieren. Denn Vorbezüge aus der beruflichen Vorsorge dürfen nicht nur für den Erwerb eines Wohnobjektes, sondern auch für angemessene Renovations- und Umbauarbeiten getätigt werden. Der Verordnung zur Wohneigentumsförderung (vgl. Art. 1 Abs. 1 Bst. a WEFV) ist zu entnehmen, dass die Mittel der beruflichen Vorsorge namentlich für den Erwerb und die Erstellung von Wohneigentum («für den Eigenbedarf») verwendet werden dürfen. Leider wird hier aber nicht direkt von Renovationen gesprochen. Deshalb musste im Nachhinein Klarheit geschaffen werden. Die Präzisierungen erfolgten in der Mitteilung über die berufliche Vorsorge Nr. 55 vom 30. November 2000 vom Bundesamt für Sozialversicherungen. Aus dieser geht hervor, dass die Mittel der 2. Säule nicht nur dem Erwerb und der Erstellung von Wohneigentum, ja sogar der Rückzahlung von Hypothekardarlehen, dienen sollen, sondern auch dazu, die Wohnqualität und den Wert einer Liegenschaft mittels angemessener Renovations- und Umbauarbeiten zu erhalten. Somit steht der Finanzierung der Heizung mit Mitteln der beruflichen Vorsorge nichts mehr im Wege. Allerdings hat sich diese Mitteilung auch mit der Frage befasst, ob die Mittel der beruflichen Vorsorge auch für den Anbau eines Schwimmbades, einer Garage oder eines anderen ähnlichen Objektes verwendet werden können. Hier wird aber ganz klar eine Grenze gesetzt, indem in solchen Fällen ein Vorbezug nicht zulässig ist. Begründet wird dies damit, dass die Verordnung vom 29. Dezember 1997 über die Erstellungskosten bei Wohnbauvorhaben - je nach Wohnung - Kostengrenzen festlegt, wobei jede Überschreitung dieser Limiten dem Eigentümer überbunden wird. Damit soll insbesondere die Erstellung luxuriöser Wohnungen verhindert werden, zumal dies nicht dem Zweck des Gesetzes entspricht. Zwangsläufig folgt daraus, dass die Erstellung oder die Erneuerung einer Liegenschaft, die im Hinblick auf den Anbau eines Schwimmbades oder eines anderen ähnlichen Objektes erfolgt, nicht mit den Zielsetzungen des Gesetzes über die Wohneigentumsförderung mit Mitteln der beruflichen Vorsorge übereinstimmt. Dies selbst, wenn diese Baute für die Liegenschaft einen Mehrwert darstellt. Die Gelder der beruflichen Vorsorge dürfen nicht zur Finanzierung von Hypothekarzinsen oder für die Bezahlung von Unterhaltskosten verwendet werden.

Wichtige Punkte bei einem Bezug eines Pensionskassenguthabens:

- Der Vorbezug wird im Grundbuch vorgemerkt.
- Das Kapital wird nicht dem Versicherten direkt, sondern dem Verkäufer bzw. der finanzierenden Bank überwiesen.
- Die anfallende Steuer darf nicht von diesem Kapital bezahlt werden.
- Wird die Liegenschaft zu einem späteren Zeitpunkt verkauft (bzw. findet eine Fremdvermietung statt), muss das Kapital samt Zinsen wieder der Pensionskasse einbezahlt werden. Die bezahlten Steuern können dann wieder zurückgefordert werden. Eine Verzinsung findet nicht statt.
- Wegfall der Versicherungsleistung im entsprechenden Umfang

1.3.6. Finanzierung mit Mitteln der gebundenen Selbstvorsorge (Säule 3a)

Die anwartschaftlichen Ansprüche des Sparens gegenüber der Vorsorgeeinrichtung sind bis zu ihrer Fälligkeit steuerfrei. Dagegen unterliegen sie im Zeitpunkt ihrer Fälligkeit der Einkommenssteuer. Die gebundenen Vorsorgegelder dürfen grundsätzlich frühestens fünf Jahre vor Erreichen des ordentlichen Rentenalters (Stand 2014: 59 Jahre bei Frauen bzw. 60 Jahre bei Männern) bezogen werden. Es besteht die Möglichkeit, die in der Säule 3a angesammelten Sparkapitalien schon vor Erreichen des Endalters zu beziehen. Der Vorsorgenehmer muss das bezogene Sparkapital für den Erwerb oder die Renovation einer selbst bewohnten Liegenschaft oder für die Amortisation eines Hypothekardarlehens auf einer solchen Liegenschaft verwenden. Auch hier fragt sich Roger Heim, ob er mit einem Vorbezug aus der Säule 3a für die Unterhaltskosten seiner Liegenschaft aufkommen könne Aufgrund der klaren Formulierung in der Verordnung über die steuerliche Abzugsberechtigung für Beiträge an anerkannte Vorsorgeformen (BVV3) ist die Auszahlung des Altersguthabens zur Finanzierung des gewöhnlichen Unterhalts des Versicherten grundsätzlich nicht zulässig. Handelt es sich um einen Umbau bspw. eine Zweckänderung eines bisher gewerblich genutzten Raumes in eine Wohnung, dürfte ein Bezug möglich sein (siehe Ausführungen Ziffer 1.3.5.5). Die Auszahlung der Säule-3a-Gelder darf maximal alle fünf Jahre geltend gemacht werden. Trotzdem ist diese Regelung für den Wohnsparer in zweifacher Hinsicht eine Überlegung wert. Junge Sparer können für den Erwerb eines Eigenheims die steuergünstig angesparten Mittel als Eigenkapital einsetzen.˙ Nennenswerte Steuereinsparungen können erzielt werden, wenn die Bezüge gestaffelt erfolgen.

1.3.7. Finanzierung durch Erbvorbezug oder Schenkung

Sofern das nötige Eigenkapital fehlt, gibt es auch die Möglichkeit eines Erbvorbezuges oder einer Schenkung. Dabei sind einige Punkte zu beachten. Wird ein Erbvorzug oder eine Schenkung getätigt, muss dies bei einer späteren Erbteilung angerechnet werden, sofern nicht schriftlich ausdrücklich etwas anderes festgehalten wurde. Die Pflichtteile der anderen Erben dürfen jedoch nicht verletzt werden.

Die Kantonalen Erbschafts- und Schenkungssteuern sind in Bezug auf Steuerbefreiungen und steuerfreie Beträge für den (überlebenden) Ehegatten sowie für die Blutsverwandten in auf- und absteigender Linie sehr vielfältig. Der überlebende Ehegatte ist in allen Kantonen von der Steuer befreit. Die direkten Nachkommen sind ebenfalls in der Mehrheit der Kantone von der Steuer befreit, mit Ausnahme von AI (Abzug CHF 300 000), VD (Freibetrag der ersten CHF 250 000, danach degressiver Abzug bis CHF 500 000) und NE (Abzug CHF 50 000). Die Vorfahren sind in den Kantonen UR, OW, NW, ZG, FR, SO, BL, AR, AG (ab 2014), TI, VS und GE von der Steuer befreit, werden jedoch in allen übrigen Kantonen besteuert. Die meisten von ihnen sehen aber persönliche Abzüge (Steuerfreibeträge) vor, welche von Kanton zu Kanton stark variieren (je nach Kanton zwischen CHF 2 000 und CHF 200 000).

Quelle: Steuerinformation herausgegeben von der Schweiz. Steuerkonferenz SSK Erbschafts- und Schenkungssteuer / Zusammenfassung März 2013.

1.3.8. Finanzierung mit Darlehen im Familien- oder Freundeskreis

Das benötigte Eigenkapital könnte auch durch Darlehen aus dem Verwandten- oder Freundeskreis beschafft werden. Häufig sind solche zinsfrei oder es wird nur ein bescheidener Zins verlangt. Dieser kann in der Steuererklärung vom Einkommen abgezogen werden. Falls der Zins nicht mehr bezahlt werden kann oder die Rückzahlung gefährdet ist, sind Probleme kaum zu vermeiden. Deshalb ist es empfehlenswert, in einem schriftlichen Vertrag alle wichtigen Punkte (wie bspw. Betrag, Zinssatz, Laufzeit, Fälligkeit, Sicherheiten) festzulegen. Allenfalls sollte der Darlehensgeber abgesichert werden durch einen Grundbucheintrag des Darlehens als Grundpfand in Form einer Grundpfandverschreibung oder eines Schuldbriefs. Beide können nur durch einen Eintrag im Grundbuch begründet werden, und zwar gestützt auf einen öffentlich beurkundeten, d.h. notariell errichteten Vertrag. Praktisch am bedeutsamsten ist der Schuldbrief. Die Grundpfandverschreibung hat bloss Sicherungsfunktion. Es wird kein Wertpapier ausgestellt. Dagegen ist der Schuldbrief ein Wertpapier. Dabei ist aber zu beachten, dass bei der Errichtung einer Grundpfandverschreibung oder eines Schuldbriefes Kosten anfallen. Die Gebühren können erheblich sein. Im Kanton Zürich beträgt bspw. die Beurkundungsgebühr 0.1 % (die Grundbuchgebühr 0.15 %) des Nennwertes des Schuldbriefes.

> Vergessen Sie aber nicht, dass es bei Zuwendungen durch die Familie für die Hausfinanzierung darauf ankommt, in welcher Form diese fliessen. Stellen die Eltern eines Ehepartners Geld zur Verfügung, welches sie später selber benötigen, ist es wichtig, einen Darlehensvertrag abzuschliessen. Dadurch erhalten beide Parteien Rechtssicherheit. Wenn feststeht, dass die Eltern das Geld nicht mehr benötigen, ist auch ein Erbvorbezug möglich. Schenken beispielsweise die Eltern ihrer Tochter und ihrem Schwiegersohn gemeinsam Geld oder eine Liegenschaft, fallen beim Ehemann Schenkungssteuern an. Vorteilhafter ist eine Schenkung an die Tochter alleine, diese könnte sie dann an ihren Ehepartner weiterverschenken. Allerdings müssen dabei Fristen eingehalten werden. Es ist auch möglich, dass die Eltern einem ihrer Kinder Geld zur Verfügung stellen, mit der ausdrücklichen Bedingung, dass der Sohn oder die Tochter Alleineigentümer der Liegenschaft wird. Dies mit der Folge, dass die Liegenschaft vom Alleineigentümer jederzeit verkauft werden könnte. Ausser es handelt sich um die Familienwohnung, d.h. über diejenigen Räumlichkeiten (Haus oder Wohnung), welche der Familie als Lebensmittelpunkt dienen. Artikel 169 ZGB legt nämlich fest, dass unabhängig von den Eigentümerverhältnissen nicht ohne die Zustimmung des anderen Ehepartners rechtsverbindlich über die Familienwohnung verfügt werden darf.

1.4. Steuerbelastung

Grundeigentum bildet das Objekt zahlreicher Steuern. In welchem Masse dieses besteuert wird, ist von Kanton zu Kanton und zum Teil von Gemeinde zu Gemeinde sehr unterschiedlich.

1.4.1. Einkommenssteuer

Sofern Marion und Roger Heim die Liegenschaft selber nutzen, müssen sie einen fiktiven Eigenmietwert als Einkommen versteuern. Dieser wird von Amtes wegen festgelegt. Das Verfahren zur Festsetzung des Eigenmietwertes ist in den Kantonen sehr unterschiedlich. Die Methode, welche am häufigsten für die Berechnung der Eigenmietwerte angewandt wird, ist die Vergleichsmiete. Die Eidg. Steuerverwaltung anerkennt bei der direkten Bundessteuer die für die Staatssteuer massgebenden Eigenmietwerte, sofern sie gemäss den periodischen stichprobenweise durchgeführten Erhebungen im kantonalen Durchschnitt nicht unter 70 % des Marktmietwertes liegen. In den meisten Kantonen hat es für die Vornahme der Schätzungen schriftliche Richtlinien. Untenstehend finden Sie Beispiele einiger ausgewählten Kantone:

Kanton	Berechnung	Bemerkungen / Spezielles	Grundlagen
AG	Der Eigenmietwert von selbst genutzten Liegenschaften, wie Einfamilienhaus, Wohnung im Mehrfamilien-, Wohn- und Geschäftshaus, Ferien und Weekendhaus und Nutzniessungen hieran, ist massvoll festzulegen (§ 24 VBG).	Die Eigenmietwerte betragen 60 % des Marktmietwertes.	Steuergesetz vom 15. Dezember 1998 / Verordnung über die Bewertung von Grundstücken (VBG) vom 4. November 1985 (Stand 1. Januar 2003)
AR	Grundlage für die Berechnung ist der amtliche Verkehrswert. Der Eigenmietwert wird mit 3.5 - 5 % des amtlichen Verkehrswertes berechnet. Ab einem Verkehrswert von CHF 1 200 000 berechnet sich der Eigenmietwert nach der Zuschlagsmethode. Bei besonderen Verhältnissen kann die Veranlagungsbehörde um bis zu 0.5 % nach oben oder unten abweichen.	Für Liegenschaften mit Schätzungsdatum ab dem 1. Januar 2011 wird der berechnete Bruttomietwert um 10 % reduziert bei dauernd selbst bewohnter Liegenschaft.	Weisung über die Festsetzung der Mietwerte für selbstgenutzte Liegenschaften (Eigenmietwert) vom 19. Mai 2011
AI	Der Eigenmietwert beträgt 6 % des Steuerwertes (= Verkehrswert). Bei dauernd selbst bewohnten Liegenschaften wird der Mietwert um 30 % reduziert.		Standeskommissionsbeschluss zum Steuergesetz und zur Steuerverordnung vom 5. Dezember 2000 (Stand Januar 2014)
BL	Ableitung vom geschätzten einfachen Brandlagerwert. Gemeindespezifischer Korrekturfaktor, Korrekturfaktor nach Alter der Liegenschaft und einem Korrekturfaktor für Stockwerkeigentum.	Der Eigenmietwert beträgt mindestens 60 % des marktüblichen Mietwertes.	Gesetz über die Staats- und Gemeindesteuern vom 7. Februar 1974 (Stand 1. Januar 2014)

Kanton	Berechnung	Bemerkungen / Spezielles	Grundlagen
BS	Der Eigenmietwert beträgt 4 % des Vermögenssteuerwertes der Liegenschaft (bei Einfamilienhäusern und Stockwerkeigentum). Der Vermögenssteuerwert bemisst sich aus dem Gebäudeversicherungswert (jährlich abgeschrieben) und Landwert (Berücksichtigung altersabhängige Nutzungsintensität des Grundstücks durch einen Einschlag)	Eine Ermässigung des Eigenmietwertes ist nicht vorgesehen.	Verordnung zum Gesetz über die direkten Steuern (Steuerverordnung StV) vom 14. November 2000 (Stand 29. September 2011)
BE	Amtliche Bewertung der Grundstücke und Festlegung sog. Protokollmietwert (Basiswert). Der Protokollmietwert wird mit den entsprechenden Mietwertfaktoren multipliziert und ergibt so den für die Einkommenssteuer massgebenden Eigenmietwert.	Der Kantonssteuereigenmietwert liegt rund 14.5 % tiefer als der Bundessteuereigenmietwert.	Erläuterungen zum steuerlichen Bewertungssystem von Grundstücken und Liegenschaften im Kanton Bern (Ausgabe März 2009)
GL	Der Mietwert wird aufgrund des erzielbaren Normmietwertes (aufgrund vermieteten Vergleichsobjekte) festgelegt.	Der Mietwert beträgt 60 % des Marktwertes für Erstwohnungen.	Verordnung über die Bewertung der Grundstücke vom 22. November 2000
GR	Individuelle Festlegung der Marktmiete auf Gemeindeebene, davon 70 %	70 % der Marktmiete	Interne Weisungen der Kantonalen Steuerbehörde
FR	Der Eigenmietwert wird formelmässig mittels Einzelbewertungsverfahren nach Zimmereinheiten ermittelt.	Im Zuge zur Umsetzung der Struktur- und Sparmassnahmen entschied der Staatsrat mit Beschluss vom 11. November 2013 den Eigenmietwert um 10 % zu erhöhen. Diese Änderung hat auch einen Einfluss auf den Steuerwert der Liegenschaft	Kantonale Steuerverwaltung, Besondere Wegleitung zum Fragebogen für die Bewertung der Miet- und Steuerwerte von nichtlandwirtschaftlichen Liegenschaften (Ausgabe 2014)

Kanton	Berechnung	Bemerkungen / Spezielles	Grundlagen
LU	Mietwert entspricht 70 % der mittleren Marktmiete	Will der Steuerpflichtige den Mietwert anfechten, muss er glaubhaft machen, dass der berechnete Mietwert 70 % der mittleren Marktmiete übersteigt. Gelingt ihm diese Glaubhaftmachung kommt die sog. ausserordentliche Bemessung zur Anwendung, gemäss der durch Vergleich mit Mietzinsen oder Mietwerten für ähnliche Objekte in gleicher Lage sowie durch Schatzung zur Anwendung kommt.	Steuerbuch Band 1, Weisungen StG § 28 Nr. 2
SG	Der Mietwert entspricht dem mittleren Preis, zu dem Grundstücke gleicher oder ähnlicher Grösse, Lage und Beschaffenheit in der betreffenden Gegend vermietet werden. Der Mietwert des Eigenheims, das der Steuerpflichtige an seinem Wohnsitz dauernd selbst bewohnt, wird um 30 % herabgesetzt.	Rechtskräftige Grundstückwerte sind für die Veranlagung der laufenden Steuerperiode verbindlich (Art. 178 bis Abs. 2 StG St. Gallen).	Steuergesetz (StG) des Kantons St. Gallen vom 9. April 1998 (Stand 1. Januar 2015) Art. 34 / Gesetz über die Durchführung der Grundstückschätzung (GGS) vom 9. November 2000 (Stand 1. Januar 2001)
SZ	Die Eigenmietwerte werden mit dem Ziel festgelegt, unter Berücksichtigung der ortsüblichen Verhältnisse 65 % des Marktmietwertes zu erfassen		Steuergesetz Kanton Schwyz vom 9. Februar 2000, Schätzungsverordnung SRSZ 172.113
SH	Der für die Besteuerung massgebende Mietwert von selbstgenutztem Wohneigentum beträgt höchstens 70 % der Marktmiete.		Gesetz über die direkte Steuern vom 20. März 2000 / Dekret über die Festsetzung des Eigenmietwertes vom 18. Dezember 1998

Immobilien-Wegweiser durch den Steuerdschungel

Kanton	Berechnung	Bemerkungen / Spezielles	Grundlagen
SO	Nach § 28 Abs. 1 richtet sich der Mietwert der eigenen Wohnung nach dem Wohnwert, welcher dem Betrag entspricht, den die steuerpflichtige Person für die Benützung einer gleichartigen Wohnung aufwenden müsste. Der Mietwert von Wohnungen in Gebäuden (durchschnittlicher Bauart - Katasterschätzung, welche auf die selbst benützte Wohnung entfällt, beträgt nicht mehr als CHF 240 000) wird in der Regel in % der Katasterschatzung berechnet. Bei Gebäuden überdurchschnittlicher Bauart wird der Mietwert durch Einzelbewertung ermittelt.		Gesetz über die Staats- und Gemeindesteuern (Steuergesetz) vom 1. Dezember 1985 (Stand 1. Januar 2008) Veranlagungshandbuch für die natürlichen Personen (Stand 1. Januar 2014), Steuerverordnung Nr. 15: Bemessung des Mietwertes der eigenen Wohnung vom 28. Januar 1986 (Stand 1. Januar 2014)
UR	Als massgebender Eigenmietwert gilt der Mietwert des Grundstückes, der im Zeitpunkt der Schätzung marktmässig erzielbar ist. Die Bestimmung des Mietwertes wird mittels Einzelbewertungsverfahren bestimmt.	Für das selbstgenutzte Eigentum gewährt der Kanton Uri einen Abzug von 25 %, höchstens CHF 7 500	Verordnung über die steueramtliche Schätzung der Grundstücke (Schätzungsverordnung [SchäV]) vom 9. April 2003 (Stand am 1. Januar 2011)
VS	Der Eigenmietwert ist massvoll festzulegen. Es gilt der Marktmietwert und davon sind 70 % steuerbar.	Der Mietwert kann in besonderen Fällen auf Gesuch hin herabgesetzt werden.	Steuergesetz vom 10. März 1976
ZH	Landwert + Zeitbauwert: davon 3.5 % für EFH und 4.25 % für Stockwerkeigentum		Weisungen des Regierungsrates an die Steuerbehörden über die Bewertung von Liegenschaften und die Festsetzung der Eigenmietwerte ab Steuerperiode 2009 (Weisung 2009)

1.4.2. Vermögenssteuer

Auch für die Vermögenssteuer wird von Amtes wegen ein sogenannter Vermögenssteuerwert festgelegt. Der Vermögenssteuerwert ist der Wert der Liegenschaft und des Grundstückes, welcher der Vermögensbesteuerung zugrunde gelegt wird. Das Steuerharmonisierungsgesetz gibt vor, dass das Vermögen zum Verkehrswert zu bewerten ist. Wie bei der Schätzung des Verkehrswertes vorzugehen ist, legt das Gesetz nicht fest (BGE vom 5. Oktober 2007 134 III 42). Dabei kann der Ertragswert angemessen berücksichtigt werden. Häufig wird der Verkehrswert, sofern weder Kaufpreis noch Preisvergleiche vorhanden sind, durch die Mischwertmethode ermittelt, d.h. durch Berechnung aus dem gewichteten Mittel aus Ertragswert und Realwert. Der kantonale Steuerwert ist oft tiefer als der Marktwert. Ausgangspunkt einer jeden Marktwertermittlung sollte, nebst den allgemeinen Wertverhältnissen, die Qualifizierung des Zustandes der zu bewertenden Liegenschaft sein. Ein Augenschein bzw. eine Objektbesichtigung ist zu empfehlen. Andernfalls bleibt ein erheblicher Teil von Unsicherheit bestehen. Gemäss Rechtsprechung des Bundesgerichtes ist es zulässig, den Steuerwert aufgrund vorsichtiger Schätzungen zu bemessen, welche der notwendigen Schematisierung und der zwangsläufigen Unsicherheit der Bewertung Rechnung tragen (BGE vom 20. März 1998 124 I 145).

So ist den Heims von der Steuerverwaltung der Vermögenssteuerwert und der Eigenmietwert für ihre Liegenschaft eröffnet worden. Da diese Werte auch für die folgenden Jahre Geltung haben, ist es ratsam, die neue Bewertung genau unter die Lupe zu nehmen und zu kontrollieren, ob der Vermögenssteuerwert und der Eigenmietwert korrekt ermittelt wurden.[4] Allfällige Einwände sind bspw. im Kanton Zürich mit der nächsten Steuererklärung einzureichen, selbstverständlich mit einer Begründung. In anderen Kantonen wird der Eigenmietwert sowie der Vermögenssteuerwert der Liegenschaft mit einer Verfügung inkl. Rechtsmittelbelehrung eröffnet. Hier besteht die Möglichkeit, innert einer Frist von 30 Tagen Einsprache zu erheben. Vergessen Sie nicht, dass die eröffneten Werte normalerweise auf Jahre hinaus gültig sind. In vielen Kantonen erfolgen Neuschätzungen von Liegenschaften im Abstand von mehreren Jahren. Ausserhalb von Neuschätzungen können der Vermögenssteuerwert und der

---

[4] Die Eidgenössische Steuerverwaltung hat im Rahmen der direkten Bundessteuer eine Limite von 70 % bei den Durchschnittswerten toleriert. Der Spielraum bei den kantonalen Steuern ist etwas grösser. Bei den Kantonen ist von einer verfassungsrechtlichen Limite von 60 % auszugehen. Es ist aber festzuhalten, dass für die Bemessung der Eigenmietwerte in jedem Fall 60 % des effektiven Marktwertes die untere Grenze dessen bilden, was mit Art. 4 BV noch vereinbar ist (BGE vom 20. März 1998 124 I 145).

Eigenmietwert grundsätzlich nur geändert werden, wenn Bestand, Nutzung oder Wert des Grundstückes wesentlich ändern, oder wenn die Werte auf einer offensichtlich unrichtigen Schätzung oder einer unrichtigen Rechtsanwendung beruhen. Trotz aller Sorgfalt können sich auch bei den Steuerbehörden Fehler einschleichen.

Aus diesem Grund ist es umso wichtiger, dass der errechnete Vermögenssteuerwert und der Eigenmietwert für Marion und Roger Heim nachvollziehbar sind. Sofern nicht alles klar ist, sollten von der Steuerverwaltung die detaillierten Berechnungsgrundlagen eingefordert werden. Auch bestehen öffentlich zugängliche Richtlinien über die steuerliche Schätzung von Liegenschaften. Diese sollte sich Familie Heim ebenfalls beschaffen. Damit kann sie abklären, ob die errechneten Werte den Schätzungsrichtlinien entsprechen. Ebenfalls sehr empfehlenswert ist ein Vergleich mit ähnlichen Liegenschaften in der unmittelbaren Umgebung. Wenn eine Einsprache sinnvoll erscheint, muss die Einsprachefrist - im Normalfall 30 Tage - eingehalten werden. Ein vorgängiger mündlicher Kontakt mit dem Steueramt ist manchmal auch erfolgreich.

> **TIPP** *Befriedigende Ergebnisse werden in aller Regel durch konstruktive Verhandlungen und klare Absprachen mit den Steuerbehörden erreicht.*

Ausserhalb der allgemeinen Neuschätzung können Vermögenssteuerwert und Eigenmietwert - wie bereits vorgängig erwähnt - nur geändert werden, wenn Bestand, Nutzung oder der Wert des Grundstückes wesentlich ändern, oder wenn die Werte auf einer offensichtlich falschen Grundlage oder einer unrichtigen Rechtsanwendung beruhen. Beispielsweise besteht im Kanton Aargau die Möglichkeit, schriftlich ein Begehren zur Überprüfung der rechtskräftigen Schätzungswerte zu stellen (→ Einzelschätzung). Dabei wird überprüft, ob die frühere rechtskräftige Schätzung offensichtlich unrichtig oder das Recht unrichtig angewendet worden ist. Die darauf erfolgende «Mitteilung» oder «Eröffnung der neuen Schätzungswerte» kann anschliessend wiederum mittels einer Einsprache angefochten werden.

Dabei gilt nach der Praxis des Kantons Aargau eine Änderung (Bestandes-, Nutzungs- oder Wertänderung) als wesentlich, wenn der Eigenmietwert um 10 % oder mehr über oder unter dem bisherigen Wert liegt. Auch beim Vermögenssteuerwert gilt eine Änderung als wesentlich, wenn die Abweichung vom bisherigen Wert 10 % oder mehr beträgt. Bei der Berechnung dieser Prozentgrenzen entsprechen die bisherigen Werte 100 %. Auch wenn nur einer der beiden Werte (Eigenmietwert oder Vermögenssteuerwert) wesentlich geändert hat, sollten im Rahmen der Einzelschätzung gleichwohl beide Werte überprüft werden.

Eine Schätzung ist nach der Praxis des Kantons Aargau dann offensichtlich unrichtig, wenn der bisherige Eigenmiet- oder Vermögenssteuerwert um 15 % oder mehr über oder unter dem richtigen Wert liegt. Bei der Berechnung dieser Prozentgrenzen entsprechen die richtigen Werte 100 %. Der Fehler, mit welchem die Schätzung behaftet ist, muss leicht erkennbar sein, d.h. er muss auch einem Laien auffallen. Das Gesetz verlangt hier nicht Wesentlichkeit, sondern Offenkundigkeit.

Wird von Amtes wegen festgestellt, dass eine Schätzung offensichtlich unrichtig ist und diese korrigiert werden soll, muss eine Schätzung eingeleitet werden. Der steuerpflichtigen Person bzw. dem Eigentümer ist dies mitzuteilen, bevor die neue Schätzung vorgenommen wird, weil die bisherige offensichtlich unrichtig ist und dementsprechend Grund für eine Einzelschätzung vorliegt. Stellt der Eigentümer ein Begehren um Überprüfung, gilt dieses als Einleitung.

Im Kanton St. Gallen kann bspw. der Eigenmietwert auch ohne Neubeurteilung der Schätzung an die Entwicklung der Marktpreise angepasst werden, wenn sich diese im Vergleich zum Stand im Zeitpunkt der letzten Mietwertermittlung um mehr als 10 % verändert haben (Art. 10 StV des Kantons St. Gallen).

Mögliche Unklarheiten bzw. Einsprachepunkte bei der Liegenschaftsbewertung

Aufgrund von Abklärungen (bspw. Nachbargrundstücke, welche mit dem eigenen Objekt vergleichbar sind) oder Kenntnis von kürzlich verkauften ähnlichen Objekten, übersteigt der ermittelte Eigenmiet- oder Vermögenssteuerwert die Marktmiete oder den Verkehrswert. Beachten Sie aber, dass es für eine repräsentative Ermittlung mehrere Vergleichsobjekte sein müssen.

Die amtliche Liegenschaftsbewertung geht von einem falschen Landanteil, Grundstückwert, Gebäudewert, Baujahr, usw. aus. Weitere Punkte können das Stockwerk der Wohnung, die Beeinträchtigung durch Immissionen wie Strassenlärm, die Aussicht, die Erschliessung und Zugänglichkeit sowie die Infrastruktur sein. Eine Abwägung anhand dieser Kriterien ist umso wichtiger, wenn die beigebrachten, vergleichstauglichen Objekte unter sich kein einheitliches Zinsniveau erkennen lassen.

Einer Einsprache sind unbedingt Beweismittel beizulegen. Dies kann bspw. das Inserat eines vergleichbaren Objektes in ähnlicher Lage, ein Kataster- und Grundbuchauszug, allenfalls eine aktuelle Verkehrswertschätzung durch einen Liegenschaftsschätzer, etc. sein. Allerdings muss dabei beachtet werden, dass ein solches Gutachten als Beweismittel der freien Beweiswürdigung durch die erkennende Behörde unterliegt.

Bei diesen fachspezifischen Informationen beschränkt sich die Beweiswürdigung darauf, abzuklären, ob die Expertise vollständig, klar, gehörig begründet sowie frei von Lücken und Widersprüchen ist. Ob sie auf zutreffenden tatsächlichen Feststellungen beruht sowie ob der Gutachter hinreichende Sachkenntnis und die erforderliche Unbefangenheit gewährleistet. Sobald die Befangenheit des Gutachters angenommen werden muss, besteht Gefahr, dass die Einsprache abgelehnt wird.

Dabei muss die Befangenheit nicht nachgewiesen werden. Es genügt, wenn der Anschein der Befangenheit und die Gefahr der Voreingenommenheit bestehen.

1.4.3. Handänderungssteuer, Notariatskosten und Grundbuchgebühren

Viele Liegenschaftskäufer sind sich nicht bewusst, wie viele «Nebenkosten» beim Grundstückkauf zusätzlich anfallen. Wer ein Grundstück kauft, muss in einigen Kantonen hohe Handänderungssteuern, in anderen eine Grundbuchgebühr bezahlen. Dazu kommen nicht unerhebliche Notariatskosten.

Der Eigentumswechsel an einem Grundstück (Handänderung) unterliegt in gewissen Kantonen einer speziellen Steuer, die sich je nach Kanton zwischen einem und drei Prozenten des Verkehrswertes bewegt. Dabei handelt es sich um die sogenannte Handänderungssteuer. Auch bei der Handänderungssteuer könnte die kantonale Vielfalt nicht grösser sein. Dabei sind einerseits die Steuersätze unterschiedlich und andererseits sind bestimmte Vermögensübergänge je nach Kanton steuerfrei (bspw. an Ehegatten, Nachkommen, etc.). Auf Bundesebene ist keine Handänderungssteuer geschuldet.

Die Steuerpflicht wird durch jedes Rechtsgeschäft begründet mit dem die Verfügungsgewalt über ein Grundstück übertragen wird, insbesondere durch

- Kauf und Tausch
- Schenkung, Erbschaft
- Übertragung eines Kaufs- oder Rückkaufsrechts
- Übertragung von (grösseren) Beteiligungsrechten an Immobiliengesellschaften

Es gibt auch Kantone, welche keine Handänderungssteuer kennen, sondern wie bereits erwähnt, diese in Form einer Gebühr erheben. Eigentlichen Gebührencharakter (Grundbuchgebühr) weisen die Handänderungsabgaben jedoch nur in den Kantonen Zürich, Glarus, Zug und Schaffhausen auf. In den übrigen Kantonen wird die Handänderungsabgabe entweder als eigentliche Steuer oder als Gemengsteuer, d.h. in Verbindung mit einer Kausalabgabe, erhoben.

Immobilien-Wegweiser durch den Steuerdschungel

Nachfolgend finden Sie eine Tabelle mit den Bemessungsgrundlagen in den Kantonen. Die Tabellen sind den Steuerinformationen, herausgegeben von der Schweizerischen Steuerkonferenz SSK (Vereinigung der schweizerischen Steuerbehörden), entnommen worden, Stand der Gesetzgebung per 1. Januar 2014.

Kanton	Als Bemessungsgrundlage dient der ...			Bemerkungen
	Kauf-/ Erwerbspreis	Amtlicher Wert	Verkehrswert	
BE	X			Mit Einschluss aller weiteren Leistungen des Erwerbers.
LU	X	X^1	X^2	Mit Einschluss aller weiteren Leistungen des Erwerbers.
OW	X		X^3	Mit Einschluss aller weiteren Leistungen des Erwerbers.
NW	X	X^4		Mit Einschluss aller weiteren Leistungen des Erwerbers.
FR	X		X^5	Sofern die vereinbarten Leistungen mindestens dem Verkehrswert des Grundstücks und seiner Bestandteile oder bei Übertragung eines beschränkten dinglichen Rechts dem Realwert entsprechen, unter Einschluss aller anderer vom Erwerber übernommenen Leistungen. Bei Verkauf einer bezugsbereiten Liegenschaft oder in Verbindung mit einem Werkvertrag wird die Steuer aufgrund des Gesamtpreises, d.h. Grundstückpreis und Preis des fertig gestellten Bauwerks, berechnet.
SO			X	Bei Erwerb von landwirtschaftlichen Grundstücken, auf die das Bundesgesetz über das bäuerliche Bodenrecht vom 4. Oktober 1991 anwendbar ist, ist der Übernahmepreis, mindestens aber der Ertragswert, massgebend.
BS	X	X^6		
BL	X		X^7	Mit Einschluss aller weiteren Leistungen des Erwerbers.
AR	X	X^8		Mit Einschluss aller weiteren Leistungen des Erwerbers.
AI	X	X^9		Mit Einschluss aller weiteren Leistungen des Erwerbers.
SG	X		X^{10}	Mit Einschluss aller weiteren Leistungen des Erwerbers.
GR	X		X^{11}	
AG	X	X^{12}	X^{13}	Mit Einschluss aller weiteren Leistungen des Erwerbers.

HEV Schweiz
53

Immobilien-Wegweiser durch den Steuerdschungel

Kanton	Als Bemessungsgrundlage dient der ...			Bemerkungen
	Kauf-/ Erwerbspreis	Amtlicher Wert	Verkehrswert	
TG	X	X[14]		Mit Einschluss aller weiteren Leistungen des Erwerbers.
TI	X	X[15]		
VD	X		X[16]	
VS	X	X[17]		
NE	X	X[18]		Mit Einschluss aller weiteren Leistungen des Erwerbers.
GE	X		X[19]	
JU	X	X[20]		

[1] Wenn der Erwerbspreis nicht feststellbar ist, ist die Steuer bei Grundstücken mit einer landwirtschaftlichen Ertragswertschätzung von dem um 200 % erhöhten, bei den übrigen Grundstücken vom Katasterwert zu berechnen. Das gleiche gilt, wenn der unter nahestehenden Personen vereinbarte Erwerbspreis diese Werte nicht erreicht.

[2] Für in der Bauzone gelegene Grundstücke mit einer landwirtschaftlichen Ertragswertschätzung ist der Verkehrswert Bemessungsgrundlage.

[3] Ist kein Kaufpreis vereinbart, so ist der im Zeitpunkt der Veräusserung geltende Verkehrswert massgebend.

[4] Wo kein Erwerbspreis genannt wird oder dieser unter dem Güterschatzungswert liegt, gilt die Güterschatzung.

[5] Bei Fehlen eines Kaufpreises oder wenn dieser nicht dem Verkehrswert entspricht.

[6] Wenn der Steuerwert höher liegt als der Kaufpreis.

[7] Sofern kein Kaufpreis festgesetzt ist oder dieser erheblich tiefer liegt als der Verkehrswert des Grundstückes.

[8] Fehlt ein Kaufpreis oder liegt er unter dem amtlichen Verkehrswert zum Zeitpunkt des Erwerbs, so ist dieser massgebend. Bei Erwerb von land- und forstwirtschaftlich genutzten Grundstücken zum Ertragswert ist dieser massgebend, sofern der Kaufpreis darunter liegt.

[9] Bei Fehlen des Kaufpreises oder wenn dieser unterhalb des amtlichen Verkehrswertes liegt.

[10] Bei Fehlen des Kaufpreises oder wenn dieser unter dem Verkehrswert liegt.

[11] Sofern der Verkaufspreis offensichtlich unter dem Verkehrswert liegt oder kein Kaufpreis vereinbart wurde.

[12] Bei Erbgang, Vermächtnis und bei der Umwandlung gemeinschaftlichen Eigentums.

[13] Wenn kein Kaufpreis in der Vertragsurkunde genannt ist oder dieser wesentlich unter dem Wert der Sache liegt; bei Spezialfällen kommen andere Methoden zur Anwendung.

[14] Bei Fehlen des Kaufpreises.

[15] Der Konservator kann den Verkehrswert feststellen, insbesondere bei Fehlen des Werts der Liegenschaft im Vertrag oder wenn der Wert nicht dem Marktwert entspricht.

[16] Bei Fehlen des Kaufpreises oder sofern dieser unter dem wirklichen Wert liegt.

[17] Bei Erbteilungen nach dem Steuerwert, bei Erbvorbezug nach dem Katasterwert (Steuerwert = 100 % des Katasterwertes für Bauland, 15 % des Katasterwertes für landwirtschaftliche Grundstücke).

[18] Bei fehlendem Kaufpreis oder wenn dieser tiefer als der amtliche Wert ist.

[19] Wenn der vorgesehene Preis niedriger ist als der Verkehrswert. Für landwirtschaftliche Grundstücke gilt der Ertragswert (unter gewissen Bedingungen).

[20] Bei Fehlen des Kaufpreises oder wenn der amtliche Wert höher ist als der Kaufpreis.

1.4.3.1. Berechnung der Handänderungssteuer

Normalerweise wird die Handänderungssteuer auf dem Kaufpreis erhoben. Es kann aber vorkommen, dass ein Kaufpreis fehlt (bspw. beim Erbgang, bei einem Tausch oder bei einer Schenkung) oder dieser offensichtlich stark vom objektiven Verkehrswert abweicht. In einem solchen Fall wird der massgebende Verkehrswert von Amtes wegen im Zeitpunkt der Handänderung ermittelt. Einige Kantone stellen stattdessen auf den amtlichen Wert (bspw. Steuer-, Kataster- oder Güterschatzungswert) ab, sofern kein Kaufpreis beurkundet wurde.

1.4.3.2. Steuertarif

Die meisten Kantone bzw. Gemeinden wenden einen proportionalen Steuertarif an. Die Bandbreite liegt zwischen 1 % bis 3 % der Bemessungsgrundlage, d.h. des Kaufpreises, Verkehrswertes oder des amtlichen Werts des Grundstücks. Nur der Kanton Wallis kennt einen progressiven Steuersatz, wobei sich die Progression in engen Grenzen hält. Die folgende Tabelle gibt einen Überblick über die in den einzelnen Kantonen und Gemeinden angewandten Gebühren- und Handänderungssteuertarife.

Gebühren		
Kanton	Steuersatz bzw. Steuerbetrag	Bemerkungen
ZH	1.5 ‰	Für Eigentumsänderungen im Allgemeinen (mind. CHF 100). Massgebend ist der Verkehrswert.
	CHF 50	pro Grundstück bei Erbfolge.
UR	2 ‰	Für die Eigentumsübertragung von Grundstücken. Massgebend ist die Vertragssumme oder bei deren Fehlen der amtliche Schätzungswert. Die Gebühr beträgt mindestens CHF 50 und höchstens CHF 10 000
		- bei Änderungen infolge Namensänderung einer natürlichen Person, Namensänderung oder Sitzverlegung einer Personengesellschaft oder einer juristischen Person, Änderung im Personenbestand eines Gesamthandverhältnisses, Erbgang oder Erbteilung beträgt die Gebühr pro Grundstück CHF 50, bei mehreren Grundstücken höchstens CHF 250.
	2 ‰	Für die Eintragung eines Grundpfandrechtes an einem Grundstück oder die Erhöhung der Pfandsumme. Massgebend ist die Pfandsumme. Die Gebühr beträgt mindestens CHF 50 und höchstens CHF 10 000
		- bei Änderungen an einem Grundpfandrecht beträgt die Gebühr CHF 50
GL	5 ‰	Bei der Übertragung von Grundeigentum.
	3 ‰	Reduzierter Satz bei Erbgang.

Immobilien-Wegweiser durch den Steuerdschungel

Gebühren

Kanton	Steuersatz bzw. Steuerbetrag	Bemerkungen
ZG	CHF 180 Stundensatz	Geschäften mit besonderer Bedeutung wird durch Multiplikation dieses Ansatzes (Faktor 2-4) Rechnung getragen.
SH	7 ‰	Handänderungsgebühren für die Übertragung von Eigentum an Grundstücken (Beurkundung 1 ‰, Handänderung 6 ‰).
	3 ‰	Gebühren bei der Errichtung eines Grundpfandrechtes (Beurkundung 1 ‰, Errichtung 2 ‰).
AG	4 ‰	Im Normalfall bei Handänderungen zufolge Kauf (mind. CHF 100).
	3.5 ‰	Reduzierter Satz bei Vermächtnis (mind. CHF 50).
	2 ‰	Reduzierter Satz: (mind. CHF 50): - bei Erbgang. - bei Umwandlung von Gesamt- in Miteigentum und umgekehrt.
	1 ‰	Privilegierter Satz: - bei Enteignungen und Vorgängen, auf die Enteignungsrechte anwendbar wäre (mind. CHF 50). - bei Baulandumlegungen (mind. CHF 100).
	0.5 ‰	Für Berichtigungen, welche auf die Partei nicht zurückzuführen sind (mind. CHF 50).
	CHF 250	Für Handänderungen, die auf Umstrukturierungen von Unternehmen zurückzuführen sind, beträgt die Abgabe CHF 250 für ein einzelnes Grundstück. Für jedes weitere Grundstück beträgt die Gebühr CHF 150.
TI	11 ‰	Bei entgeltlichen Handänderungen, unter Einschluss der Errichtung und des Übergangs von selbständigen und dauernden Baurechten.
	10 ‰	Bei Handänderungen infolge Schenkung oder Erbvorbezug. Bei Nutzniessung oder Wohnrecht beträgt die Steuer höchstens CHF 500.
	5 ‰ / 7 ‰	Für die Errichtung von einem Liegenschaftspfand (Hypothek bzw. Schuldbrief).
	1.375 ‰ / 5 ‰	Privilegierter Satz: - Bei Handänderungen infolge Erbschaft, wobei solche unter CHF 20 000 steuerfrei sind.
	1.375 ‰	- für die Erbteilung und die Auflösung von Miteigentum mit (materieller) Naturalzuteilung.
	1.375 ‰	- für Fusionen und Umstrukturierungen, aber max. CHF 3 000 pro Übergang und CHF 20 000 insgesamt.

Handänderungssteuertarife

Kanton	Steuersatz	Bemerkungen
BE	18 ‰*	Im Normalfall (Steuerrechnungen unter CHF 100 werden nicht erhoben).
LU	15 ‰	
OW	15 ‰	Die Steuer ist vom Veräusserer und Erwerber je zur Hälfte geschuldet.

Immobilien-Wegweiser durch den Steuerdschungel

Handänderungssteuertarife

Kanton	Steuersatz	Bemerkungen
NW	10 ‰	
FR	15 ‰	Einheitstarif für alle entgeltlichen Grundstückübertragungen. Die Gemeinden können zudem «centimes additionnels» erheben (max. 100 % der Kantonssteuer).
	7.5 ‰	Spezialtarif bei der Begründung oder Erhöhung von Grundpfandrechten.*
	4 ‰	Vorzugstarif für Grundpfandrechte, die der Sicherung eines vom Bund in Anwendung der Gesetzgebung des Bundes über die Wohnbau- und Eigentumsförderung gewährten Darlehens dienen. * *Bemerkung: Keine «centimes additionnels communaux» in diesen beiden Fällen.
	3.5 ‰	Vorzugstarif beim Aufheben dieser Pfandrechte
SO	22 ‰	Im Normalfall.
	11 ‰	Reduzierter Satz: bei Erwerb unter Ehegatten und durch Nachkommen.
BS	30 ‰	Im Normalfall.
	15 ‰	Reduzierter Satz bei Handänderungen in bestimmten Fällen von Selbstbewohnung.
BL	25 ‰	Die Steuer ist vom Veräusserer und Erwerber je zur Hälfte geschuldet.
AR	Max. 20 ‰	Im Normalfall (die Gemeinden können einen tieferen Steuersatz festlegen).
	10 ‰	Der Steuersatz beträgt die Hälfte bei Handänderungen von Eltern zu Nachkommen, einschliesslich Stief- und Pflegekinder.
AI	10 ‰	
SG	10 ‰	In Normalfall.
	5 ‰	Reduzierter Satz: bei Handänderungen zwischen Eltern und Kindern (inkl. Adoptiv-, Stief- und Pflegekinder) sowie bei Teilung des Nachlasses unter Geschwistern bzw. den eintretenden Nachkommen von vorverstorbenen Geschwistern.
GR	15 ‰	Stadt Chur (der Kanton erhebt keine Handänderungssteuer). Der vom Kanton festgelegte Maximalansatz beträgt 20 ‰.
TG	10 ‰	
VD	22 ‰	Kantonaler Satz; die Gemeinden können einen Steuerzuschlag erheben (maximal 50 %, also 11 ‰). Besonderheiten: - bei Liegenschaftstausch schuldet jede Partei die Hälfte der Steuer. - bei Abtretung oder entgeltlichem Verzicht auf das Kaufrecht bemisst sich die Steuer auf die Hälfte des vereinbarten Preises.
VS	10 ‰ - 15 ‰	Progressiver Steuersatz, je nach Wert der Liegenschaft.

Handänderungssteuertarife		
Kanton	Steuersatz	Bemerkungen
NE	33 ‰	Normalsatz.
	22 ‰	Reduzierter Satz für die folgenden Handänderungen: - bei Tausch von im Kanton gelegenen Grundstücken. - für ein Grundstück, welches dem Käufer als Erstwohnung dient, wobei dieser Kauf ein erster Erwerb dieser Art im Kanton sein muss.
GE	30 ‰	Normalsatz (für Liegenschaften mit einem Wert von höchstens CHF 1 178 571 werden die ersten CHF 17 679 nicht erhoben).
	1 ‰	Bei Erbteilung (kantonale «centimes additionnels» nicht eingeschlossen).
	15 ‰	Bei Tausch.
	2 ‰	Bei Tausch von landwirtschaftlichen Grundstücken; jedoch kommt ein Satz von 15 ‰ auf einer allfälligen Ausgleichszahlung zur Anwendung.
	1 ‰	Bei Ausübung des Rückkaufrechts (kantonale «centimes additionnels» nicht eingeschlossen).
	2.1 ‰	Bei Grundlasten (kantonale «centimes additionnels» nicht eingeschlossen).
JU	21 ‰	Normalsatz (mind. CHF 30).
	17 ‰	Reduzierter Satz vom Normalsatz, wenn die Liegenschaft eine Ersterwerbung im Kanton darstellt und selbst bewohnt wird.
	11 ‰	Reduzierter Satz (mind. CHF 30): - Für von Nachkommen oder vom anderen Ehegatten erworbene Grundstücke. - Bei Erbgang oder Erbteilung, wenn Grundstücke auf Nachkommen oder den überlebenden Ehegatten übergehen. - Bei Erwerb von Grundstücken infolge güterrechtlicher Auseinandersetzung.
	9 ‰	Reduzierten Satz vom obenstehenden reduzierten Satz, wenn die Liegenschaft eine Ersterwerbung im Kanton darstellt und selbst bewohnt wird.
	3.5 ‰	Spezialsatz für die Errichtung von Grundpfandrechten (mind. CHF 30).

Quelle: Steuerinformation der Vereinigung der schweizerischen Steuerbehörden, Bern, Stand 1. Januar 2014

*Ab 1. Januar 2015 wird die Handänderungssteuer im Kanton Bern teilweise abgeschafft. Wer im Kanton Bern ab 1. Januar 2015 ein Grundstück erwirbt und dieses während zwei Jahren als Hauptwohnsitz benutzt, muss auf den ersten CHF 800 000 des Kaufpreises keine Handänderungssteuer bezahlen.

1.4.3.3. Steuerbefreite Handänderungen

Sämtliche Steuergesetze sehen zahlreiche Ausnahmen von der Handänderungssteuer vor. So werden in einer Reihe von Kantonen und/oder Gemeinden spezielle Handänderungstatbestände, wie namentlich Handänderungen infolge Erbgang, Tausch, Schenkung, Zwangsverwertungsverfahren oder Handänderungen unter Verwandten, durch vollständige oder teilweise Steuerbefreiung privilegiert behandelt. Andere Kantone gewähren für bestimmte Handänderungen eine Privilegierung durch Ermässigung des Steuersatzes.

Merkblatt 1: Steuerbefreite Handänderungen in den Kantonen und Gemeinden

1.4.3.4. Bezahlung der Handänderungssteuer

Wer die Handänderungssteuer zu bezahlen hat, hängt von den kantonalen bzw. kommunalen Steuergesetzen ab. Teilweise verweisen die Gesetze auf den Parteiwillen bzw. die örtlichen Gepflogenheiten. In der Mehrheit der Kantone hat der Käufer die Handänderungssteuern zu übernehmen. Sofern der Verkäufer die veranlagte Steuer ganz oder teilweise bezahlt, besteht in der Regel eine solidarische Mithaftung des Käufers. In diesen Fällen empfiehlt es sich, vom Veräusserer vor Unterzeichnung des öffentlich beurkundeten Kaufvertrages eine entsprechende Sicherstellung, bspw. durch eine Bankgarantie, ähnlich wie bei der Grundstückgewinnsteuer, einzufordern.

Tabelle wer die Steuer bezahlt:

LU, FR, SO, VS, NE und JU	Die Steuer ist vom Erwerber zu bezahlen.
NW, AI, SG, TG und TI	Die Steuer ist ebenfalls vom Erwerber zu bezahlen, wobei der Veräusserer solidarisch mithaftet, sofern die Parteien keine andere Regelung getroffen haben.
VD	Die Steuer ist vom Erwerber zu bezahlen, aber nur, falls nichts anderes vereinbart wurde.
GR	Die Steuer ist auch in GR vom Erwerber zu bezahlen. Allerdings können abweichende vertragliche Vereinbarungen berücksichtigt werden, soweit der Veräusserer nicht subjektiv steuerbefreit ist.
BE und BS	Die Steuer ist abgesehen von wenigen Ausnahmen, grundsätzlich vom Erwerber zu bezahlen.
BL	Die Steuer ist vom Veräusserer und vom Erwerber je zur Hälfte geschuldet.

OW	Die Steuer ist vom Veräusserer und vom Erwerber je zur Hälfte geschuldet. Die Steuer kann auch nach Vereinbarung geschuldet sein, aber stets unter Solidarhaft der Parteien.
AR	Ebenfalls je zur Hälfte vom Veräusserer und Erwerber geschuldet, wenn eine Vereinbarung fehlt.
AG	Je nach Parteivereinbarung schuldet entweder der Veräusserer oder der Erwerber bzw. beide zusammen anteilig die Handänderungssteuer; Solidarhaftung der beiden Parteien.
GE	Schuldner der Handänderungssteuer ist der Notar, welcher die Verschreibung des Grundstücks vorgenommen hat. Der Notar überwälzt die Steuer auf den Erwerber und verlangt in der Regel spätestens im Zeitpunkt der Unterzeichnung der notariellen Urkunde eine entsprechende Sicherstellung des voraussichtlichen Steuerbetrages. Bei einer Erbschaft schulden die Erben die Steuer. Sofern jedoch ein Notar eine Handänderung vornimmt, ohne sich vorher über die Bezahlung der Erbschaftssteuer vergewissert zu haben, so haftet er für die Steuer persönlich.

Quelle: Steuerinformation der Vereinigung der schweizerischen Steuerbehörden, Bern, Stand 1. Januar 2014

1.4.3.5. Grundbuch

Jedes Grundstück in der Schweiz ist in dem vom Staat geführten öffentlichen Grundbuch in allen Details nach Art und Umfang und mit allen wirtschaftlichen und rechtlichen Vor- und Nachteilen erfasst und beschrieben.

Das Grundbuch ist im Prinzip öffentlich, jedoch muss man für die Einsichtnahme ein konkretes Interesse (Kaufabsicht, Kreditgewährung, usw.) glaubhaft machen können, wobei sich die Auskunft an Dritte ausschliesslich auf den blossen Grundstückbeschrieb beschränkt. Auch kann bspw. ein Erbe, welcher erbrechtliche Ansprüche geltend macht, Einblick ins Grundbuch und die dortigen Unterlagen verlangen. Das gilt laut einem neuen Urteil des Bundesgerichts (BGE vom 18. März 2014, 5A_152/2014) aber nicht unbesehen, auch nicht für den einstigen Miterben, der wissen will, zu welchem Preis die einem anderen Erben zugeteilte Liegenschaft später verkauft worden ist.

1.4.4. Liegenschaftssteuer

Die Liegenschaftssteuer (auch Grund- oder Grundstücksteuer genannt) wird zusätzlich zur Vermögenssteuer erhoben, welche bereits den Grundbesitz erfasst. Die Erhebung einer Liegenschaftssteuer wurde damit begründet, dass es sich dabei um ein Entgelt für eine im Privatrecht begründete Sonderbeanspruchung des Gemeindeterritoriums handelt. Heute wird jedoch jede Beanspruchung separat bezahlt, so dass die Grundlage für diese Steuer entfallen ist. Liegenschaften werden bereits mit zahlreichen Steuern und Gebühren (bspw. Handänderungssteuer, Grundstückgewinnsteuer, Liegenschaftssteuer, Vermögenssteuer, Eigenmietwert, Grundbuchgebühren, Notariatsgebühren, Anschlussgebühren, Unterhaltsbeiträge, Gebühren für Ver- und Entsorgung) belastet, dass eine Liegenschaftssteuer kaum mehr gerechtfertigt ist. Insbesondere auch deshalb nicht, weil bereits die Vermögenssteuer auf der Liegenschaft geschuldet ist. Die Liegenschaftssteuer wurde vor sehr vielen Jahren eingeführt. Zu jener Zeit gab es noch keine verursachergerechten Gebühren. Seit einigen Jahren hat sich dies aber grundlegend geändert, sodass eine Liegenschaftssteuer nicht mehr zeitgemäss ist. Der Bund kennt diese Steuer nicht. Es handelt sich um eine kantonale und/oder kommunale Steuer. Es gibt Kantone (AG, BL, GL, SZ, SO, ZG und ZH), welche auf die Erhebung einer Liegenschaftssteuer in jeglicher Form zu Recht verzichten. In den Kantonen Genf und Thurgau wird die Steuer auf den Liegenschaften als Kantonssteuer erhoben. In Luzern, St. Gallen, Tessin, Wallis und Jura als obligatorische Gemeindesteuer. In den Kantonen Bern, Freiburg, Graubünden und Waadt ist es eine fakultative Gemeindesteuer. Als fakultativ wird die Steuer bezeichnet, weil die Gemeinden von Gesetzes wegen befugt, aber nicht verpflichtet sind, eine solche Steuer zu erheben. Im Kanton Appenzell Innerrhoden kann die Liegenschaftssteuer auch von den Bezirken erhoben werden.

Bei der Liegenschaftssteuer handelt es sich um eine Objektsteuer. Für einmal ist das Besteuerungsziel nicht die Erfassung einer bestimmten Person, mit ihrer persönlichen Leistungsfähigkeit, sondern es werden die Grundstücke erfasst. Die steuerpflichtige Person ergibt sich aus dem Grundbuch. Schliesslich kann auch ein gesetzliches Pfandrecht die Bezahlung der Steuern sichern. Solche gesetzlichen Grundpfandrechte (gestützt auf Art. 836 ZGB) haben die meisten Kantone im kantonalen Recht eingeräumt. Bei einer Nutzniessung ist, in den meisten Kantonen, kraft ausdrücklicher gesetzlicher Regelung, der Nutzniesser und nicht der Eigentümer steuerpflichtig.

Bei der Liegenschaftssteuer wird der volle Wert der Liegenschaft besteuert, ohne Abzug der Schulden.

Weiter ist das Grundstück als Objekt am Ort der gelegenen Sache (bzw. am Ort, wo das Recht oder die Dienstbarkeit im Grundbuch eingetragen ist) zu versteuern.

In allen Kantonen sind die Liegenschaftssteuersätze fest. Sie werden - ausser im Kanton Uri - in Promillen ausgedrückt. Es handelt sich also um eine proportionale Steuer, deren Steuerbetrag immer im gleichen Verhältnis zum Grundstückwert steht.

Beispiele (ausgewählte Kantone)

Kanton	Erhebung	Berechnung	Grundlage
AG	Keine Liegenschaftssteuer		
AR	Nur bei juristischen Personen (Minimalsteuer)	2 ‰ des amtlichen Verkehrswertes, sofern sie die Steuern vom Reingewinn und Kapital übersteigt.	Steuergesetz vom 21. Mai 2000 (Stand 1. Januar 2013)
AI	Die Bezirke und Gemeinden können eine Liegenschaftssteuer erheben. Ab 2014 wird diese Möglichkeit nur noch von der Schulgemeinde Brülisau wahrgenommen.	1 ‰ des Liegenschaftssteuerwertes.	Steuergesetz (StG) vom 25. April 1999 (Stand Januar 2013)
BL	Keine Liegenschaftssteuer		
BS	Diese wird nur bei juristischen Personen auf den in Basel-Stadt gelegenen Grundstücken erhoben.	Die Grundstücksteuer beträgt 2 ‰ des steuerbaren Grundstückwertes	Gesetz über die direkten Steuern (Steuergesetz) vom 12. April 2000 (Stand 10. November 2011)
BE	Die Gemeinden können eine Liegenschaftssteuer erheben.	Die Liegenschaftssteuer wird auf dem amtlichen Wert am Ende des Steuerjahres ohne Abzug der Schulden berechnet. Der Steuersatz beträgt höchstens 1.5 ‰ des amtlichen Wertes	Steuergesetz (StG) vom 21. Mai 2000
FR	Die Gemeinden sind berechtigt aber nicht verpflichtet eine Liegenschaftssteuer zu erheben.	Die Liegenschaftssteuer variiert zwischen 0.3 und 3.0 ‰ des Steuerwertes.	Gesetz vom 10. Mai 1963 über die Gemeindesteuern.

Kanton	Erhebung	Berechnung	Grundlage
GL	Keine Liegenschaftssteuer		
GR	Die Gemeinde erhebt auf den in der Gemeinde gelegenen Grundstücken eine Liegenschaftssteuer.	Festlegung des Steuersatzes in einem formellen Gesetz der Gemeinde. Dieser beträgt maximal 2 ‰ des Vermögenssteuerwertes am Ende des Kalenderjahres.	Gesetz über die Gemeinden- und Kirchensteuern (GKStG) vom 31. August 2006
LU	Die Gemeinden erheben auf den in ihrem Gebiet gelegenen Grundstücken eine Liegenschaftssteuer von 0.5 ‰.	Bei Liegenschaften, welche die steuerpflichtige Person an ihrem Wohnsitz dauernd selbst bewohnt, ist die Liegenschaftssteuer von 75 % des Katasterwertes zu berechnen.	Mit Abstimmung vom 9. Februar 2014 ist die Liegenschaftssteuer abgeschafft worden. Ab 2015 muss der Kanton Luzern und die Gemeinden auf eine Liegenschaftssteuer verzichten.
OW	Eine kantonale Liegenschaftssteuer wird nicht erhoben. Die Gemeinden haben hingegen das Recht eine Liegenschaftssteuer zu erheben. Dieses Recht wird aktuell nur von einer Gemeinde beansprucht.	Die Gemeinde Giswil erhebt eine Liegenschaftssteuer von 0.4 ‰ auf dem Steuerwert der Liegenschaft.	
SH	Keine Liegenschaftssteuer		
SZ	Keine Liegenschaftssteuer		
SO	Keine Liegenschaftssteuer		
TI	Die Gemeinden haben das Recht, eine Liegenschaftssteuer jährlich auf den im Kanton gelegenen sich Ende Jahr im Besitz befindlichen Grundstücken zu erheben.	Die Liegenschaftssteuer beträgt 1 ‰ des geschätzten offiziellen Wertes Ende Jahr ohne Abzug von Schulden.	Legge tributaia (del 21 giugno 1994) il Gran Consiglio della Repubblica e Cantone Ticino
TG	Die Liegenschaftssteuer wird jährlich auf den im Kanton gelegenen Grundstücken erhoben.	Die Liegenschaftssteuer beträgt 0.5 ‰ vom Verkehrswert ohne Abzug von Schulden.	Gesetz über die Staats- und Gemeindesteuern (Steuergesetz) vom 14. September 1992 (Stand 1. Januar 2013)

Kanton	Erhebung	Berechnung	Grundlage
UR	Eine Liegenschaftssteuer wird nicht erhoben. Natürliche Personen, die im Kanton pro Steuerjahr weniger als CHF 300 Kantons-, Gemeinde- und Kirchensteuern bezahlen, entrichten für ihre im Kanton gelegenen Grundstücke eine Minimalsteuer.	Die Minimalsteuer beträgt einheitlich CHF 300.	
VS	Für natürliche Personen erheben die Gemeinden eine Grundstücksteuer	Die Grundstücksteuer wird erhoben auf dem Steuerwert per 31. Dezember ohne Abzug von Schulden. Der Ansatz beträgt 1 ‰ für natürliche Personen und 1.25 ‰ für die juristischen Personen.	Steuergesetz vom 10. März 1976
ZG	Keine Liegenschaftssteuer		
ZH	Keine Liegenschaftssteuer		

1.4.5. Nachlass- sowie Erbschafts- und Schenkungssteuer

In der Schweiz werden die gesetzliche Regelung und die Erhebung der Erbschaftssteuer gänzlich den Kantonen überlassen. Ausser dem Kanton Schwyz erheben alle Kantone eine Erbschafts- und Schenkungssteuer. Der Kanton Luzern verzichtet auf die Besteuerung der meisten Schenkungen. Die Erbschafts- und Schenkungssteuern sind kantonal sehr unterschiedlich, dies kann für die Steuerplanung ausgenützt werden. Oftmals liegt keine Nachlassplanung vor und da keine Vorkehrungen getroffen worden sind, gelangen die gesetzlichen Regelungen zur Anwendung. Es ist daher empfehlenswert, die Gestaltungsmöglichkeiten auszuschöpfen.

Schenkungs- und/oder Erbschaftssteuern werden je nach Verwandtschaftsgrad fällig. Je weiter auseinander die Verwandtschaft zwischen Erblasser oder Schenkgeber und dem Erben bzw. dem Beschenkten ist, desto höher sind die Steuersätze. Gut ein Drittel der Kantone verzichtet auf die Steuer, wenn Vermögen an die Eltern vererbt wird. Bei den anderen geht die Spanne bis zu 15 % (Kanton Bern). Bei Geschwistern verzichten nur Obwalden und Schwyz auf die Erbschaftssteuer. Unter den übrigen Kantonen gibt es grosse Unterschiede. Den Höchstwert erreicht hier der Kanton Aargau (Spanne zwischen 6 und 23 %). Bei Konkubinatspartnern verzichten zum Beispiel nur Schwyz, Zug, Uri, Obwalden und Nidwalden (Definition Lebenspartner gemäss untenstehender Tabelle) auf die Besteuerung von Konkubinatspartnern. Bei den anderen holt sich der Fiskus bis zu 50 %.

Der Steuertarif für die Erbschafts- und Schenkungssteuer ist in der Mehrzahl der Kantone für beide Steuern identisch.

Nachfolgend eine Tabelle mit der Erbschaftssteuer von ausgewählten Kantonen:

Kanton	Erbschaftssteuer				*Definition Lebenspartner
	Ehegatten	Lebens-partner*	Nach-kommen (inkl. Adoptiv-kinder)	Stiefkinder	Voraussetzung bei Zeit-punkt der Entstehung der Steuerpflicht
AG	Steuerfrei	4 - 9 %, kein Freibetrag	Steuerfrei	Steuerfrei	Mind. 5 Jahre in Wohn-gemeinschaft (gleicher Wohnsitz)
AI	Steuerfrei	20 %, Freibetrag CHF 5 000	1 %, Freibetrag CHF 300 000	1 %, Freibetrag CHF 300 000	Lebenspartner nicht er-wähnt - übrige Personen
AR	Steuerfrei	12 %, Freibetrag CHF 10 000	Steuerfrei	Steuerfrei	Mind. 5 Jahre Hausge-meinschaft und wesentli-cher Beitrag zu Unterhalt oder gemeinsame Mittel
BE	Steuerfrei	6 - 15 %, Freibetrag CHF 12 000	Steuerfrei	Steuerfrei	Mind. 10 Jahre in Wohn-gemeinschaft mit glei-chem steuerrechtlichen Wohnsitz
BL	Steuerfrei	15 %, Freibetrag CHF 30 000	Steuerfrei	7.5 %, Freibetrag CHF 50 000	Mind. 5 Jahre in häusli-cher Gemeinschaft und am gemeinsamen Wohnsitz
BS	Steuerfrei	7.5 % - 16.5 %, Freibetrag CHF 2 000	Steuerfrei	7.5 % - 16.5 %, Freibetrag CHF 2 000	Mind. 5 Jahre im ge-meinsamen Haushalt und gleichem steuer-rechtlichen Wohnsitz
FR	Steuerfrei	8.25 % - 14.025 %, Freibetrag CHF 5 000	Steuerfrei	7.75 % - 15.5 %, Freibetrag CHF 5 000	Mind. 10 Jahre in Wohn-gemeinschaft mit glei-chem steuerrechtlichen Wohnsitz
GE[1]	Steuerfrei	42 % - 54.6 %, Freibetrag CHF 500	Steuerfrei	42 % - 54.6 %, Freibetrag CHF 500	Lebenspartner nicht er-wähnt - übrige Person

Immobilien-Wegweiser durch den Steuerdschungel

Kanton	Erbschaftssteuer				*Definition Lebenspartner
	Ehegatten	Lebenspartner*	Nachkommen (inkl. Adoptivkinder)	Stiefkinder	Voraussetzung bei Zeitpunkt der Entstehung der Steuerpflicht
GL	Steuerfrei	4 % - 10 %, Freibetrag CHF 10 000	Steuerfrei	6 % - 15 %, Freibetrag CHF 100 000	Mind. 5 Jahre im gemeinsamen Haushalt gelebt
GR²	Steuerfrei	Kanton: steuerfrei	Steuerfrei	Steuerfrei	Keine gesetzliche Definition für Lebenspartner auf kantonaler Ebene
JU³	Steuerfrei	14 %, Freibetrag CHF 10 000	Steuerfrei	14 %, Freibetrag CHF 10 000	Mind. 10 Jahre im gemeinsamen Haushalt zusammengelebt (ebenso Ex-Partner)
LU⁴	Steuerfrei	6 %, Freibetrag CHF 2 000	0 - 2 %, Freibetrag CHF 100 000	0 - 2 %, Freibetrag CHF 100 000	Mind. 5 Jahre ununterbrochene und umfassende Lebensgemeinschaft
NE	Steuerfrei	20 %, Freibetrag CHF 10 000	3 %, Freibetrag CHF 50 000	45 %, Freibetrag CHF 10 000	Mind. 5 Jahre zusammengelebt
NW	Steuerfrei	Steuerfrei	Steuerfrei	Steuerfrei	Mind. 5 Jahre am gleichen Wohnsitz in dauernder Wohngemeinschaft
OW	Steuerfrei	Steuerfrei	Steuerfrei	Steuerfrei	Mind. 5 Jahre im gemeinsamen Haushalt oder zum Zeitpunkt des Todes mit gemeinsamen, minderjährigen Kindern
SG	Steuerfrei	30 %, Freibetrag CHF 10 000	Steuerfrei	Steuerfrei	Lebenspartner nicht erwähnt - übrige Person
SH	Steuerfrei	10 % - 40 % Freibetrag, CHF 10 000	Steuerfrei	Steuerfrei	Lebenspartner nicht erwähnt - übrige Person
SO⁵	Steuerfrei	12 % - 30 %, Freibetrag CHF 0	Steuerfrei	2 % - 5 %, Freibetrag CHF 0	Lebenspartner nicht erwähnt - übrige Person
SZ⁶	-	-	-	-	-
TG	Steuerfrei	8 % - 28 %, Freibetrag CHF 0	Steuerfrei	4 % - 14 %, Freibetrag CHF 0	Lebenspartner nicht erwähnt - übrige Person
TI⁷	Steuerfrei	17.85 % - 41 %, Freibetrag CHF 0	Steuerfrei	5.95 % - 15.5 %, Freibetrag CHF 0	Lebenspartner nicht erwähnt - übrige Person
UR	Steuerfrei	Steuerfrei	Steuerfrei	Steuerfrei	Mind. 5 Jahre im gemeinsamen Haushalt oder zum Zeitpunkt des Todes mit gemeinsamen, minderjährigen Kindern – eheähnlich

Immobilien-Wegweiser durch den Steuerdschungel

Kanton	Erbschaftssteuer				*Definition Lebenspartner
	Ehegatten	Lebenspartner*	Nachkommen (inkl. Adoptivkinder)	Stiefkinder	Voraussetzung bei Zeitpunkt der Entstehung der Steuerpflicht
VD[8]	Steuerfrei	15.84 % - 25 %	0.009 % - 3.5 %	2.64 % - 7.5 %	Lebenspartner nicht erwähnt - übrige Person
VS	Steuerfrei	25 %, Freibetrag CHF 10 000	Steuerfrei	7.5 %, Freibetrag CHF 10 000	Lebenspartner nicht erwähnt - übrige Person
ZG	Steuerfrei	Steuerfrei	Steuerfrei	Steuerfrei	Keine gesetzliche Definition für Lebenspartner
ZH	Steuerfrei	12 % - 36 %, Freibetrag CHF 50 000	Steuerfrei	4 % - 14 %, Freibetrag CHF 15 000	Mind. 5 Jahre im gleichen Haushalt zusammengelebt.

[1] **Genf:** Wenn der Erblasser in den letzten drei Jahren nach Aufwand besteuert wurde, sind der Ehegatte und die Nachkommen nicht mehr von der Steuer befreit. In diesem Falle liegt der Steuersatz zwischen 2 % und 6 % bei einem Freibetrag von CHF 5 000.

[2] **Graubünden:** Die aufgeführten Steuersätze beziehen sich nur auf die kantonalen Erbschaftssteuern. Gemäss Gesetz über die Gemeinde- und Kirchensteuer kann die Gemeinde eine Erbanfall- und Schenkungssteuer erheben. Ehegatten, direkte Nachkommen und Stiefkinder sind von dieser Besteuerung ebenfalls ausgenommen. Für den Konkubinatspartner fallen max. 5 % Steuern an.

[3] **Jura:** Wenn der Erblasser nach Aufwand besteuert wurde, sind die Nachkommen nicht mehr von der Steuer befreit. In diesem Falle liegt der Steuersatz bei 3.5 % bei einem Freibetrag von CHF 10 000

[4] **Luzern:** Zuwendungen an Nachkommen bis CHF 100 000 sind in jedem Fall steuerfrei. Für Zuwendungen ab CHF 100 000 zahlen Nachkommen eine Steuer von 1 % bis 2 %, sofern die verstorbene Person in einer Gemeinde mit Nachkommen-Erbschaftssteuer wohnte oder bei ausserkantonalem Wohnsitz der verstorbenen Person ein vererbtes Grundstück in einer Gemeinde mit Nachkommen-Erbschaftssteuer liegt.

[5] **Solothurn:** Pro Nachlass fallen zusätzlich 8 - 12 ‰ Nachlasstaxe an.

[6] **Schwyz:** Es wird weder eine Erbschafts- noch eine Schenkungssteuer erhoben.

[7] **Tessin:** Pro Nachlass sind Bank- und Sparguthaben im Wert von CHF 50 000 steuerfrei.

[8] **Waadt:** Eine Besteuerung der Nachkommen erfolgt erst, wenn der Erbanfall den Betrag von CHF 250 000 übersteigt. Die Gemeinden legen zusätzlich zur Erhebung der kommunalen Erbschaftsteuer einen Prozentsatz von 0 bis 100 % von der kantonalen Steuer fest. Für Ausländer, die im Kanton Waadt ihren letzten Wohnsitz hatten und nie eine Erwerbstätigkeit in der Schweiz nachgingen, reduziert sich die Steuer auf die Hälfte.

Quelle: Steuer Revue Nr. 4 2014 Seite 274/275, Übersicht über die Erbschaftssteuer

1.4.5.1. Wo das bewegliche und unbewegliche Vermögen besteuert wird

Bewegliches Vermögen (bspw. Wertschriften, Guthaben, etc.) wird am letzten Wohnsitz des Erblassers besteuert. Liegenschaften, werden in demjenigen Kanton besteuert, in welchem sie liegen. Bei Liegenschaften bedeutet dies, dass die Schenkungs- und Erbschaftssteuersätze des Liegenschaftenkantons zur Anwendung kommen.

1.4.5.2. Bewertung des Vermögensanfalls im Zeitpunkt des Todes

Allgemein

Für die Steuerberechnung bei der Schenkungs- und Erbschaftssteuer ist grundsätzlich der Verkehrswert massgebend. Dazu gibt es jedoch abweichende Regelungen, namentlich ist dies bei Wertpapieren, Versicherungsleistungen und Liegenschaften der Fall. Der Zeitpunkt für die Besteuerung ist der Todestag des Erblassers. Bei einer Schenkung wird auf den Tag der Schenkung abgestützt.

Bewertungsmethode für Grundstücke

Bei den Erbschafts- und Schenkungssteuern können die Bewertungsmethoden für Grundstücke je nach Kanton verschieden sein:

- In der Mehrheit der Kantone ist der ausschlaggebende Grundstückswert mit demjenigen identisch, den der Erblasser oder der Schenker in seiner letzten Vermögenssteuererklärung angegeben hat.

- Gewisse Kantone kennen aber verschiedene Bewertungskriterien, wenn das Grundstück Gegenstand einer Übertragung (Erbgang oder Schenkung) ist.

Mehrheitlich stellen die Steuergesetze auf den Verkehrswert[5], den Ertragswert oder auf eine Kombination der beiden ab; vereinzelt gelten auch andere Kriterien.

Alle kantonalen Steuergesetze unterscheiden zwischen landwirtschaftlichen und nichtlandwirtschaftlichen Grundstücken und Gebäuden.

---

[5] In der Regel gilt der Kaufpreis als Verkehrswert. Ist das Grundstück ganz oder teilweise unentgeltlich erworben worden oder haben sich die Verhältnisse seit dem Erwerb wesentlich geändert, so wird der Verkehrswert unter Berücksichtigung des Land-, Bau- und Ertragswerts geschätzt.
So werden bspw. über eine gewisse Zeitspanne hinweg Preisvergleiche gezogen über den Kauf/Verkauf von Liegenschaften in der gleichen Region unter gleichen oder ähnlichen Bedingungen, oder aber man stützt sich in angemessener Weise auf Bodenwert, Bauwert und Ertragswert ab.

Immobilien-Wegweiser durch den Steuerdschungel

Nichtlandwirtschaftliche Liegenschaften

In den meisten Kantonen (ZH, BE, UR, OW, NW, GL, ZG, FR[6,] BS, AR, AI, SG, AG, TG, TI, VS, NE und JU) werden Grundstücke, welche Gegenstand eines Erbgangs oder einer Schenkung sind, in derselben Weise wie für die Vermögenssteuer bewertet.

In den Kantonen SO, SH und GE findet der Verkehrswert Anwendung. Ebenfalls in BL, jedoch unter Abzug der geschätzten, sich bei einer späteren Veräusserung ergebenden Grundstückgewinn- und Handänderungssteuer.

Auch der Kanton GR wendet den Verkehrswert an, allerdings werden Gebäude von historischer und denkmalpflegerischer Bedeutung, deren Erhaltung von den Eigentümern gewisse Opfer fordern, zum Ertragswert bewertet.

Für die Berechnung der Erbschafts- und Schenkungssteuer eine gewisse Erleichterung, indem bei der Vermögenssteuer nur ein gewisser Prozentsatz des Bewertungsergebnisses ausschlaggebend ist, bieten:

- Kanton Waadt mit 80 %
- Kanton Luzern mit 75 %: für Liegenschaften, die am Wohnsitz dauernd selbst bewohnt sind.

Quelle: Steuerinformation herausgegeben von der Schweizerischen Steuerkonferenz SSK, Die Erbschafts- und Schenkungssteuern (Stand der Gesetzgebung 1. Januar 2013).

1.4.6. Immobilien und Quellenbesteuerung

Der Quellensteuer unterliegen Personen ohne Wohnsitz oder Aufenthalt in der Schweiz, die als Gläubiger oder Nutzniesser Zinsen erhalten, die durch ein Grundstück in der Schweiz gesichert sind. Die Quellensteuer kommt sowohl bei natürlichen als auch bei juristischen Personen zum Tragen. Steuerbar sind alle Leistungen, die durch die Verpfändung entsprechender Grundpfandtitel faustpfandrechtlich gesichert sind und die nicht Kapitalrückzahlungen darstellen (vor allem Hypothekarzinsen). Die Steuer wird von den Bruttoeinkünften berechnet. Hierzu zählen auch die Zinsen, die nicht dem Steuerpflichtigen selber, sondern einem Dritten zufliessen.

---

[6] Kanton FR: Der Mehrwert seit Beginn der laufenden Steuerperiode bis zum Zeitpunkt, in dem das Besteuerungsrecht entsteht, bleibt jedoch vorbehalten.

Bei der Erhebung der Quellensteuer müssen gegebenenfalls die abweichenden Bestimmungen der Doppelbesteuerungsabkommen mit den betreffenden Staaten berücksichtigt werden.

2. Nutzung, Liegenschaftsertrag und Abzüge

2.1. Allgemein

Egal, ob es sich um ein selbstbewohntes Haus, Stockwerkeigentum oder eine Renditeliegenschaft handelt, die steuerlichen Gesichtspunkte müssen unbedingt durchleuchtet werden.

2.2. Eigenmietwertbesteuerung und Mieterträge

Die Heims sind anfänglich erstaunt, dass Personen, die eine Liegenschaft selbst bewohnen, auch noch Steuern für die Nutzung bezahlen müssen. Kraft ausdrücklicher gesetzlicher Vorschrift ist der Eigenmietwert sowohl bei der direkten Bundessteuer als auch im kantonalen Steuerrecht einkommenssteuerpflichtig.

Übrigens gilt dies sowohl für das Eigenheim am Wohnsitz der steuerpflichtigen Person als auch für ein selbstgenutztes Zweitdomizil (Ferienhaus bzw. -wohnung). Selbst wenn die Liegenschaft zu anderen Zwecken (bspw. als Lager) genutzt wird, ist der Eigenmietwert zu versteuern. Die Selbstnutzung ist grundsätzlich nicht abhängig von der tatsächlichen zeitlichen Belegung des Gebäudes. Auch wenn Sie sich die Liegenschaft zum jederzeitigen Eigengebrauch zur Verfügung halten, ist dies der ganzjährigen vollumfänglichen Eigennutzung gleichzustellen. Marion Heim interessiert es, was passiert, falls ein alleinstehender Hauseigentümer dauerhaft hospitalisiert wird und nicht mehr in der Lage ist, die Wohnung selbst zu benutzen. Auch in einer solchen Situation, sofern die Wohnung nicht geräumt wird und die Möbel darin eingestellt bleiben, muss der Eigenmietwert versteuert werden (StE 8-9/2006 DBG, B 25.3 Nr. 32).

Für den Mietwert steuerpflichtig sind die Ehegatten Heim als Eigentümer der Liegenschaft, weil sie diese auch tatsächlich selber nutzen. Eine effektive Nutzung liegt auch dann vor, wenn der Eigentümer sich seine Liegenschaft dauernd zu Verfügung hält, ohne diese ständig zu bewohnen. Von der Besteuerung des Eigenmietwertes wird jedoch dann abgesehen, wenn die Liegenschaft leer steht, weil nachweislich kein Mieter dafür gefunden werden kann.

Wie bereits erwähnt ist auch bei Ferienwohnungen ein Eigenmietwert geschuldet. Häufig werden solche Wohnungen teilweise vermietet (insbesondere in der Hauptsaison). Bei einer teilweisen Vermietung einer Ferienwohnung an Dritte, muss - für die Vermietungsdauer - der vereinnahmte Zins versteuert werden. In der gesamten übrigen Zeit wird der Eigenmietwert angerechnet. Der Eigenmietwert wird somit anteilsmässig reduziert und durch den tatsächlichen Mietertrag ersetzt. Bei einem Vermittlungsvertrag ist die Ferienwohnung grundsätzlich zur Vermietung bestimmt und steht dem Eigentümer nicht mehr jederzeit und uneingeschränkt zur Verfügung. Daraus folgt, dass die Eigentümer, nebst den Mietzinseinnahmen, nur für jene Zeit einen Eigenmietwert zu versteuern haben, in der sie die Wohnung effektiv selber nutzen.

Es kommt auch vor, dass eine möblierte Ferienwohnung vermietet wird. Es gibt Kantone, welche für die Abnützung der Wohnungseinrichtung einen zusätzlichen Abzug gewähren. Beispielsweise im Kanton Luzern muss in der Regel bei möblierten Ferienwohnungen nur $4/5$ der Bruttoeinnahmen (bzw. $2/3$, wenn die Vermieter die Wäsche zur Verfügung stellen) erfasst werden.

> **HINWEIS** *Kein Eigenmietwert ist zu versteuern*
>
> - *bei leerstehenden, nicht bewohnbaren oder derzeit nicht vermietbaren Objekten;*
> - *bis zum Bezug des neu erstellten Eigenheims;*
> - *während einer längeren Umbau-/Renovationsphase, wenn die Liegenschaft in dieser Zeit nicht bewohnt werden kann.*

Wird die Liegenschaft an Dritte vermietet, so ist in der Steuererklärung der Mietertrag aufzuführen.

Werden nur einzelne Räume des Hauses an Dritte vermietet, bspw. Garagen, Zimmer, Partyraum etc., ist in der Steuererklärung der Mietertrag sowie der Eigenmietwert zu deklarieren. Dabei ist aber zu beachten, dass der Eigenmietwert um den Mietertrag reduziert werden kann.

2.2.1. Worauf man bei Mietertrag und Eigenmietwert achten muss

Einige wichtige Hinweise bzw. Beispiele:

Janine und Herbert Glücklich, Kollegen der Familie Heim, kaufen ein älteres Einfamilienhaus. Sie sind sich bewusst, dass dieses zuerst renoviert werden muss. Ein Eigenmietwert darf erst ab Bewohnbarkeit der Liegenschaft besteuert werden.

Beide sind auch glückliche Besitzer einer Ferienwohnung. Leider ist es im Winter aufgrund der sehr schwierigen Zufahrtsbedingungen nicht einfach, die Ferienwohnung zu erreichen. An eine Vermietung ist deshalb nicht zu denken. In einem solchen Falle empfiehlt es sich - bei periodisch auftretender Unmöglichkeit der Wohnungsnutzung (beispielsweise im Winter) - abzuklären, ob der Mietwert nicht reduziert werden kann. Es ist zwar ein schwieriges Unterfangen, aber ein Versuch lohnt sich auf jeden Fall.

Weiter haben Janine und Herbert eine Liegenschaft zur Vermietung erworben. Trotz optimaler Lage gelingt es ihnen längere Zeit nicht, diese zu vermieten. In einem solchen Fall darf der Eigenmietwert nicht besteuert werden. Grundsätzlich ist das auch bei einer Liegenschaft in einer Ferienregion so. Die Beweislast (bspw. mittels Inseraten, Rechnungen, Internet-Ausschreibung etc.), dass die Liegenschaft nicht vermietet werden kann, liegt bei den Steuerpflichtigen.

2.2.2. Abschaffung des Eigenmietwertes

Seit 1999 hat das Stimmvolk dreimal über eine Modifikation oder Abschaffung der Eigenmietwertbesteuerung entschieden. Erstmals wurde 1999 die Volksinitiative «Wohneigentum für alle», welche eine vermehrte Förderung und Erhaltung des selbst genutzten Wohneigentums verlangte, abgelehnt. In der Volksabstimmung vom 16. Mai 2004 wurde das «Steuerpaket», welches auch den Systemwechsel bei der Wohneigentumsbesteuerung beinhaltete, mit einer 2/3-Mehrheit abgelehnt. Eine weitere Volksabstimmung «Sicheres Wohnen im Alter» wurde am 23. September 2012 knapp abgelehnt.

Obwohl diese drei Initiativen von Volk und Ständen abgelehnt worden sind, bleibt das Thema Besteuerung des Eigenmietwertes hoch aktuell.

2.3. Vorzugsmiete

Eine Möglichkeit, keinen Eigenmietwert zu versteuern, wäre die Vermietung der Liegenschaft an einen nahen Verwandten zu einem Vorzugspreis. Allerdings besteht hier die Gefahr einer Qualifikation als Steuerumgehung. Dies ist insbesondere dann der Fall, wenn der Mietzins weniger als 50 Prozent des bundessteuerlich massgebenden Eigenmietwertes beträgt (u.a. BGE vom 28. Januar 2005, 2A_535.2003, BGE vom 26. Juni 2008, 2C_188/2007).

Weil Frau Heim von immer wiederkehrenden starken Rückenschmerzen geplagt wird und das Haus nur noch sehr mühsam bewirtschaften kann, entschliessen sich die Heims, vorübergehend nur noch einen Teil des Hauses (insbesondere das Erdgeschoss) zu nutzen. Weil ihr Sohn Aiden gerade auf Wohnungssuche ist, bieten sie ihm an, die restlichen Räume seinen Bedürfnissen entsprechend anzupassen (Einbau einer kleiner Küche im zweiten Stock und eines separaten Bades im Parterre). Das zu einem Vorzugsmietzins von CHF 400 pro Monat. Aiden ist von diesem Vorschlag begeistert. Grundsätzlich sind die vom Steuerpflichtigen abgeschlossenen Verträge Grundlage für die Besteuerung. Der Mietzins muss sich nicht ausschliesslich nach dem objektiven Marktwert richten. Es können für die Festsetzung des Marktwertes auch andere Gründe - wie die unterschiedliche Beurteilung des Mietobjekts oder sonstige subjektive Gesichtspunkte - massgebend sein. Davon abweichen darf die Steuerbehörde nur dann, wenn die Steuerpflichtigen ausschliesslich um der Steuerersparnis willen ein zweifelhaftes Vorgehen gewählt haben, also wenn eine Steuerumgehung vorliegt.

ACHTUNG Es gibt Kantone, in denen - gemäss gesetzlicher Regelung - Vorzugsmieten an nahestehende Personen steuerlich nicht anerkannt werden. In diesen Fällen ist immer mindestens der Eigenmietwert zu versteuern. Deshalb ist eine vorgängige Abklärung der Situation bzw. der Regeln empfehlenswert.

Bspw. Kanton SG (Art. 34 Abs. 2 des St. Galler Steuergesetzes), Kanton OW (Art. 23 Abs. 2 des Obwaldner Steuergesetzes), Kanton NW (Art. 24 Abs. 6 des Nidwaldner Steuergesetzes), Kanton AR (Art. 24 Abs. 2 des Appenzell A.Rh. Steuergesetzes), Kanton AI (Art. 24 Abs. 2 des Appenzell I.Rh. Steuergesetzes), Kanton GR (Art. 22 Abs. 3 des Graubündner Steuergesetzes), Kanton TG (§ 23 Abs. 1 Ziff. 2 des Thurgauer Steuergesetzes), Kanton JU (Art. 19 Abs. 1 lit. b des Steuergesetzes des Kantons Jura).

2.3.1. Bestimmung des Eigenmietwertes

Der Eigenmietwert einer Liegenschaft wird nach kantonalem Steuerrecht festgelegt. Die kantonalen Eigenmietwerte von selbstgenutztem Wohneigentum müssen gemäss der bundesgerichtlichen Rechtsprechung in jedem Fall mindestens 60 % (direkte Bundessteuer 70 %) der entsprechenden Marktmiete betragen. Dabei gibt es eine Vielzahl von Lösungen in den verschiedenen Kantonen. Deshalb kann der Eigenmietwert bei gleichwertigen Liegenschaften von Kanton zu Kanton unterschiedlich ausfallen. Diese Unterschiede ergeben sich auch dadurch, dass die Eidgenössische Steuerverwaltung für die Veranlagung der direkten Bundessteuer in periodischen Abständen auf den festgesetzten kantonalen Eigenmietwert Zuschläge erhebt. Sehr wichtig ist in jedem Fall, zu prüfen, ob der Eigenmietwert im Kanton korrekt gemäss den kantonalen Richtlinien berechnet worden ist.

2.3.2. Unternutzungsabzug

Ist der Nachwuchs einmal aus dem Haus, stehen möglicherweise ein oder mehrere Zimmer leer und werden nicht mehr genutzt. Bei der direkten Bundessteuer ist ein Unternutzungsabzug möglich, weil das Gesetz vorsieht, dass die tatsächliche Nutzung durch den Steuerpflichtigen berücksichtigt wird. Die ungenutzten Räume dürfen allerdings nicht möbliert sein, sondern sie müssen leer stehen. Sobald eine, wenn auch nur eingeschränkte Nutzung besteht, wird der Abzug nicht gewährt. Für Zweit- und Ferienwohnungen wird dieser Abzug nicht gewährt. Bei den kantonalen Steuern wird der Unternutzungsabzug - trotz Steuerharmonisierungsgesetz - nicht zwingend gewährt. Die kantonalen Regelungen sind sehr unterschiedlich. Zum Teil wird, neben den strengen Bedingungen wie beim Bund, auch verlangt, dass eine durch den Steuerpflichtigen nicht voraussehbare Verminderung der Wohnbedürfnisse eintritt. Wird beispielsweise eine Immobilie gekauft, welche die tatsächlichen Raumbedürfnisse übersteigt, wird der Unternutzungsabzug nicht gewährt.

> **MÖGLICHE ANHALTSPUNKTE FÜR NICHTGEWÄHRUNG**
>
> - Eine weniger intensive Nutzung berechtigt nicht zum Unternutzungsabzug. Werden Räume als Gästezimmer, Arbeitszimmer oder Bastelraum nur gelegentlich benützt, so liegt keine massgebliche Unternutzung vor.
> - Die Beurteilung, ob eine behauptete Unternutzung besteht oder nicht, kann nicht aufgrund fester Regeln erfolgen; vielmehr ist gestützt auf die Lebenserfahrung eine gesamthafte Würdigung der massgeblichen Verhältnisse vorzunehmen.

Nur die Kantone Zürich, Uri, Schwyz, Obwalden, Nidwalden, Basel-Land, Zug und Graubünden kennen einen Unternutzungsabzug, der an ähnlich strenge Bestimmungen wie das DBG geknüpft ist (Quelle Steuerinformation Einkommenssteuer natürliche Personen September 2013).

Es gibt aber auch Kantone, welche überhaupt keinen Unternutzungsabzug gewähren (bspw. Appenzell Innerrhoden, Appenzell Ausserrhoden, Basel-Stadt, Bern, Luzern, St. Gallen, Solothurn).

Der Kanton Schaffhausen kennt einen sogenannten Mindernutzenabzug. Bei einem dauernden Wegfall der Nutzung von Wohnräumen, durch Wegzug oder Tod von Familienangehörigen, die lange im Eigenheim gewohnt haben, reduziert sich der Eigenmietwert um 6 % je Person, im Maximum um 30 %. Reduziert wird der Wert auch bei Verminderung der Nutzungsmöglichkeiten infolge Gebrechlichkeit. Um 30 %, wenn der Gebrechliche alleine im Haushalt lebt; um 15 %, wenn er mit gesunden Familienangehörigen zusammen lebt.

Für die Berechnung des Eigenmietwertes bei Unternutzung wird der gesamte Eigenmietwert proportional auf die tatsächlich genutzten Räume verlegt. Küche, Badezimmer, WC, Entree, Estrich, Keller, Garage, etc. werden in der Regel zwei Räumen gleichgesetzt. Über 30 m^2 grosse Räume gelten als zwei Räume. Weiter ist zu beachten, dass für den pauschalen Unterhaltskostenabzug ebenfalls der tiefere Eigenmietwert zur Anwendung gelangt, womit dieser auch tiefer ausfällt.

Berechnungsbeispiel Unternutzungsabzug (Kanton Zürich)		
Wohnhaus		
Erdgeschoss	1 Wohnzimmer	bewohnt
	1 Schlafzimmer	bewohnt
	1 Arbeitszimmer	bewohnt
Obergeschoss:	2 Schlafzimmer	stehen ständig leer
	1 Schlafzimmer	bewohnt
Dachgeschoss:	1 Arbeitszimmer	bewohnt
Total Zimmer:	7 Zimmer	
Total bewohnte Zimmer:	5 Zimmer	
Gesamtmietwert:	CHF 36 000	

7-Zimmer-Einfamilienhaus, ehemals bewohnt durch die Eltern und deren vier inzwischen erwachsene Kinder, welche nicht mehr im elterlichen Haushalt wohnen. Zwei Zimmer stehen dadurch ständig leer. Die Formel für die Berechnung lautet:

$$\frac{\text{CHF } 36\,000 \times 7 \text{ (5 genutzte Zimmer + 2 Räume)}}{9 \text{ Zimmer (7 vorhandene Zimmer + 2 Räume)}} = \text{CHF } 28\,000$$

Der Pauschalabzug für die Liegenschaftskosten beträgt 20 %.
ALT = CHF 36 000 davon 20 % ergibt CHF 7 200
NEU = CHF 28 000 davon 20 % ergibt CHF 5 600

Verminderung des steuerbaren Einkommens = CHF 6 400
Steuereinsparung bei einer Steuerersparnis von 35 % = CHF 2 240 pro Jahr.

Begründung des Unternutzungsabzuges

- Tod eines Ehepartners oder Wegzug der Kinder
- Aufgabe der Erwerbstätigkeit, wodurch das Geschäftsbüro oder die Arbeitsräume nicht mehr benötigt werden.
- Nach Wegzug des Untermieters wird die Untervermietung aufgegeben oder während längerer Zeit kein Nachmieter gefunden

2.3.3. Einschlag vom Eigenmietwert in Härtefällen

Wenn der Eigenmietwert zu den Einkommens- und Vermögensverhältnissen des Steuerpflichtigen in einem offensichtlichen Missverhältnis steht, kann bspw. im Kanton Zürich ein Einschlag gewährt werden. Ein den Verhältnissen entsprechenden, angemessenen Einschlag auf dem Eigenmietwert, für Eigentümer von selbst genutzten Einfamilienhäusern, von Stockwerkeinheiten und von Wohnungen in Einfamilienhäusern ist vereinzelt auch in anderen Kantonen möglich.

Sehen wir uns die Bedingungen für Härtefälle am Beispiel Zürich näher an. Hier wird in der Regel ein Einschlag gewährt, wenn der Eigenmietwert $1/3$ der Einkünfte - die dem Steuerpflichtigen und den zu seinem Haushalt gehörenden selbständig steuerpflichtigen Personen für die Lebenshaltungskosten zu Verfügung stehen - übersteigt. Die Vermögensverhältnisse werden ebenfalls berücksichtigt. Übersteigt das steuerbare Vermögen (ohne Berücksichtigung des nach den Vorschriften der Weisung zu bewertenden Eigenheims sowie den darauf lastenden Hypothekarschulden) CHF 600 000, steht dem Steuerpflichtigen kein Einschlag zu (Weisung der Finanzdirektion betreffend Gewährung eines Einschlages auf dem Eigenmietwert in Härtefällen vom 21. Juni 1999).

Berechnungsbeispiel Kanton Zürich (aus Zürcher Steuerbuch Teil 1, Liegenschaftenbewertung Einschlag auf Eigenmietwert in Härtefällen)

	Einkommen gemäss Steuererklärung, CHF	Für Lebenshaltung (ohne Wohnen) stehen zur Verfügung, CHF
AHV-Rente 100 %	22 500	100 % 22 500
Pension 80 %	20 000	100 % 25 000
Kapitalertrag	8 000	8 000
Eigenmietwert EFH CHF 22 500 ./. Unterhalt CHF 4 500	18 000	-
Total Einkünfte	68 500	55 500
Abzüglich:		
Hypothekarzinsen EFH	18 000	-
Andere Schuldzinsen	2 000	2 000
Versicherungsprämien und Sparzinsenabzug	3 450	-
Krankheits-, Unfall- und Invaliditätskostenabzug	5 000	5 000
Gemeinnützige Zuwendungen	500	-
Reineinkommen	39 550	
Für Lebenshaltung stehen zur Verfügung		48 500
Berechnung des Einschlags		
Eigenmietwert EFH	22 500	
./. $1/3$ der zur Verfügung stehenden Mittel von CHF 48 500	16 166	
Einschlag maximal	6 334	

Selbstdeklaration

Der Einschlag im Härtefall ist grundsätzlich vom Steuerpflichtigen geltend zu machen. Wenn die Voraussetzungen für einen Einschlag offensichtlich vorliegen, ist er von den Steuerbehörden von Amtes wegen zu gewähren.

Unterhaltspauschale

Steht dem Steuerpflichtigen gemäss der Weisung der Finanzdirektion, wegen eines Härtefalls, ein Einschlag auf dem Eigenmietwert zu, wird die Unterhaltspauschale, ungeachtet dieses Einschlages, auf dem vollen Eigenmietwert berechnet.

Berechnungsbeispiel Kanton Luzern (aus Luzerner Steuerbuch Bd. 1, Weisungen StG)

	Beispiel 1 CHF	Beispiel 2 CHF
Alleinstehende Person:		
Einkünfte ohne Mietwert (bspw. AHV-Rente)	24 000	60 000
Steuerbarer Mietwert vor Herabsetzung	14 000	19 000
Steuerbares Vermögen	25 000	25 000
Prüfung Zulässigkeit Herabsetzung*:		
Mindestbelastung*	12 000 > 6 000 ok	16 000 > 15 000 ok
Höchstbelastung*	14 000 < 18 000 ok	19 000 > 18 000 -
Vermögenslimiten*	25 000 < 55 000 ok	25 000 < 55 000 ok
Berechnung Herabsetzung:		
Steuerbarer Mietwert vor Herabsetzung	14 000	Keine Herabsetzung, da nicht alle Bedingungen erfüllt
25 % Einkünfte ohne Mietwert	- 6 000	
Herabsetzung	8 000	
Steuerbarer Mietwert vor Herabsetzung	14 000	
Herabsetzung	- 8 000	
Herabgesetzter steuerbarer Mietwert	6 000	
Mindestens aber 60 % Marktmiete	12 000	

*siehe Kanton Luzern in der folgenden Tabelle

Härtefallklausel in ausgewählten Kantonen

Kanton	Möglichkeit JA oder NEIN	Berechnung	Grundlage für den Abzug
AG	Nein		
AR	Nein		
AI	Nein		
BS	Nein		
BL	Nein		
BE	Nein		
GE	Ja		
GL	Ja	Herabsetzung des Eigenmietwertes in besonderen Fällen auf Gesuch.	
GR	Ja	Die Regierung kann in Härtefällen eine Reduktion des Eigenmietwertes der Erstwohnung vorsehen. Der steuerbare Eigenmietwert darf bei einem steuerbaren Vermögen von weniger als CHF 600 000 höchstens 30 % der Bareinkünfte betragen.	Steuergesetz für den Kanton GR vom 8. Juni 1986/ Ausführungsbestimmungen zum Steuergesetz (ABzStG)
LU	Ja	Herabsetzung bei dauernd selbstbewohnter Liegenschaft auf Antrag soweit steuerbarer Mietwert 25 % der Bruttoeinkünfte ohne den Mietwert übersteigt (Einkünfte vor Abzüge gemäss Steuerveranlagung) und bei Alleinstehenden unter CHF 18 000 sowie bei Personen denen der Familientarif zusteht unter CHF 25 200 liegt. Die Herabsetzung des Mietwertes entfällt, sofern das steuerbare Vermögen bei Alleinstehenden CHF 55 000 und bei Personen, denen der Familientarif zusteht, CHF 110 000 übersteigt. Die Herabsetzung wird jedoch auch gewährt, wenn das steuerbare Vermögen die Beträge von CHF 55 000 (Alleinstehende) bzw. CHF 110 000 (Familien) übersteigt, sofern der Steuerwert des am Wohnsitz andauernd selbstgenutzten Wohneigentums 75 % des Steuerwertes aller Vermögenswerte gemäss Steuerveranlagung übersteigt.	Steuergesetz vom 22. November 1999 (Stand 1. Januar 2012) / Mietwertverordnung vom 21. Oktober 2000 (Stand 1. Januar 2010)
NW	Nein		
OW	Nein		
SG	Nein		
SH	Nein		
SO	Nein		
SZ	Nein		
TG	Nein		

Kanton	Möglichkeit JA oder NEIN	Berechnung	Grundlage für den Abzug
TI	Nein		
UR	Nein		
VD	Ja	Der Kanton Waadt kennt einen sozialen Wohnungsabzug, der nicht nur Eigenheimbesitzern sondern auch Mietern zusteht.	
VS	Ja	Herabsetzung des Eigenmietwertes in besonderen Fällen auf Gesuch.	
ZH	Ja	In Zürich wird ein Einschlag gewährt, wenn der Eigenmietwert höher ist als ein Drittel der Einkünfte, die zur Deckung der Lebenshaltungskosten zur Verfügung stehen. Diese werden in einer Schattenrechnung (unter Berücksichtigung ganz bestimmter Abzüge und unter Ausklammerung des Eigenheims) ermittelt. Übersteigt das steuerbare Vermögen ohne Eigenheim CHF 600 000, steht dem Steuerpflichtigen kein Einschlag zu.	

2.3.4. Berufsauslagen

Roger Heim arbeitet häufig zuhause. Deshalb hat er einen Raum mit den benötigten Einrichtungsgegenständen zu einem Büro umfunktioniert. Sein Arbeitgeber plant in absehbarer Zeit ein Home-Office-Modell einzuführen. Will ein Angestellter (unselbständige Erwerbstätigkeit) sein privates Büro steuerlich geltend machen, muss dies über die Berufsauslagen erfolgen. Von der Steuerbehörde werden aber sehr hohe Ansprüche gestellt. Ein allgemeiner «Büroabzug» ist bereits mit der Berufskostenpauschale abgegolten. Will der Gesuchsteller einen darüber hinausgehenden Abzug geltend machen, muss er nachweisen, dass

- er regelmässig einen wesentlichen Teil seiner beruflichen Arbeit im privaten Arbeitszimmer erledigt,
- er zu Hause arbeiten muss, weil der Arbeitgeber ihm keinen geeigneten Arbeitsraum zur Verfügung stellen kann und
- er über ein entsprechend ausgestattetes Büro verfügt, das im Wesentlichen geschäftlichen Zwecken dient.

Ein solcher Nachweis dürfte nur in seltenen Fällen gelingen. Sofern Berufstätige ein Home-Office-Modell leben, sollte es zumindest möglich sein, die dadurch zwangsläufig entstehenden Kosten anteilsmässig geltend zu machen. Allerdings setzt dies auch eine entsprechende sachbezogene Kürzung der Kosten für die private Nutzung voraus.

> Hilfsformel zur Berechnung eines Büros im EFH, welche in vielen Kantonen angewandt wird:
> In einem 7 Zimmer-EFH (ohne Küche und Nebenräume), Formeleigenmietwert CHF 32 000, ständige Nutzung eines Zimmers für die unselbständige Tätigkeit.
>
> $$\frac{\text{CHF 32 000 x 8 (6 genutzte Zimmer + 2 Räume)}}{\text{9 Zimmer (7 vorhandene Zimmer + 2 Räume)}} = \text{CHF 28 444}$$
>
> Bei der angewendeten Formel handelt es sich um dieselbe, wie sie für die Berechnung des Unternutzungsabzuges verwendet wird. Diese Formel entspricht derjenigen des Kantons Zürich. Es kann durchaus sein, dass andere Kantone mit abweichenden Formeln einen Büroabzug berechnen.
>
> Wichtig ist auch zu wissen, dass es nicht üblich ist, bei der Festlegung der Anzahl Zimmer einer Liegenschaft/Wohnung, die Nebenräume (Küche, Bad, WC, Estrich, Keller) sowie Eingangsflur/Treppenhaus mit einzubeziehen.
>
> Übrigens wird im Kanton Aargau bspw. mit Raumeinheiten gerechnet. Bei der Berechnung der Büroräume ist von den gesamten Kosten (gilt auch für das Beispiel oben) der Liegenschaft/Wohnung auszugehen, mit Einschluss der vom Eigentümer bezahlten Betriebskosten. Diese Kosten sind im Verhältnis der geschäftlich genutzten zu den gesamten Raumeinheiten der Wohnung/Liegenschaft aufzuteilen. In der Regel wird dabei nach den für die Liegenschaftsbewertung geltenden Raumeinheiten vorgegangen. Bei gemieteter Wohnung/Liegenschaft werden die Flächen in Raumeinheiten und danach gemäss Wohnungstyp in Einheiten festgelegt.

2.3.5. Fremdnutzung

Das Haus verfügt über eine kleine Wohnung im Untergeschoss. Als die Kinder noch klein waren, wurde diese an einen Studenten vermietet. Aus der Vermietung resultieren pro Monat CHF 1 000. Diese Einnahmen sind wie auch der Eigenmietwert in der Steuererklärung aufzuführen. Aber es ist zu beachten, dass der Eigenmietwert um den Mietertrag reduziert wird, sofern die Wohnung in der Eigenmietwertberechnung enthalten ist.

2.4. Nutzniessung

Vermögen, an dem eine Nutzniessung besteht, wird dem Nutzniesser zugerechnet und ist folglich von ihm zu versteuern und nicht vom Eigentümer. Die effektive Nutzniessung ist nutzniessungsähnlichen Verhältnissen gleichgestellt. Für eine Nutzniessung an Grundstücken ist zivilrechtlich der Eintrag ins Grundbuch nötig. Steuerrechtlich wird aber auch die bloss faktische Nutzniessung (ohne Eintragung im Grundbuch) anerkannt. Eine solche liegt vor, wenn - aufgrund der wirtschaftlichen Verhältnisse - zwischen Eigentümer und Nutzniesser Übereinstimmung besteht oder wenn das Nutzniessungsrecht tatsächlich aus konkludenter Handlung abzuleiten ist. Unter Familienangehörigen gibt es, bspw. im Rahmen einer Erbengemeinschaft, aus Steuergründen oft die faktische Nutzniessung. Der Nutzungsberechtigte darf das Grundstück auch vermieten.

> **BEISPIELE**
>
> - Die Überlassung einer Liegenschaft an die Schwiegermutter zur unentgeltlichen Nutzung stellt ein nutzniessungsähnliches Verhältnis dar. Bei der Nutzniessung hat der Nutzniesser Steuerwert und Mietwert zu versteuern. Handelt es sich um ein leicht auflösbares Vertragsverhältnis, bei dem der Eigentümer jederzeit die Liegenschaft zurückfordern kann, so bleibt der Eigentümer steuerpflichtig.
> - Wird ein Wohnrecht an mehrere Personen (Geschwister) gemeinsam erteilt, das aber effektiv nur von einer Person genutzt wird, hat diese allein den vollen Eigenmietwert zu versteuern.

Das Nutzniessungsvermögen wird nach den ordentlichen, für das Vermögen geltenden Bewertungsgrundsätzen berechnet und besteuert. Es wird dem steuerbaren Vermögen des Nutzniessers zugerechnet. Diese Zurechnung ist wirtschaftlich begründet und findet ihre Rechtfertigung im vollen (uneingeschränkten) Genuss der Sache durch den Nutzniesser. Ist das Nutzniessungsrecht unentgeltlich, so muss der Berechtigte den Eigenmietwert versteuern.

Unter Vorbehalt abweichender vertraglicher Vereinbarungen hat der Nutzniesser für die Dauer der Berechtigung die Auslagen für den gewöhnlichen Unterhalt, die Zinsen für die darauf haftenden Kapitalschulden sowie die Steuern und Abgaben zu tragen (Art. 765 Abs. 1 ZGB). Folglich kann der Nutzniessungsberechtigte die von ihm zu tragenden Kosten abziehen.

Der Eigentümer muss die grösseren bzw. ausserordentlichen Unterhaltskosten tragen. Also soll er sie auch steuerlich in Abzug bringen können. Dies obwohl er, im Falle eines umfassenden Nutzungsrechts des Berechtigten, kein Einkommen aus dem Grundstück erzielt. Bei Nutzniessungsverhältnissen empfiehlt es sich, die Kostenregelung vertraglich festzuhalten. Ausser in Missbrauchsfällen ist die Veranlagungspraxis grundsätzlich grosszügig und lässt den Abzug der Kosten bei derjenigen Person zu, die sie auch tatsächlich trägt. Weitere Ausführungen, wie mit einer Nutzniessung Steuern optimiert werden können, befinden sich in den Spezialthemen.

2.5. Wohnrecht

Anderes gilt hingegen beim Wohnrecht. Ein Wohnrechtsberechtigter ist nicht befugt, Räumlichkeiten zu vermieten; er ist nur zum höchstpersönlichen Gebrauch berechtigt. Das Wohnrecht ist strikt unübertragbar und unvererblich (Art. 776 Abs. 2 ZGB).

Die Unübertragbarkeit betrifft sowohl das Recht als auch dessen Ausübung. Eine Belastung mit Pfandrechten ist deshalb ausgeschlossen.

Den Berechtigten kann aus dem Wohnrecht kein Vermögen (Stammrecht) zugerechnet werden. Liegenschaften, welche mit einem Wohnrecht belastet sind, werden grundsätzlich (siehe auch Merkblatt des kantonalen Steueramtes Zürich im Anhang) vollumfänglich dem Vermögen des Grundstückeigentümers zugerechnet.

Hingegen muss der Wohnrechtsberechtigte den Eigenmietwert der von ihm benützten Räumlichkeiten als Einkommen versteuern, genauso wie der Eigentümer, der seine Liegenschaft selber nutzt. Bei den Unterhaltskosten hat der Wohnberechtigte die Kosten des gewöhnlichen Unterhaltes (nicht jene von ausserordentlichen Reparaturen) zu tragen, sofern ein ausschliessliches Wohnrecht besteht. Die übrigen Kosten inkl. Hypothekarzinsen (siehe auch Merkblatt des kantonalen Steueramtes Zürich im Anhang) muss der Eigentümer bezahlen und kann diese grundsätzlich auch steuerlich in Abzug bringen. Handelt es sich für den Berechtigten nur um ein Mitbenutzungsrecht, hat der Eigentümer die Unterhaltskosten alleine zu tragen.

2.6. Effektiver Liegenschaftsaufwand - das können Sie abziehen

Bei selbstgenutzten Immobilien im Privatvermögen ist unter anderem der Abzug der Liegenschaftsunterhaltskosten vom steuerbaren Einkommen zulässig. Je nach Einkommensverhältnissen kann dies besonders attraktiv sein und die Steuerbelastung erheblich reduzieren. Aber aufgepasst: Steuerlich gesehen müssen die Unterhaltskosten von den wertvermehrenden Aufwendungen, welche grundsätzlich keine Berücksichtigung finden, getrennt werden.

Eine weitere Trennung erfahren die Betriebskosten und die Lebenshaltungskosten. Einfach gesagt, können nur Aufwendungen abgezogen werden, die dazu dienen, den konkreten Nutzungswert eines Wirtschaftsgutes in einer Liegenschaft zu erhalten, instand zu stellen oder ihn zu ersetzen. Die Aufwendungen dienen dazu, die Liegenschaft in ertragsfähigem Zustand zu erhalten.

Die Definition der Betriebskosten bereitet Schwierigkeiten. Es handelt sich um Kosten, die einen wirtschaftlichen und zeitlichen Zusammenhang mit dem der Einkommenssteuer unterliegenden Ertrag aus unbeweglichem Vermögen haben. Es sind wiederkehrende Gebühren, die mit dem Besitz einer Liegenschaft verknüpft sind, wobei diese wirtschaftlicher oder rechtlicher Natur sein können.

Dass Lebenshaltungskosten nicht abzugsfähigen Aufwand der Steuerpflichtigen darstellen, weil sie der Befriedigung persönlicher Bedürfnisse dienen, entspricht der Systematik der geltenden Steuergesetze. Solche Aufwendungen dienen im Zusammenhang mit der Liegenschaft weder der Erhaltung der Einkommensquelle in ihrem ursprünglichen Nutzungszustand, noch weisen sie einen zeitlichen oder wirtschaftlichen Zusammenhang mit der Einkommenserzielung auf und wirken auch nicht wertvermehrend.

Die wichtigsten Lebenshaltungskosten, die als solche im Zusammenhang mit der Liegenschaft entstehen können, sind:

- Heizungs- und Warmwasseraufbereitungskosten, die mit dem Betrieb der Heizanlage oder der zentralen Warmwasseraufbereitungsanlage direkt zusammenhängen, insbesondere Energiekosten. Darunter fallen auch die Kaminfegerkosten.
- Grundgebühren und Verbrauch von Elektrizität und Wasser, sowie Wasserzinsen.
- Wiederkehrende Gebühren für Kehrichtentsorgung, Abwasserentsorgung.

Auf den Webseiten vieler Steuerverwaltungen können Merkblätter und Übersichten, welche die Liegenschaftsunterhaltskostenabzüge detailliert aufführen, heruntergeladen werden. Es lohnt sich, diese zu studieren.

Anhang 7: Merkblatt des kantonalen Steueramtes Zürich über die steuerliche Abzugsfähigkeit von Kosten für den Unterhalt und die Verwaltung von Liegenschaften Nr. 18/821, ab Seite 12 mit Abgrenzungskatalog

GRUNDSATZ Liegenschaftsunterhaltskosten, die eindeutig dem Erhalt der Liegenschaft dienen, sind abzugsfähig (sog. werterhaltende Auslagen). Renovations- und Instandstellungsarbeiten, welche den Wert gegenüber dem Erwerbszeitpunkt erhöhen, gelten als wertvermehrende Auslagen und werden grundsätzlich nicht zum Abzug zugelassen. Auslagen für den Unterhalt der Liegenschaft können nur insoweit berücksichtigt werden, als Dritte in gleichen wirtschaftlichen Verhältnissen den entsprechenden Mietzins dafür bezahlen würden; Liebhabereien und Luxusausstattungen fallen nicht darunter.

Auch das Ehepaar Heim muss sich mit Liegenschaftsunterhaltskosten aus dem Jahr 2014 herumschlagen. Sie haben auf der Webseite ihres Kantons ein Merkblatt für den Abzug von Liegenschaftsunterhaltskosten konsultiert. Deshalb ist es ihnen leicht gefallen, ihre Steuererklärung auszufüllen und fristgemäss einzureichen. Die Veranlagung lässt nicht lange auf sich warten. Familie Heim muss feststellen, dass die geltend gemachten Liegenschaftsunterhaltskosten nicht vollumfänglich anerkannt wurden. Da sie mit der Veranlagung nicht einverstanden sind, erheben sie Einsprache. Die Frist für eine solche liegt in der Regel bei 30 Tagen und muss unbedingt eingehalten werden. Sie ist grundsätzlich nicht erstreckbar. Bei einer Einsprache ist es wichtig, vorsorglich eine mündliche Verhandlung zu verlangen, da gewisse Unklarheiten in einem persönlichen Gespräch besser ausdiskutiert werden können. Der teure Rechtsweg kann dadurch eventuell vermieden werden.

> **GRUNDSATZ** Als Kosten für den Unterhalt von Liegenschaften können vom Einkommen die werterhaltenden, nicht aber die wertvermehrenden Aufwendungen sowie die Lebenshaltungskosten, abgezogen werden.

2.6.1. Werterhaltende Aufwendungen

Werterhaltend und daher abzugsberechtigt sind Aufwendungen, welche der Erhaltung einer Liegenschaft in dem Zustand dienen, in welchem sie die steuerpflichtige Person erworben hat. Dazu gehören insbesondere an Dritte bezahlte Verwaltungskosten und Aufwendungen zur Beseitigung von Beschädigungen oder Abnützungen, die seit dem Erwerb durch die steuerpflichtige Person entstanden sind. Ferner sind grundsätzlich die sogenannten Instandstellungskosten abziehbar. Darunter werden, im Gegensatz zu den periodischen anfallenden Instandhaltungskosten, Unterhaltsarbeiten verstanden, die nur in grösserem zeitlichem Abstand anfallen. Dies sind insbesondere Aufwendungen für die von Zeit zu Zeit erforderlichen Renovationen sowie für den zeitgemässen, gleichwertigen und gleichen Komfort bietenden Ersatz von unbrauchbar gewordenen, mit dem Gebäude verbundenen Einrichtungen.

2.6.2. Wertvermehrende Aufwendungen

Werden im Zuge von Instandstellungsarbeiten oder auch bei anderer Gelegenheit Verbesserungen an einer Liegenschaft vorgenommen, oder werden alte Einrichtungen durch solche mit vergleichsweise höherem Komfort oder grösserer Leistungsfähigkeit ersetzt, so werden steuerlich nicht die gesamten Aufwendungen als Unterhaltskosten behandelt. Ein durch Schätzung zu ermittelnder Teil davon hat wertvermehrenden Charakter.

2.6.3. Lebenshaltungskosten

Steuerrechtliche Abgrenzungsprobleme stellen sich - wie bereits vorgängig erwähnt - sowohl bei den Betriebskosten als auch bei den Verwaltungskosten zu den sogenannten Lebenshaltungskosten. Lebenshaltungskosten sind alle jene Ausgaben, welche nicht ausschliesslich zum Zwecke der Einkommenserzielung getätigt werden. Genauer gesagt sind dies Kosten, die zur Befriedigung der persönlichen Bedürfnisse dienen oder aus Bequemlichkeit erfolgen.

Bei selbstgenutzten Liegenschaften sind nur diejenigen Unterhaltskosten abziehbar, die mit dem steuerbaren Eigenmietwert in unmittelbarem Zusammenhang stehen. Das sind diejenigen Kosten, die der Eigentümer bei der Drittvermietung selber tragen müsste. Kosten, die mit dem Konsum von Gütern in Zusammenhang stehen, stellen nicht abzugsfähige Lebenshaltungskosten dar, da sie nicht besitzbedingt sondern nutzungsbedingt anfallen.

Beachten Sie auch, dass angefallene Kosten infolge Schönheitsempfinden grundsätzlich nicht geltend gemacht werden können. Damit sind bspw. Malerarbeiten im Schlafzimmer gemeint, weil uns nach 1 ½ Jahren die Farbe Himmelblau besser gefällt als Rosarot. Oder im Wohnzimmer wäre ein heimeliger, brauner holzähnlicher Laminatboden wohnlicher als der dreijährige kalte Plattenboden.

2.6.4. Betriebs- und Verwaltungskosten

Unter den Betriebskosten sind jene Aufwendungen zu verstehen, die zwangsläufig mit dem Bestand oder mit der Nutzung eines Grundstückes zusammenhängen. Bei Ersteren handelt es sich um besitzbedingte Betriebskosten, bei Letzteren um nutzungsbedingte Betriebskosten. Für die Betriebskosten (siehe auch Ausführungen Ziffer 2.6) besteht im Gegensatz zu den Verwaltungskosten keine gesetzliche Grundlage. Wenn Betriebskosten anfallen, um eine Liegenschaft in seinem bestehenden Zustand zu erhalten, sind diese abzugsfähig, da sie Gewinnsteuercharakter haben. Deshalb ist bei den Betriebskosten der Ermessungsspielraum rechtanwendender Behörden grösser. Hier wird wie bereits früher erwähnt zwischen besitzbedingten und nutzungsbedingten Betriebskosten unterschieden (Dienststelle Steuern LU: Steuer + Praxis 2013/5):

Besitzbedingte Betriebskosten fallen an, unabhängig davon, ob eine Liegenschaft genutzt wird oder nicht. Diese sind steuerlich sowohl bei einer Eigen- wie auch bei einer

Fremdnutzung abzugsfähig (bspw. ausserkantonale Liegenschaftssteuer [die als Objektsteuer gelten], Sachversicherungsprämie etc.).

Nutzungsbedingte Betriebskosten ergeben sich aus dem Bewohnen einer Liegenschaft. Bei den selbstgenutzten Liegenschaften ist nur abziehbar, was der Erzielung des Eigenmietwertes dient. Nicht abziehbar sind also bspw. Energie- und Wasserkosten. Abzugsfähig sind hingegen die nutzungsbedingten Betriebskosten bei der Vermietung einer Liegenschaft, soweit sie nicht mittels Nebenkostenabrechnung auf die Mieter überwälzt werden. Dazu zählen die Aufwendungen für Wasser, Gas, Strom, Heizung und Warmwasser, Hauswartung, Reinigung, ARA-Gebühren, Kehricht, Radio, TV und sämtliche Service-Abonnemente (Heizung, Lift etc.). Ebenso die Kosten für Vermietung, Mietzinsinkasso, Betreibungen, Ausweisungen und gerichtliche Auseinandersetzungen mit Mietern. Die Verwaltungskosten sind abzugsfähig, sofern sie durch Dritte in Rechnung gestellt werden (bspw. bei Stockwerkeigentum).

Verwaltungskosten sind alle Ausgaben, die mit der allgemeinen Verwaltung von Liegenschaften zusammenhängen. Damit ist gleichzeitig gesagt, dass es bei selbst genutzten Liegenschaften keine abzugsfähigen Verwaltungskosten gibt. Weitere Ausführungen zu den Verwaltungskosten befinden sich unter der Ziffer 2.11.

2.6.5. Abgrenzungsprobleme

Auch wenn im Einkommenssteuerrecht primär diejenigen Kosten als Gewinnungskosten abziehbar sind, welche der Erzielung von steuerbarem Einkommen dienen, ist die Abgrenzung nicht immer einfach. Die Schwierigkeit besteht darin, dass kraft ausdrücklicher gesetzlicher Regelung ausnahmsweise auch wertvermehrende, energiesparende Investitionen zulässig sind. Einerseits schafft eine solche Bestimmung zusätzliche Abgrenzungsprobleme und andererseits auch Ungerechtigkeiten. Wird beispielsweise das bestehende Haus von Grund auf neu und energieeffizient eingerichtet, kann kein Abzug vom steuerbaren Einkommen geltend gemacht werden. Wird hingegen bei einem bestehenden Gebäude eine effiziente Energiesparmassnahme vorgenommen, ist ein Abzug in der Regel möglich.

> **EMPFEHLUNG** *Fotografieren Sie denjenigen Teil der Liegenschaft, welchen Sie renovieren oder umbauen möchten, und zwar vor und nach dem Umbau/Renovation. Solche Fotos könnten für den Vergleich vor und nach der Arbeitsausführung zu einem späteren Zeitpunkt eine gewisse Bedeutsamkeit als Beweismittel erlangen. Häufig wird der Zustand vorher nicht erfasst und ist nachher nur schwer nachvollziehbar. Deshalb können Fotos bei einer allfälligen Auseinandersetzung mit den Steuerbehörden sehr wichtig sein. Beispielsweise um aufzuzeigen, dass bereits eine Wohneinheit vorhanden war und es sich somit nur um einen Ersatz handelt. Eine detaillierte Beschreibung der ausgeführten Arbeiten mit den jeweiligen Mengenangaben (bspw. Laufmeter Rohre, Anzahl Fenster, usw.) ist eminent wichtig. Alle Kosten, welche ein Steuerpflichtiger in Abzug bringen will, müssen nachgewiesen werden. Gelingt dieser Nachweis nicht, wird der Abzug verweigert. Dabei darf nicht vergessen werden, dass die Steuerbehörden die betroffenen Liegenschaften nicht so gut kennen wie die Eigentümer selbst.*
>
> *So kann es gut sein, dass die Steuerbehörde einen Abzug - in Unkenntnis des wirklichen Sachverhaltes - verweigert. Ist der Steuerpflichtige gut und umfassend dokumentiert, können sich die Steuerbehörden ein besseres Bild machen und allfällige Unklarheiten bereinigt werden.*

> **TIPP** *Bei der Einreichung der Steuererklärung sollten Sie sich grundsätzlich nicht damit begnügen, der Steuerbehörde eine Vielzahl von Belegen einzureichen. Sortieren Sie diese sauber und erstellen Sie eine Liste, welche die Aufteilung von wertvermehrenden Aufwendungen und Unterhaltskosten aufzeigt.*

> **HINWEIS** *Wertvermehrende Kosten sind nicht verloren, diese können bei der Grundstückgewinnsteuer abgezogen werden. Deshalb ist es wichtig, alle Belege aufzubewahren.*

> **BEISPIEL** *Paul und Ingrid sind Bekannte der Heims, sie wohnen bereits seit zwanzig Jahren in einem Einfamilienhaus in Niederglatt. Sie planen umfangreiche Renovationsarbeiten. Die Fenster, die Heizung und auch die Teppiche in sämtlichen Räumen sollten dringend ersetzt werden. Ingrid wünscht sich eine modernere Küche und hätte auch grosse Freude an einem zeitgemässen Badezimmer. Gleichzeitig müsste das Haus innen und aussen frisch gestrichen werden.*

Und der Wunsch, den Wohnraum mit einem Wintergarten zu vergrössern und ein Biotop anzulegen wird auch immer grösser. Nach eingehenden Diskussionen sind sich die beiden einig, all diese Arbeiten ausführen zu lassen. Die Gesamtkosten dafür belaufen sich aufgrund der eingeholten Offerten auf CHF 410 000. Kann ein Teil davon steuerlich in Abzug gebracht werden?

Der Kanton Zürich hat am 13. November 2009 ein Merkblatt über die steuerliche Abzugsfähigkeit von Kosten für den Unterhalt und die Verwaltung von Liegenschaften herausgegeben. Mit Hilfe dieses Merkblattes können die angefallenen Kosten, wie folgt berechnet werden:

Datum der Rechnung	Name des Lieferanten	Art der Arbeit	Total Rechnung	Anteil Wertvermehrend	Abzugsfähige Kosten
02.11.2014	Sanitär AG, Zürich	Modernisierung Bad inkl. Ersatz sanitäre Einrichtung	60 000.00	1/3	40 000.00
05.11.2014	Küchen AG, Zürich	Ersatz der bestehenden Küchenkombination mit modernen Geräten	50 000.00	1/3	33 333.33
12.11.2014	Maler AG, Zürich	Fassadenreinigung	20 000.00	0	20 000.00
12.11.2014	Maler AG, Zürich	Malerarbeiten innen	15 000.00	0	15 000.00
04.12.2014	Platten AG, Zürich	Platten anstelle von Teppichen	45 000.00	0	45 000.00
10.12.2014	Fenster AG, Zürich	Ersatz durch energetisch bessere Fenster	40 000.00	0	40 000.00
25.11.2014	Gartenbau AG, Zürich	Biotop	22 000.00	100%	0.00
25.11.2014	Gartenbau AG, Zürich	Wintergarten	70 000.00	100%	0.00
22.12.2014	Heizung AG, Zürich	Ersatz Heizung	80 000.00	0	80 000.00
22.12.2014	Diverse Lieferanten	Diverse Kosten	8 000.00	0	8 000.00
Total Kosten			**410 000.00**		**281 333.33**

Von den insgesamt angefallenen Kosten, können gemäss Merkblatt des kantonalen Steueramtes rund CHF 281 000 der Kosten in Abzug gebracht werden.

TIPP *Werden die Liegenschaftsunterhaltskosten als wertvermehrend qualifiziert, empfiehlt es sich, die Informationen dazu langfristig aufzubewahren. Es könnte sein, dass eine Liegenschaft beispielsweise nach 15 oder noch mehr Jahren verkauft wird. Zu diesem Zeitpunkt werden Sie um die Dokumentation über diese Kosten dankbar sein. Wichtig ist auch, dass eine Liste der Kosten laufend nachgeführt wird. Sonst kommt es zu einer sehr mühsamen Suche, auf die noch so gerne verzichtet werden kann. Vergessen Sie nie, dass sämtliche Abzüge in Ihrer Steuererklärung nachgewiesen werden müssen.*

Sofern es nicht mehr möglich ist, die wertvermehrenden Aufwendungen nachzuweisen oder die notwendigen Belege zu beschaffen, kann ausnahmsweise der dannzumalige Gebäudeversicherungswert (Assekuranzwert) herangezogen werden. In der Regel entspricht dieser nämlich annähernd den Baukosten. Die Umgebungsarbeiten sind jedoch darin nicht enthalten. Dafür müsste eine Aufrechnung erfolgen.

2.6.6. Das Erbringen von Eigenleistungen an einer Liegenschaft

Werden Eigenleistungen an einer Liegenschaft getätigt, ist Vorsicht geboten, weil diese zu unangenehmen Steuerfolgen führen können, welche bei mehreren Steuerarten (Einkommenssteuer, Grundstückgewinnsteuer, Sozialversicherung, Mehrwertsteuer) ins Gewicht fallen. Führen selbständigerwerbende Baufachleute an ihrer Liegenschaft Eigenleistungen aus, gelten diese - unabhängig von einer allfälligen Buchführungspflicht - immer als steuerbares Einkommen. Durch die Ausführung solcher Arbeiten an der Liegenschaft wird ein realisierbarer Sachwert geschaffen.

Werden die Eigenleistungen von einem Unselbständigerwerbenden erbracht, können diese nicht als Liegenschaftsunterhaltskosten in Abzug gebracht werden. Hingegen werden Materialien, welche für die Ausführung dieser Arbeiten verwendet wurden, steuerlich berücksichtigt. Bei als wertvermehrend qualifizierten Eigenleistungen durch einen Unselbständigerwerbenden wird eine latente Steuerlast geschaffen. Dies wirkt sich erst bei einem späteren Verkauf der Liegenschaft «negativ» aus. Durch Eigenleistungen fallen die Anlagekosten tiefer aus, da eigene Leistungen nicht geltend gemacht werden können. Nur wenn diese Leistungen durch einen Dritten ausgeführt würden, ist ein Abzug möglich.

Steuerbare Eigenleistungen liegen aber dann vor, wenn der Steuerpflichtige ein bestehendes Arbeitsverhältnis - zwecks Erbringung von vollzeitlichen Eigenleistungen an einem zum Weiterverkauf oder zur Vermietung bestimmten Grundstück - auflöst oder sich zu diesem Zweck für längere Zeit beurlauben lässt.

2.6.7. Einige ausgewählte Praxisbeispiele sowie Gerichtsentscheide zu Liegenschaftsunterhaltskosten (werterhaltend/wertvermehrend, Lebenshaltungskosten versus Betriebskosten)

Leider wird es immer schwieriger, den Abzug von Liegenschaftsunterhaltskosten richtig zu handhaben. Hier einige von vielen Beispielen (u.a. auch betr. Lebenshaltungskosten versus Betriebskosten), welche teilweise auf Gerichtsurteilen beruhen.

KAMINFEGER (BGE vom 15. Juli 2005, 2A_683/2004)

Bei den Grundgebühren für Wasserver- und entsorgung (ARA), Kontrollkosten des Kaminfegers oder den Grundgebühren für die Abfallentsorgung (Kehricht) handelt es sich gemäss einem Bundesgerichtsentscheid vom 15. Juli 2005 um nicht abzugsfähige Lebenshaltungskosten. Damit Kosten als abzugsfähige Gewinnungskosten qualifiziert werden, müssten diese unmittelbar der Schaffung, Erweiterung oder Erhaltung einer Einkommensquelle dienen. Insbesondere wird dies auch damit begründet, dass es grösstenteils verbrauchsabhängige Gebühren seien. Zwar handelt es sich dabei um Aufwendungen, die mit dem Besitz der Liegenschaft zusammenhängen, aber nicht unmittelbar der Erhaltung der Einkommensquelle dienen. Eine rechnerische Trennung in eine Grund- und eine Mengengebühr ist dabei nicht zulässig. Weiter weist das Bundesgericht darauf hin, dass dem Grundeigentümer der Pauschalabzug nach Art. 32 Abs. 4 DBG zur Verfügung stehe, mit dem der Gesetzgeber umstrittene Aufwände, wie die vorliegenden, aus Praktikabilitätsüberlegungen pauschalieren wollte.

Die vom Bundesgericht vorgebrachte Begründung, weshalb ein Abzug von nicht verbrauchsabhängigen Grundgebühren auch dann nicht zulässig sei, wenn in der Rechnung zwischen der Grund- und der Mengengebühr unterschieden wird, ist etwas verwirrend und widersprüchlich. Dies gilt insbesondere für den Hinweis auf den Pauschalabzug nach Art. 32 Abs. 4 DBG (Art. 39 Abs. 4 STGLU). Sind in diesem Pauschalabzug, was das Bundesgericht offenbar sagen will, Verbrauchs- und Entsorgungsgrundgebühren pauschaliert berücksichtigt, wäre es ungleich, diese Gebühren nicht zum Abzug zuzulassen, wenn eine steuerpflichtige Person den Abzug der tatsächlichen Kosten anstelle des Pauschalabzugs wählt. Auch hat es das Bundesgericht unterlassen, sich eindeutig dazu zu äussern, ob der Art. 1 der Verordnung der Eidg. Steuerverwaltung über die abziehbaren Kosten von Liegenschaften des Privatvermögens bei der direkten Bundessteuer (SR 642.116.2), der den Abzug von wiederkehrenden Gebühren für Kehrichtentsorgung und Abwasserentsorgung (sofern nicht nach dem Verursacherprinzip erhoben) ausdrücklich zulässt, in Bezug auf selbstbewohntes Wohneigentum gesetzeswidrig ist und aufgehoben werden muss (Quelle: Madeleine Simonek, Prof. Dr. iur.; ASA/Archives 76, Nr. 1/2, 2007/2008).

RASENMÄHER (BGE vom 07. August 2012, 2C_390/2012)

Der Hausbesitzer will seinen Rasen mähen, doch der Rasenmäher gibt keinen Ton mehr von sich. Was nun, eine kostspielige Reparatur oder ein neuer Rasenmäher? Schauen wir uns diese unvermeidbare Investition etwas näher an. Beim Kauf des ersten Rasenmähers handelt es sich grundsätzlich nicht um Liegenschaftsunterhaltskosten, weil dieser Ausgabe ein Vermögenswert gegenüber steht. Handelt es sich aber um den Ersatz des Rasenmähers oder um eine Reparatur, können diese Kosten als Liegenschaftsunterhaltskosten geltend gemacht werden. Dies immer mit dem Vorbehalt, dass der Ersatzrasenmäher qualitativ nicht wesentlich besser ist. Ein Bundesgerichtsentscheid führte im Kanton Zürich zu einer neuen Praxis. Eine Rentnerin hat ihren alten Rasenmäher durch einen automatischen Roboter ersetzt. Dank dieser Anschaffung konnte sie ihren Umschwung von rund 500 m^2 weiterhin ohne fremde Hilfe bewirtschaften. Das Bundesgericht musste nun klären, ob eine solche Ersatzbeschaffung steuerlich abzugsfähig ist. Da der Kanton Zürich in diesem Bereich eine doch eher grosszügige Praxis angewandt und auch Kosten für das Rasenmähen durch eine Drittperson zugelassen hat, konnte die Rentnerin die Kosten für den Ersatzrasenmäher steuerlich in Abzug bringen.

Inzwischen hat der Kanton Zürich seine Steuerpraxis entsprechend angepasst und lässt nur noch den gleichwertigen Ersatz zu.

GARTENUNTERHALTSKOSTEN

(bspw. BGE vom 8. November 2012, 2C_393/2012, 2C_394/2012).

Roger Heim hat in seiner Steuererklärung CHF 7 500 für die Gartenpflege geltend gemacht. Als die Heims ihre Veranlagung erhalten, stellen sie überrascht fest, dass dieser Betrag gestrichen wurde. Gerade bei Aufwendungen für den Garten ist die Abgrenzung zwischen Unterhaltskosten, wertvermehrenden Aufwendungen bzw. Lebenshaltungskosten besonders schwierig und zudem gesamtschweizerisch nicht einheitlich geregelt. In den meisten Kantonen gibt es eine Weisung mit Abgrenzungskriterien zwischen Anlage- und Unterhaltskosten.

Bei den von der steuerpflichtigen Person selbst genutzten Liegenschaften sind zudem nur diejenigen Kosten abzugsberechtigt, die mit dem (steuerbaren) Eigenmietwert in unmittelbarem Zusammenhang stehen.

Dazu gibt es eine sehr interessante Darstellung der Kantone Thurgau, Zürich, St. Gallen, Graubünden und Bern, in der SteuerRevue Nr. 2 | 2013, welche wir hier gerne wiedergeben:

Gartenunterhalt

	Kanton Thurgau			Kanton Zürich			Kanton St. Gallen			Kanton Graubünden			Kanton Bern		
	Abziehbar	Nicht abziehbar		Abziehbar	Nicht abziehbar		Abziehbar	Nicht abziehbar		Abziehbar	Nicht abziehbar		Abziehbar	Nicht abziehbar	
	Unterhaltskosten	Anlagekosten	Privataufwand	Unterhaltskosten	Anlagekosten	Privataufwand	Unterhaltskosten	Anlagekosten	Privataufwand	Unterhaltskosten	Anlagekosten	Privataufwand	Unterhaltskosten	Anlagekosten	Privataufwand
Arbeitsleistungen 3. - Architekten															
- Renovation				•											
- Umbau/Anbau					•	•									
- Energiesparen				•											
- Gärtner															
Baubewilligungen		•													•
Bäume/Pflanzen/Sträucher															
- erstmaliges Einsetzen		•			•			•			•			•	
- Pflege und Ersatz *	•			•			•			•			•		
- Schädlingsbekämpfung	•			•			•			•			•		
Blumen- und Gemüsegärten			•												•
Eigenleistungen						•						•			•
Elektrische Installationen (z.B. Bewegungsmelder)															
- Neuinstallation					•			•			•			•	
- Reparatur/ Gleichwertiger Ersatz				•						•			•		
Gartengeräte (Schaufeln, Hacke, Besen)			•			•									•
Gartengeräte motorisiert (Rasenmäher)	•			•		•				•			•		
Reparaturen (z.B. Zaunausbesserung, Wege flicken)	•											•			
Schneeräumung			•			•				•					•

Immobilien-Wegweiser durch den Steuerdschungel

	Kanton Thurgau						Kanton Zürich						Kanton St. Gallen						Kanton Graubünden						Kanton Bern					
	Abziehbar			Nicht abziehbar			Abziehbar			Nicht abziehbar			Abziehbar			Nicht abziehbar			Abziehbar			Nicht abziehbar			Abziehbar			Nicht abziehbar		
	Unterhalts-kosten	Anlage-kosten	Privat-aufwand	Unterhalts-kosten	Anlage-kosten	Privat-aufwand	Unterhalts-kosten	Anlage-kosten	Privat-aufwand	Unterhalts-kosten	Anlage-kosten	Privat-aufwand	Unterhalts-kosten	Anlage-kosten	Privat-aufwand	Unterhalts-kosten	Anlage-kosten	Privat-aufwand	Unterhalts-kosten	Anlage-kosten	Privat-aufwand	Unterhalts-kosten	Anlage-kosten	Privat-aufwand	Unterhalts-kosten	Anlage-kosten	Privat-aufwand	Unterhalts-kosten	Anlage-kosten	Privat-aufwand
Schwimmbad-/teich - Ersteinbau - Reparatur/Ersatz - Betriebskosten						•												•					•					•		
Sitzplatz/Terrasse - Neuanlage - gleichwertiger Ersatz	•				•		•				•		•				•								•				•	
Wintergärten - Neuerstellung/Anbau - Ersatz bei gleicher Grösse	•				•		•				•		•				•					•						•		
Überwachungsanlagen - Neuinstallation - Reparatur/ gleichwertiger Ersatz	•				•		•				•		•				•											•	•	
Ziergärten		•																				•								

*Pflege und Ersatz von Pflanzen: Kantone benützen verschiedene Begriffe (mehrjährig, die das Jahr überdauern etc.)
=Als mehrjährige Pflanzen gelten alle, die 2 Jahre überstehen, egal wie viel sie blühen.

WINTERGARTEN (bspw. BGE vom 12. Mai 2009 2C_666/2008)

Sofern bisher kein Wintergarten bestand, ist davon auszugehen, dass wegen des wertvermehrenden Charakters kein Abzug möglich ist. Allenfalls besteht die Chance, das Steueramt mittels schlüssigen Argumenten davon zu überzeugen, dass es sich um eine Massnahme zur Verhinderung des Energieverlustes der Gebäudehülle handelt. Massnahmen, die nur sekundär gewisse energiesparende Effekte haben, aber in erster Linie dem Wohnkomfort dienen oder den Wohnraum erweitern, können nicht in Abzug gebracht werden. In den meisten Fällen geht es bei einem Wintergarten um eine Wohnraumerweiterung.

SCHWIMMBAD

Die Heims haben ein ungedecktes Gartenschwimmbad erstellen lassen. Leider ist bereits nach kurzer Zeit eine Sanierung notwendig. Die Erfahrung zeigt, dass Abzüge bei Schwimmbädern vom Steueramt meistens kritisch hinterfragt werden. Grundsätzlich kommt ein Abzug von Liegenschaftsunterhaltskosten angesichts ihres Gewinnungskostencharakters nur dann in Betracht, wenn der Bestandteil der Liegenschaft, an dem der Unterhalt vorgenommen wird, sich im Eigenmietwert widerspiegelt.

Der Kanton Zürich beispielsweise ermittelt den Eigenmietwert nicht aufgrund einer individuellen Bewertung der einzelnen Objekte, sondern nach einer schematischen, formelmässigen Methode (Formelwert). Die Frage ist nun, ob sich der Wert des Gartenschwimmbades in der formelmässigen Berechnung tatsächlich niedergeschlagen hat oder nicht. Es ist davon auszugehen, dass ein Gartenschwimmbad den Marktmietwert einer Liegenschaft beeinflusst. Wird festgestellt, dass das Steueramt einen massgeblichen Vermögenswert bei der Festsetzung des Eigenmietwertes fälschlicherweise weggelassen hat, kann dies nicht mit einer Verweigerung von Unterhaltskosten richtiggestellt werden. Ein solcher Fehler ist durch die Anpassung des Eigenmietwertes zu korrigieren.

UMGESTALTUNG EINES EINFAMILIENHAUSES
BZW. EINER EIGENTUMSWOHNUNG

Häufig kommt es vor, dass eine Liegenschaft erworben wird und bereits nach kurzer Zeit bauliche Veränderungen vorgenommen werden. Dabei handelt es sich in der Regel um rein persönlich motivierte Massnahmen. Ein Unterhaltsabzug an einer Liegenschaft setzt aber voraus, dass der instand gehaltene bzw. renovierte oder der instand gestellte Teil entweder seine Funktionsfähigkeit in wesentlichem Umfang verloren hat, oder dass in ästhetischer Hinsicht eine erhebliche Beeinträchtigung eingetreten ist. Finden wir bereits kurz nach dem Einzug, dass die Kücheneinrichtung unpassend, der Einbauschrank am falschen Ort und der Bodenbelag zu dunkel ist, so steht die Vermutung nahe, dass dafür nicht sachliche Gründe, sondern rein persönliche Motive den Ausschlag gegeben haben. Deshalb können diese Kosten nicht zum Abzug vom steuerbaren Einkommen zugelassen werden.

Eindeutiger sind Investitionen, welche zum Zweck haben, die Räumlichkeiten umzunutzen, umzubauen oder das Gebäude so zu erweitern, dass es wirtschaftlich einem Neubau gleichgestellt werden muss.

Vom Grundsatz her sind Kosten für bauliche Veränderungen (Um-, Ein-, Anbauten) nicht abzugsfähig. Wird bspw. ein bestehendes Fenster oder eine bestehende Türe versetzt, das heisst das Bauteil wird an einem anderen Ort in gleicher Art und Weise wieder erstellt, werden die Kosten grundsätzlich nicht zum Abzug zugelassen. Hier steht eine bauliche Veränderung im Vordergrund und es handelt sich nicht um eigentliche Sanierungsarbeiten, womit sie auch keine Werterhaltung der Liegenschaft darstellen.

SANIERUNG BAD- UND/ODER KÜCHENEINRICHTUNG

Der Ersatz von Küche oder Bad gibt immer wieder zu Diskussionen Anlass. Meistens entstehen dann auch Auslagen, welche persönlichen Bedürfnissen entspringen. Dazu gehören Kosten, welche sich aus einem Komfortbedürfnis heraus ergeben. Insbesondere fällt unter diese Kategorie der Ersatz von Produkten kurz nach deren Installation, luxuriöse Anlagen oder bereits nach einem Jahr ein anderer Farbton in Küche oder Bad. Bei Auslagen für die Küche oder das Bad handelt es sich um gemischte Aufwendungen, bei denen es zu einer Aufteilung zwischen werterhaltenden und wertvermehrenden Kosten kommt. Renovationen und insbesondere der Ersatz von Küche und Bad führen in verschiedenen Bereichen zu Qualitätsverbesserungen resp. zu einer Anpassung der Liegenschaft an den heutigen Standard. Mit anderen Worten, es können nicht sämtliche Kosten abgezogen werden. Erst bei einem späteren Verkauf können diejenigen Kosten, welche als wertvermehrend qualifiziert worden sind, an die Grundstückgewinnsteuer angerechnet werden. Werden bspw. Wände abgebrochen oder verschoben, neue Fenster (Dachfenster) eingebaut oder Räume vergrössert usw. handelt es sich um wertvermehrende Ausgaben.

Generell wird bei Küchenkombinationen der abzugsberechtigte Anteil auch dann gewährt, wenn deren Standort ändert, da der «zeitgemässe» Ersatz in vielen Fällen Grundrissänderungen mit sich bringt. Nicht abzugsberechtigt sind die Kosten für das Verlegen sämtlicher Leitungsanschlüsse und, wie bereits erwähnt, für andere bauliche Veränderungen.

Gleiches gilt bei der Renovation von Badezimmern, die im Sinne einer «zeitgemässen» Erneuerung mit einer Grundrissänderung verbunden sind. Auch dort sollten Einrichtungen, Apparate und Garnituren in dem Umfang zum Abzug zugelassen werden, insoweit sie vorher schon vorhanden waren. Auch hier sind die Kosten für das Verlegen sämtlicher Leitungsanschlüsse und für andere bauliche Veränderungen nicht abzugsberechtigt.

Bei den Geräten verhält es sich ebenso. Auch hier wird der Ersatz eines bisherigen Gerätes zum Abzug zugelassen, auch wenn dieses nicht mehr am selben Ort montiert wird. Als Beispiel sei eine neue Waschmaschine angeführt, die an einen anderen Standort zu stehen komm. Deren Kosten werden zum Abzug zugelassen.

Grundsätzlich handelt es sich bei allen anderen Bauteilen, die abgebrochen und an einem anderen Standort in ähnlicher oder gleicher Art und Weise wieder erstellt werden, um nicht abzugsberechtigte Investitionen.

> **EMPFEHLUNG** *Sobald es um grössere Investitionen geht, sollte allenfalls die zuständige Steuerbehörde kontaktiert werden. Dadurch können Diskussionen über werterhaltende und wertvermehrende Kosten vermieden werden. Normalerweise kann aufgrund des Kostenvoranschlages vorgängig festgelegt werden, welcher Anteil der Kosten abzugsfähig (werterhaltend) ist und welcher nicht (wertvermehrend).*

2.6.8. Mängel (konstruktive Mängel) und damit verbundene Schäden

Aufwendungen für die nachträgliche Behebung von konstruktiven Mängeln (Konstruktionsfehler) sind als Anlage- und nicht als abzugsfähige Liegenschaftsunterhaltskosten zu behandeln. Sie dienen dazu, der gekauften Liegenschaft den effektiven Wert zu geben, den sie zum Zeitpunkt des Erwerbs haben sollte, aber wegen der konstruktiven Mängel objektiv nicht hatte. Hingegen steuerlich abzugsfähig sind Kosten für die Behebung von Schäden, die auf Konstruktionsfehler zurückzuführen sind (Folgeschäden).

> **BEISPIEL** aus dem Merkblatt Liegenschaftsunterhalt, Version 2014, der Steuerverwaltung des Kantons Thurgau: Die undichte Balkonanlage basiert auf einem Konstruktionsfehler. Um den Konstruktionsmangel beheben zu können, muss die ganze Plattenabdeckung mit Entwässerung und Sockel-Randabschlüssen rückgebaut und die Balkonanlange im gleichen Umfang wieder neu aufgebaut werden.
> → Aufwendung für die Behebung von konstruktiven Mängeln stellen keinen abzugsfähigen Liegenschaftenunterhalt dar.

Kosten für die Beseitigung von Schäden, die Folge von verborgenen Mängeln sind, stellen dagegen Unterhaltskosten dar, sofern damit weder der Wert der Liegenschaft gegenüber demjenigen im Zeitpunkt des Kaufes erhöht noch deren Zustand verbessert wird. Dies ist der Fall, wenn es bei der Beseitigung der Folgeschäden (bspw. Wassereinbrüche, Schallprobleme, Algen- und Schimmelbefall eines Gebäudes, etc.) zu offensichtlichen Verbesserungen kommt.

> **BEISPIEL** aus dem Merkblatt Liegenschaftsunterhalt, Version 2014, der Steuerverwaltung des Kantons Thurgau: Entgegen der Planung fehlt es bei der Garage an einem Frostriegel als Untergrund. Aufgrund dieses Konstruktionsmangels kommt es zu einer Absenkung des Fundaments und es entstehen Mauerrisse.
>
> → Die Merkmale eines Folgeschadens bestehen gemäss der für das Werkvertragsrecht massgebenden Lehrmeinung darin, dass seine Ursache zwar in einem Werkmangel des abgelieferten Werks liegt, er jedoch nicht im Mangel selbst begründet ist, sondern als weitere Folge hinzutritt.
>
> Vorliegend sind die entstandenen Mauerrisse kausal auf den konstruktiven Mangel der Garage zurückzuführen. Die für die Beseitigung der Mauerrisse angefallenen Aufwendungen stellen abzugsfähigen Liegenschaftenunterhalt dar.
>
> Die Aufwendungen zur Behebung des konstruktiven Mangels am Fundament stellen hingegen nicht abzugsfähige Investitionen dar.

Bei einem Feierabendbier erzählte ein Arbeitskollege Roger Heim, dass er infolge einer Fehlplanung sehr hohe Auslagen für deren Behebung hatte. Zudem musste er mit der betroffenen Unternehmung prozessieren. Sofern diese Kosten im unmittelbaren Zusammenhang mit werterhaltenden Massnahmen stehen, sind sie abzugsberechtigt. Aber auch hier gilt der Grundsatz: bei Unsicherheit, ob ein Abzug möglich ist, sollte entweder das Gespräch mit der zuständigen Steuerbehörde gesucht werden (insbesondere bei hohen Auslagen) oder aber die Kosten müssen in der Steuererklärung (mit allen Belegen) ausführlich dokumentiert werden.

2.6.9. Gebrauchsdauer

Bauteile, welche aus besonderen Gründen vor Ablauf der üblichen Gebrauchsdauer ersetzt werden müssen, gelten nicht als Wertvermehrung. Drängt sich also bereits nach sechs Jahren eine Fassadenrenovation auf, weil die vorhergehende unsachgemäss oder fehlerhaft ausgeführt worden ist, so darf - wegen Nichterreichens der üblichen Gebrauchsdauer - keine Kürzung vorgenommen werden. Der Fall liegt nicht gleich wie bei der Behebung von konstruktiven Mängeln, die schon beim Erwerb der Liegenschaft bestanden haben.

2.6.10. In welcher Steuerperiode die Unterhaltsarbeiten abgezogen werden können

Auch die Zuordnung der Unterhaltskosten auf die einzelnen Steuerjahre wird in der Schweiz nicht einheitlich beurteilt. Grundsätzlich dient der Geldfluss, also das Datum der Zahlung, als Zuordnungsmerkmal.

Beispielsweise werden bei Grundstücken des Privatvermögens in den Kantonen Basel-Stadt, Graubünden, Luzern, Zug und Obwalden Liegenschaftsunterhaltskosten nur in derjenigen Steuerperiode zugelassen, in der sie bezahlt worden sind. Auch im Kanton St. Gallen hat sich die Praxis entwickelt, dass insbesondere bei grösseren Renovations- und Instandsetzungsvorhaben, aus Gründen der Vereinfachung der Steuerveranlagung, auf den Zeitpunkt der tatsächlichen Zahlung abgestellt wird. Ein Urteil vom 26. Januar 2011 des Verwaltungsgerichtes des Kantons St. Gallen hat diese Praxis auch bestätigt, wonach bei grösseren Vorhaben die einzig zweckmässige zeitliche Zuordnung das tatsächliche Zahlungsdatum ist.

Hingegen wird beispielsweise in den Kantonen Basel-Landschaft, Bern, Schaffhausen, Nidwalden, Schwyz, eine Handwerkerrechnung mit Datum Dezember 2014 im Jahre 2014 zum Abzug zugelassen. Wenn diese Rechnung jedoch erst im Januar 2015 gestellt wird, gilt dieser Aufwand auch erst im Jahr 2015 als Unterhalt.

In einigen Kantonen kann der Steuerpflichtige bei den effektiven Kosten wählen, ob der Abzug von Unterhaltsarbeiten auf den Zeitpunkt der Rechnungsstellung (sog. Soll-Methode) oder aber der Zahlung (sog. Ist-Methode) festgelegt werden soll (bspw. Aargau, Glarus, Thurgau, Zürich). Bei Akontozahlungen wird dieselbe Praxis angewandt. Selbstverständlich müssen die Akontozahlungen dem Arbeitsfortschritt auf Ende der Steuerperiode entsprechen. Diese Kosten sind auch über längere Zeit hinweg immer nach der gleichen Methode abzurechnen. Grundsätzlich sind Änderungen der Abzugsmethode zulässig, stehen aber unter dem Vorbehalt von Treu und Glauben.

Wird also eine Rechnung im gleichen Kalenderjahr ausgestellt und bezahlt, besteht - sofern auch die Arbeit im selben Jahr ausgeführt wurde - kein Risiko. Werden allerdings grössere Renovationen ausgeführt und diese gehen über das Jahresende hinaus, ist Vorsicht geboten. Achten Sie unbedingt darauf, dass Sie aufgrund des Arbeitsfortschrittes Teilrechnungen für die Leistungen im alten Jahr erhalten und, diese auch noch im alten Jahr bezahlen können. Die Schlussrechnung bekommen Sie im neuen

Jahr. Dadurch ist gewährleistet, dass die Liegenschaftsunterhaltskosten auch im effektiven Jahr der Leistungserbringung abgezogen werden können.

Sofern Rechnungen am 31. Dezember noch nicht bezahlt worden sind, können diese im Schuldenverzeichnis unter den Privatschulden aufgeführt werden.

2.6.11. Steuerliche Behandlung eines Gewinnungskostenüberschusses

Sofern die abzugsfähigen Kosten das Einkommen übersteigen, ist es im Privatbereich nicht möglich, Minuseinkommen vorzutragen.

> **BEISPIEL** Jemand besitzt eine Liegenschaft und deklariert in einem Jahr einen grösseren Liegenschaftsunterhalt. Selbst nach Verrechnung mit sämtlichem übrigen Einkommen resultiert ein negatives steuerbares Einkommen, d.h. die Kosten übersteigen das steuerbare Einkommen. Dieses negative Einkommen kann nicht in den folgenden Steuerperioden vom steuerbaren Einkommen abgezogen werden.

Sofern eine Privatperson noch weitere Liegenschaften in anderen Kantonen besitzt, untersagt Art. 127 Abs. 3 der Bundesverfassung der Schweizerischen Eidgenossenschaft vom 18. April 1999 (BV) die interkantonale Doppelbesteuerung. Der Bund hat die dafür notwendigen Massnahmen zu treffen, damit eine solche interkantonale Doppelbesteuerung vermieden werden kann. Aufgrund der bundesgerichtlichen Rechtsprechung muss der Nebensteuerdomizilkanton der Liegenschaft den Gewinnungskostenüberschuss einer Privatliegenschaft im Hauptsteuerdomizil übernehmen. Dabei wird auf das sog. Schlechterstellungsverbot abgestützt, welches besagt, dass es verboten ist, Personen die nur für einen Teil des Vermögens steuerpflichtig sind, anders und stärker zu belasten.

2.7. Effektive Kosten und Pauschalabzug

Die Liegenschaft von Marion und Roger Heim befindet sich in ihrem privaten Besitz. Sie haben die Möglichkeit, anstelle der effektiven Kosten einen Pauschalabzug geltend zu machen. Der Vorteil der Pauschalmethode liegt darin, dass sie einfach und zeitsparend ist, weil sie ohne Nachweis akzeptiert wird. Bei der direkten Bundessteuer beträgt der Pauschalabzug für Gebäude, die zu Beginn der Steuerperiode bis und mit 10 Jahre alt sind, 10 % der gesamten Mieteinnahmen bzw. des Eigenmietwertes. Bei über zehnjährigen Objekten 20 %. Je nach Kanton und Gebäudealter ist die prozentuale Quote sehr unterschiedlich. Diese liegt zwischen 10 und 30 %. Der Wechsel des Abrechnungssystems ist in jeder Veranlagungsperiode möglich.

Bei neuerstellten, qualitativ solide gebauten Liegenschaften kann diese Methode auf Zusehen hin gewählt werden, weil anzunehmen ist, dass keine hohen Reparaturkosten anfallen. Nach ungefähr acht Jahren ist es sicher prüfenswert - falls grössere Unterhaltskosten anfallen - einen Wechsel zur effektiven Methode ins Auge zu fassen. Dies setzt natürlich eine lückenlose Aufstellung der angefallenen Kosten voraus.

BEISPIEL Bekannte der Familie Heim besitzen drei Wohnungen, davon stehen seit längerer Zeit zwei leer. Somit werden auch keine Einnahmen aus diesen beiden Wohnungen erzielt. Kann in einem solchen Fall der Pauschalabzug geltend gemacht werden? Ohne Einnahmen kann auch kein Pauschalabzug geltend gemacht werden. Wenn sich der Eigentümer bemüht, die Liegenschaft weiterzuvermieten und es sich nur um einen kurzfristigen Leerstand handelt, sollte der Abzug von effektiven Unterhaltskosten kein Problem sein. Unter Umständen müssen die Vermietungsbemühungen nachgewiesen (bspw. Inserate, Einsatz eines Immobilienverwalters, etc.) werden. Gelingt es längerfristig nicht, die Wohnungen zu vermieten und es können auch keine Vermietungsbemühungen nachgewiesen werden, besteht die Gefahr einer Aufrechnung des Eigenmietwertes zum steuerbaren Einkommen.

Immobilien-Wegweiser durch den Steuerdschungel

Die Abzüge in ausgewählten Kantonen

Kantone / Bund	Höhe des Pauschalabzuges		Systemwechsel bei jeder Veranlagungsperiode möglich?	Bemerkungen
	Gebäude bis zu 10 Jahre alt	über 10 Jahre alte Gebäude		
ZH	20%	20%	Ja	Bei Liegenschaften des Privatvermögens, die überwiegend privat genutzt werden, kann anstelle des Abzuges der effektiven Kosten der Pauschalabzug geltend gemacht werden. Bei Liegenschaften im Geschäftsvermögen oder bei Liegenschaften im Privatvermögen, die von Dritten überwiegend geschäftlich genutzt werden, sind nur die effektiven Kosten möglich. Das Wahlrecht ist für jede Liegenschaft gegeben.
AG	10%	20%	Ja	Für jede Liegenschaft des Privatvermögens kann zwischen dem Abzug der effektiven Kosten und dem Pauschalabzug gewählt werden. Für Liegenschaften des Geschäftsvermögens können nur die effektiven Kosten geltend gemacht werden.
AR	10%	20%	Ja	Nur für Liegenschaften des Privatvermögen, welche nicht überwiegend geschäftlich genutzt werden. Kein Pauschalabzug sofern der jährliche Bruttomietertrag des gesamten Liegenschaftsbesitzes CHF 100 000 übersteigt. Das Wahlrecht ist für jedes einzelne Gebäude gegeben.
AI	20%	20%	Ja	Die Liegenschaft muss vorwiegend Wohnzwecken dienen.
BL	25%	30%	Ja	Bei der Staatssteuer besteht grundsätzlich für jede Liegenschaft des Privatvermögens die Wahlmöglichkeit zwischen den effektiven Kosten und der Pauschale, unbekümmert darum, ob eine vorwiegend geschäftliche Nutzung durch Dritte vorliegt oder nicht.
BS	10%	20%	Ja	Für Liegenschaften des Privatvermögens, nicht aber für Liegenschaften des Geschäftsvermögens. Wahlrecht pro Liegenschaft.

Kantone / Bund	Höhe des Pauschalabzuges		Systemwechsel bei jeder Veranlagungsperiode möglich?	Bemerkungen
	Gebäude bis zu 10 Jahre alt	über 10 Jahre alte Gebäude		
BE	10%	20%	Ja	Für Liegenschaften des Privatvermögens. Bei Liegenschaften des Geschäftsvermögens sowie Grundstücken des Privatvermögens mit vorwiegend geschäftlicher oder gewerblicher Nutzung durch Dritte können nur die tatsächlichen Kosten abgezogen werden. Das Wahlrecht ist für jedes einzelne Grundstück gegeben.
FR	10%	20%	Ja	Für Liegenschaften des Privatvermögens. Kein Abzug u.a. bei Liegenschaften im Geschäftsvermögen und bei Liegenschaften die vorwiegend von Dritten geschäftlich genutzt werden. Wahlrecht pro Liegenschaft.
GE	10%	20%	Ja	Der Kanton Genf gewährt einen Pauschalabzug für vom Eigentümer privat bewohnte Liegenschaft.
GI	10%	20%	Ja	Für Liegenschaften des Privatvermögens, die nicht vorwiegend durch Dritte geschäftlich genutzt werden. Wahlrecht pro Liegenschaft.
GR	10%	20%	Ja	Für überbaute Grundstücke kann anstelle der tatsächlichen Verwaltungs- und Unterhaltskosten ein Pauschalabzug beansprucht werden. Der Pauschalabzug ist nicht zulässig für Geschäfts- und Bürogebäude sowie für Grundstücke mit einem Bruttoertrag von mehr als CHF 145 000.
JU	10%	20%	Ja	
LU	10%	20%	Ja	Eine Wechselpauschale nach dem System der direkten Bundessteuer kennt der Kanton Luzern seit der Steuerperiode 2013. Bei noch pendenten Fällen früherer Steuerperioden werden die bisherigen, höheren Pauschalansätze noch gewährt. Für Liegenschaften, die zum Geschäftsvermögen gehören, können nur die effektiven Kosten abgezogen werden.

Immobilien-Wegweiser durch den Steuerdschungel

Kantone / Bund	Höhe des Pauschalabzuges		System-wechsel bei jeder Veranlagungsperiode möglich?	Bemerkungen
	Gebäude bis zu 10 Jahre alt	über 10 Jahre alte Gebäude		
NE	10 %, max. CHF 7 200	20 %, max. CHF 12 000	Ja	Für Liegenschaften des Privatvermögens, die nicht überwiegend durch Dritte geschäftlich genutzt werden. Wahlrecht pro Liegenschaft.
NW	10%	20%	Ja	Liegenschaft muss vorwiegend Wohnzwecken dienen. Wahlrecht pro Liegenschaft
OW	10%	20%	Ja	Liegenschaften des Privatvermögens, welche nicht vorwiegend durch Dritte geschäftlich genutzt werden. Wahlrecht pro Liegenschaft.
SH	15%	25%	Ja	Liegenschaften des Privatvermögens. Für Liegenschaften, welche geschäftlich genutzt werden oder deren Bruttomietertrag CHF 90 000 übersteigt, können nur die tatsächlichen Kosten geltend gemacht werden. Wahlrecht pro Liegenschaft.
SZ	10%	20%	Ja	Liegenschaft muss vorwiegend Wohnzwecken dienen. Bei Liegenschaften des Geschäftsvermögens sowie bei Liegenschaften, die von Dritten vorwiegend geschäftlich genutzt werden, können nur die tatsächlichen Kosten geltend gemacht werden. Wahlrecht pro Liegenschaft.
SO	10%	20%	Ja	Für Grundstücke des Privatvermögens. Bei Liegenschaften des Geschäftsvermögens sowie bei Liegenschaften, die von Dritten ganz oder vorwiegend geschäftlich genutzt werden, kommen nur die effektiven Kosten in Frage. Wahlrecht pro Liegenschaft.
SG	20%	20%	Ja	Für Grundstücke des Privatvermögens, die ganz oder vorwiegend Wohnzwecken dienen. Wahlrecht pro Liegenschaft.
TI	10%	20%	Ja	Wahlrecht pro Liegenschaft / bis 2013 Gebäude bis 10 Jahre alt 15 % und Gebäude älter als 10 Jahre 25 %.

Kantone / Bund	Höhe des Pauschalabzuges		System-wechsel bei jeder Veranla-gungsperiode möglich?	Bemerkungen
	Gebäude bis zu 10 Jahre alt	über 10 Jahre alte Gebäude		
TG	10%	20%	Ja	Ausschluss der Pauschalierung bei Liegenschaften des Geschäftsvermögens; bei Liegenschaften, die durch Dritte vorwiegend geschäftlich genutzt werden, bei Liegenschaften, deren Bruttomietertrag CHF 50 000 im Jahr übersteigt. In der Praxis werden aber in solchen Fällen (Bruttomietertrag CHF 50 000 vorwiegend nicht geschäftlich genutzt) kantonal auch ohne Deklaration der effektiven Unterhaltskosten maximal CHF 5 000 bei bis zu zehn Jahren alten Gebäuden und CHF 10 000 bei mehr als zehn Jahren alten Gebäuden zugelassen. Wahlrecht pro Liegenschaft.
UR	10%	20%	Ja	Der Pauschalabzug ist nicht zulässig für Liegenschaften, die zum Geschäftsvermögen der steuerpflichtigen Person gehören und für Liegenschaften im Privatvermögen, die vorwiegend geschäftlich genutzt werden. Wahlrecht pro Liegenschaft.
VD	20%	20%	Ja	
VS	10%	20%	Ja	Für Liegenschaften des Privatvermögens, die nicht überwiegend geschäftlich genutzt werden. Wahlrecht pro Liegenschaft.
ZG	10%	20%	Ja	Für Liegenschaften des Privatvermögens. Bei Liegenschaften, die von Dritten vorwiegend geschäftlich genutzt werden ist der Pauschalabzug nicht möglich. Wahlrecht pro Liegenschaft.

Kantone / Bund	Höhe des Pauschalabzuges		System-wechsel bei jeder Veran-lagungsperiode möglich?	Bemerkungen
	Gebäude bis zu 10 Jahre alt	über 10 Jahre alte Gebäude		
Bund	10%	20%	Ja	Kein Pauschalabzug kommt in Betracht für Liegenschaften des Privatvermögens, die von Dritten vorwiegend geschäftlich genutzt werden. Eine vorwiegend geschäftliche Nutzung liegt vor, wenn der Ertrag aus der geschäftlichen Nutzung mehr als die Hälfte des gesamten Liegenschaftsertrages ausmacht. Der gesamte Liegenschaftsertrag besteht dabei aus der Summe aller Mieterträge und des Mietwertes. Wahlrecht pro Liegenschaft.

Die Pauschale kann auch geltend gemacht werden, wenn in der betreffenden Steuerperiode keine Unterhaltskosten angefallen sind. Oft wird der Fehler begangen, jährlich in etwa den gleich hohen Betrag für den Liegenschaftsunterhalt aufzuwenden. Meistens entspricht dieser mehr oder weniger dem Pauschalabzug, auf welchen ohnehin Anspruch besteht. Dabei wäre es vorteilhafter, während einiger Jahre nur die wirklich notwendigen Liegenschaftsunterhaltsarbeiten ausführen zu lassen und später sämtliche grösseren Arbeiten in einer Steuerperiode geltend zu machen. Wenn das steuerbare Einkommen bereits bei null oder darunter ist, nützen zusätzliche Abzüge nichts mehr.

Gerade weil diese Quoten so unterschiedlich sind, kann es unter Umständen sinnvoll sein, für die Staats- und Gemeindesteuern die pauschalen Unterhaltskosten geltend zu machen und für die direkte Bundessteuer den effektiven Abzug.

TIPP *Bewahren Sie die Belege der Liegenschaftsunterhaltskosten auf, damit Ende Jahr geprüft werden kann, ob die effektiven Kosten oder die Pauschale geltend gemacht werden soll. Sofern der Entscheid zugunsten der effektiven Kosten ausfällt, müssen diese belegt werden. Ohne Belege kein Abzug!*

Pauschalabzug bei mehrheitlich oder ausschliesslich vermieteten Objekten

Sofern der Vermieter einer privaten Liegenschaft, die hauptsächlich zu Wohnzwecken dient, die Betriebskosten (teilweise) selber trägt und den Pauschalabzug geltend macht, so ist es möglich, dass ein Steueramt zu Unrecht neben der Pauschale einen zusätzlichen Abzug für die Betriebskosten verwehrt. Mit der falschen Begründung, diese wären steuerrechtlich in den Unterhaltskosten des Pauschalabzuges enthalten.

Im Wesentlichen können vor dem Abzug der Unterhaltspauschale die folgenden Betriebskosten als Gewinnungskosten abgezogen werden, wenn diese nicht vom Mieter bezahlt werden:

- Verbrauchskosten für Gas, Heizöl (inklusive Heizungs- und Warmwasserkosten)
- Verbrauchskosten für Allgemeinstrom (Beleuchtung, Waschmaschine, etc.)
- Grundgebühren für Wasser, Abwasser (ARA-Gebühren), Entwässerung, Strom, Erdgas, Fernheizung und Kehricht
- Grundgebühren für die Feuerschau und die Kaminfegerkosten
- Kosten für die Vermietung, Mietzinsinkasso, Betreibungen, Ausweisungen und Prozesse mit Mietern
- Kosten für Treppenhausreinigung und die Reinigung von weiteren allgemeinen Räumen (Vorräume, Kellerräume und Estrich)
- Die übrigen Kosten der Hauswartung (ohne Kosten für Gartenunterhalt und Umgebungspflege)

Solche Aufwendungen können nur dann abgezogen werden, wenn sie tatsächlich vom Eigentümer bezahlt worden sind. Eine entsprechende Aufstellung ist der Steuererklärung beizulegen. Eigentliche Unterhaltskosten, Versicherungsprämien oder Drittverwaltungskosten, die in den Pauschalabzug fallen, dürfen nicht abgezogen werden. Sonst käme es zu einem unzulässigen Doppelabzug.

MUSTERBEISPIEL	
Mietzins (Fremdmieten brutto inkl. Nebenkosten)	CHF 69 600
Eigenmietwert (eigene Wohnung)	CHF 12 600
Bruttojahresertrag inkl. Nebenkosten	**CHF 82 200**
./. Kosten für Heizung, Warmwasser und Treppen-.	
Hausreinigung	(CHF 7 000)
Liegenschaftenertrag	**CHF 75 200**
(vor Abzug der Unterhalts- und Verwaltungskosten)	
./. Unterhalt pauschal 20 % (von CHF 75 200)	(CHF 15 040)
Steuerbarer Ertrag	**CHF 60 160**

Bei einem Leerbestand oder Mietzinsausfall von bspw. CHF 9 600 sieht die Berechnung wie folgt aus:

MUSTERBEISPIEL MIT LEERBESTAND/MIETZINSAUSFALL	
Mietzins (Fremdmieten brutto inkl. Nebenkosten)	CHF 69 600
Eigenmietwert (eigene Wohnung)	CHF 12 600
Soll-Bruttojahresertrag inkl. Nebenkosten	**CHF 82 200**
./. Leerstand / Mietzinsausfall	(CHF 9 600)
Ist-Bruttojahresertrag inkl. Nebenkosten	**CHF 72 600**
./. Kosten für Heizung, Warmwasser und Treppen-. Hausreinigung	(CHF 7 000)
Liegenschaftenertrag	**CHF 65 600**
(vor Abzug der Unterhalts- und Verwaltungskosten)	
./. Unterhalt pauschal 20 % (von CHF 75 200)	(CHF 15 040)
Steuerbarer Ertrag	**CHF 50 560**
In Anlehnung an ein Beispiel des kantonalen Steueramtes Zürich «Merkblatt des kantonalen Steueramtes über die steuerliche Abzugsfähigkeit von Kosten für den Unterhalt und die Verwaltung von Liegenschaften»	

Es kann in jeder Steuerperiode und für jede Liegenschaft zwischen dem Abzug der tatsächlichen Unterhaltskosten und einem Pauschalabzug gewählt werden.

Betrachten wir den effektiven und den pauschalen Liegenschaftsunterhaltskostenabzug an einem Beispiel: Ein Ehepaar hat vor einigen Jahren ein elfjähriges, frisch renoviertes Einfamilienhaus im Kanton Bern erworben. Der Eigenmietwert der Liegenschaft beträgt CHF 24 000. In den letzten 10 Jahren sind ungefähr 5 000 Franken jährlich an Liegenschaftsunterhaltskosten angefallen. Diese wurden in der Steuererklärung geltend gemacht. Die Pauschale hätte, weil das Haus mehr als 10 Jahre alt ist, CHF 4 800 betragen. Würden die in den letzten 10 Jahren angefallenen Unterhaltskosten in einem einzigen Jahr ausgeführt, wäre der Steuerabzug erheblich grösser. Könnten nun alle Unterhaltsarbeiten der letzten 10 Jahre in einem Jahr geltend gemacht werden, würde dies ca. CHF 50 000 ergeben. Zusätzlich hätte in den vorangegangenen neun Jahren der Pauschalabzug von CHF 4 800 beansprucht und dadurch rund CHF 43 200 mehr Unterhaltskosten abgezogen werden können.

2.7.1. Liegenschaftsunterhalt und Kleinquittungen

Roger Heim gibt beim effektiven Liegenschaftsunterhalt zu bedenken, dass seine Familie viele Arbeiten selber ausgeführt hat. Dafür wurden bspw. auch Pflanzen für den Ersatz im Garten angeschafft oder für das Schwimmbad benötigtes Unterhaltsmaterial gekauft. Dafür gibt es einige Quittungen, aus denen nicht überall ersichtlich ist, um was es geht. Teilweise ist auch der Verwendungszweck unklar. In einem solchen Fall werden die Kosten nur teilweise nach Ermessen zum Abzug zugelassen. Bei Unsicherheiten werden zusätzliche Abklärungen getroffen. Die Steuerbehörde darf nicht, ohne nähere Abklärungen, Beträge nach Ermessen kürzen und nur teilweise zum Abzug zulassen.

TIPPS FÜR DEN UNTERHALTSABZUG

- Konzentration von Unterhalt in einem Kalenderjahr

- Vergleichen, ob Pauschale oder Effektivabzug günstiger

- denkmalpflegerische Arbeiten speziell deklarieren

- energiesparende Investitionen als solche ausweisen

- Belege unbedingt langfristig aufbewahren

2.8. Wer kann die Unterhaltskosten geltend machen?

Tochter Sandra konnte während ihrem Studium günstig im Elternhaus wohnen. Nach ihrem erfolgreichen Abschluss und einem Jahr Berufstätigkeit möchte sie das Bad renovieren lassen. Dies als «Dankeschön» für die günstige Miete. Sandras Vater ist ein wenig verunsichert und konsultiert das Steueramt. Die Antwort ist eindeutig: Unterhaltskosten können ohne weiteres abgezogen werden, aber nur, wenn die Rechnungen auf den Namen des Eigentümers der Liegenschaft ausgestellt und von diesem bezahlt worden sind.

Nun lauten aber die Rechnungen auf den Namen der Tochter und sie hat die Rechnungen auch bezahlt. In einem solchen Fall sind die Gründe offen zu legen, warum dieses Vorgehen gewählt worden ist. Bei der Leistung eines Dritten kann es sich um eine «Schenkung», eine «Mietzinsnachzahlung» oder um ein «Darlehen» handeln.

Die einzelnen Varianten haben unterschiedliche steuerliche Auswirkungen. Handelt es sich um nachträgliche Mietzinsen, unterliegen diese der Einkommenssteuer. Ist es eine Schenkung, fällt die Schenkungssteuer an. Einzig bei der Einräumung eines Darlehens bleibt es für den Eigentümer der Liegenschaft steuerfrei. Bei Offenlegung der Gründe, werden diese Unterhaltskosten allenfalls beim Eigentümer zum Abzug zugelassen.

Handelt es sich also bspw. um Mietzinsen, so muss der Ertrag versteuert werden und gleichzeitig kann er als Unterhalt in Abzug gebracht werden. Bei diesem Beispiel ergibt sich ein «Nullsummenspiel».

2.9. Renovationskosten zeitlich aufteilen

Bei grösseren Aufwendungen ist es ratsam, diese auf zwei oder mehrere Steuerperioden aufzuteilen und immer auch vor dem Hintergrund der persönlichen Steuersituation zu planen. Das bedeutet, dass Sanierungen in einem Steuerjahr getätigt werden sollten, in dem die Steuerprogression optimal gebrochen werden kann. Das steuerbare Einkommen und mögliche Abzüge aufeinander abstimmen. Beispielsweise im Rentenalter, mit einem reduzierten Einkommen, macht es wenig Sinn, grössere bauliche Investitionen zu tätigen.

Eines Tages stellen Sie fest, dass eine grössere Sanierung dringend notwendig wäre. Sie denken dabei an die Renovation der Küche, des Bades und eine dringend notwendige Sanierung der Aussenfassade, die Wohnräume sollten ebenfalls neu gestrichen werden. Die Kosten belaufen sich auf etwa CHF 400 000. Das steuerbare Einkommen ohne Berücksichtigung dieser Liegenschaftsunterhaltskosten beträgt CHF 120 000, was steuerlich ein Minuseinkommen ergeben würde. Das ist nicht sinnvoll, denn bei einer Liegenschaft im Privatvermögen können diese Kosten später nicht mehr geltend gemacht werden. Würden die Sanierungskosten bspw. auf vier Jahre verteilt, könnte bei gleich bleibenden Einkommensverhältnissen, in dieser Periode ein Einkommen von null Franken erreicht werden. In der Realität ist ein solches Vorgehen schwierig umzusetzen. Zudem ist es nur für jemanden ratsam, den es nicht stört, über einen doch relativ langen Zeitraum mit Lärm, Staub und allen sich durch Bauarbeiten ergebenden Immissionen zu leben.

TIPP *Mit gestaffeltem Liegenschaftsunterhalt Steuern sparen. Um davon profitieren zu können, werden kleinere, werterhaltende Investitionen mit Vorteil auf das gleiche Kalenderjahr konzentriert. Grössere Sanierungsarbeiten hingegen können zur Brechung der Steuerprogression über mehrere Jahre etappenweise hinweg vorgenommen werden.*

2.10. Anlagekosten für Energiesparmassnahmen und Umweltschutz

Familie Heim hat in letzter Zeit öfters über energiesenkende Investitionen diskutiert. Bei der Erstellung der Liegenschaft war dies noch kein Thema. Leider, wie sich im Nachhinein herausstellte. So bereut sie heute, dass sie weder eine Photovoltaikanlage noch Sonnenkollektoren zur Wasseraufbereitung und Heizungsunterstützung in Betracht gezogen hat. Für dieses Vorhaben ziehen sie einen Fachmann bei. Es taucht die Frage auf, ob die vorgesehenen Ausgaben steuerlich abzugsfähig sind.

Zuerst muss festgestellt werden, welche Investitionen überhaupt als Energiesparmassnahmen anerkannt werden. Es sind dies zum Beispiel Investitionen in Erd- oder Luftwärmepumpen, in Pellet-Heizungen, in solare Warmwasseraufbereitungen und Heizungsunterstützungen sowie solche in Photovoltaikanlagen.

Das Eidgenössische Finanzdepartement bestimmt, wie weit Investitionen, die dem Energiesparen und dem Umweltschutz dienen, den Unterhaltskosten gleichgestellt sind. Die Verordnung des Eidg. Finanzdepartementes vom 24. August 1992 über die Massnahmen zur rationellen Energieverwendung und zur Nutzung erneuerbarer Energien führt folgende Massnahmen auf:

Massnahmen zur Verminderung von Energieverlust der Gebäudehülle, wie:

- Wärmedämmung von Böden, Wänden, Dächern und Decken gegen Aussenklima, unbeheizte Räume oder Erdreich;
- Ersatz von Fenstern durch energetisch bessere Fenster als vorbestehend;
- Anbringung von Fugendichtungen;
- Einrichten von unbeheizten Windfängen;
- Ersatz von Jalousieläden, Rollläden.

Massnahmen zur rationellen Energienutzung bei haustechnischen Anlagen, wie bspw.:

- Ersatz des Wärmeerzeugers, ausgenommen ist der Ersatz durch ortsfeste elektrische Widerstandsheizungen;
- Ersatz von Wassererwärmern, ausgenommen der Ersatz von Durchlauferhitzern durch zentrale Wassererwärmer;
- Anschluss an eine Fernwärmeversorgung;

- Einbau von Wärmepumpen, Wärme-Kraft-Kopplungsanlagen und Anlagen zur Nutzung erneuerbarer Energien[7].

- Einbau und Ersatz von Installationen, die in erster Linie der rationellen Energienutzung dienen, wie:

    - Regelungen, Thermostatische Heizkörperventile, Umwälzpumpen, Ventilatoren;
    - Wärmedämmungen von Leitungen, Armaturen oder des Heizkessels;
    - Messeinrichtungen zur Verbrauchserfassung und zur Betriebsoptimierung;
    - Installationen im Zusammenhang mit der verbrauchsabhängigen Heiz- und Warmwasserkostenabrechnung.

- Kaminsanierung im Zusammenhang mit dem Ersatz eines Wärmeerzeugers;
- Massnahmen zur Rückgewinnung von Wärme; bspw. bei Lüftungs- und Klimaanlagen;

Kosten für energietechnische Analysen und Energiekonzepte

Kosten für den Ersatz von Haushaltgeräten mit grossem Stromverbrauch, wie Kochherden, Backöfen, Kühlschränken, Tiefkühlern, Geschirrspülern, Waschmaschinen, Beleuchtungsanlagen usw., die im Gebäudewert eingeschlossen sind.

Die Kantone sind nicht verpflichtet, energetische Massnahmen ebenfalls steuerlich zu fördern. Sieht das kantonale Recht jedoch Abzüge für Umweltschutz vor, gelten die Vorschriften des Bundes integral auch auf kantonaler Ebene (vertikale Harmonisierung).

Die Bundesregel gilt in den Kantonen, die einen entsprechenden Abzug vorsehen, jeweils als min. Standard. In der nachstehenden Tabelle sind die geltenden Bestimmungen in ausgewählten Kantonen aufgeführt. Es ist jedoch zu berücksichtigen, dass energiesparende Massnahmen, die anlässlich der Erstellung von Neubauten vorgenommen werden, steuerlich **nicht** abzugsfähig sind. Die Auslagen bei Neubauten können in keinem Fall Mischcharakter haben, d.h. für teilweise werterhaltende und teilwei-

---

[7] Als zu fördernde erneuerbare Energien gelten: Sonnenenergie, Geothermie, mit oder ohne Wärmepumpen, nutzbare Umgebungswärme, Windenergie und Biomasse (inkl. Holz oder Biogas). Die Nutzung der Wasserkraft wird im Rahmen des DBG nicht gefördert.

se wertvermehrende Aufwendungen anfallen. Aufgrund der bundesgerichtlichen Rechtsprechung (BGE vom 18. Dezember 2012 2C_727/2012) sind Investitionen in erneuerbare Energien nur dann steuerlich abzugsfähig, wenn sie einen Mischcharakter haben, d.h. den Wert der betroffenen Baute nur teilweise vermehren. Eine Frist von fünf Jahren als Abgrenzungskriterium würde nach Ansicht des Bundesgerichtes eine einfache und praktikable Kompromisslösung für die Beurteilung eines Abzuges darstellen.

Diese Rechtsprechung lässt Zweifel aufkommen. Wenn jemand später bemerkt, dass es ein Fehler war bspw. keine Wärmepumpe einzubauen, wird er dafür bestraft, weil er diese Investition erst kurz nach der Neubau-Erstellung tätigt. Begründet wird diese Fünfjahresfrist damit, dass die meisten Auslagen für energiesparende Massnahmen nach fünf Jahren einen Mischcharakter aufweisen. Leider hat es das Bundesgericht unterlassen, eine abschliessende Beurteilung zu treffen. Somit besteht momentan keine Rechtssicherheit und es empfiehlt sich innerhalb der Frist von fünf Jahren (Mindestalter der Liegenschaft) mit dem zuständigen Steueramt abzuklären, ob ein Abzug bei den Einkommenssteuern möglich ist. Ansonsten sollte allenfalls die Fünfjahresfrist abgewartet werden. Sofern Kosten nicht bei der Einkommenssteuer in Abzug gebracht werden können, besteht die Abzugsmöglichkeit bei einem allfälligen Verkauf der Liegenschaft als Anlagekosten. Auch werden die Energie- und Umweltschutzmassnahmen nicht zum Abzug zugelassen, sofern die Unterhalts- bzw. Instandhaltungsmassnahmen faktisch einem Neubau entsprechen.

Kanton	Grundlagen	Bemerkungen
AG	§ 39 Abs. 2 des Steuergesetzes vom 15. Dezember 1998 (Stand 1.Januar 2013).	Soweit sie bei der DBSt abzugsfähig sind.
AI	Art. 34 Abs. 2 des Steuergesetzes vom 25. April 1999 (Stand Januar 2013).	Soweit sie bei der DBSt abzugsfähig sind. (Ausnahme: Soweit die Unterhalts- bzw. Instandhaltungsmassnahmen faktisch einem Neubau entsprechen [bspw. bei weitgehender Aushöhlung des Gebäudes], können die Energie- und Umweltschutzmassnahmen nicht in Abzug gebracht werden [BGE vom 6. Juli 2010 2C_63/2010]).
AR	Art. 34 Abs. 2 des Steuergesetzes vom 21. Mai 2000 (Stand 1. Januar 2013).	Soweit sie bei der DBSt abzugsfähig sind

Kanton	Grundlagen	Bemerkungen
BE	Art. 36 Abs. 4 des Steuergesetzes vom 21. Mai 2000 Art. 1 Abs. 1 der Verordnung über die Unterhalts-, Betriebs- und Verwaltungskosten von Grundstücken (VUBV) vom 12. November 1980.	Zu den Unterhaltskosten gehören: Investitionen, die zur rationellen Energieverwendung oder zur Nutzung erneuerbarer Energien beitragen, als Unterhaltskosten. Diese Massnahmen beziehen sich auf den Ersatz von veralteten und die erstmalige Anbringung von neuen Bauteilen oder Installationen in bestehenden Gebäuden. Die Kosten sind im vollen Umfang abzugsfähig, sofern für sie in der Bemessungsperiode Rechnung gestellt worden ist und sie von Grundeigentümern, Nutzniesser oder Wohrechtsberechtigten auch tatsächlich getragen werden (Art. 4 Abs. 1 VUBV).
BL	§ 29 Abs. 2bis des Gesetzes über die Staats- und Gemeindesteuern vom 7. Februar 1974 (Stand 1.4.2011).	Soweit sie bei der DBSt abzugsfähig sind.
BS	§ 31 Abs, 2 lit. d des Gesetzes über die direkten Steuern vom 12. April 2000 (Stand 10. November 2011) § 36 Abs. 1 lit. a der Verordnung zum Gesetz über die direkten Steuern vom 14. November 2000 (Stand 29.Septenber.2011).	Soweit sie bei der DBSt abzugsfähig sind.
FR	Art. 33 Abs. 2 des Gesetzes vom 6. Juni 2000 über die direkten Kantonssteuern.	Soweit sie bei der DBSt abzugsfähig sind.
GE	Art. 6 Abs. 4 de la loi sur l'imposition des personnes physiques (LIPP-V) vom 22. September 2000.	Regelung analog Bund.
GL	Art. 30 Abs. 2 des Steuergesetzes vom 7. Mai 2000 (Stand 1.1.2013).	Soweit sie bei der DBSt abzugsfähig sind.
GR	Abzug im Rahmen des Gebäudeunterhaltskosten, jedoch nicht bei Wertvermehrenden Aufwendungen.	
JU	Art. 1 de l'ordonnance relative à la déduction des frais d'entretien d'immeubles du 16 mai 1989.	Regelung analog Bund.
LU	Keine Spezialregelung	
NE	Art. 35 de la loi sur les contributions directes (LCdir) du 21 mars 2000 (Stand 1. janvier 2014) Art. 14 - 19 du Règlement général d'applications de la loi sur les contributions directes (RELCdir) du 1er novembre 2000 (Stand 27.November 2013).	Soweit sie bei der DBSt abzugfähig sind.

Kanton	Grundlagen	Bemerkungen
NW	Art. 34 Abs. 2 des Gesetztes über die Steuern des Kantons und der Gemeinden vom 22. März 2000 (Stand 1. Januar 2014).	Soweit sie bei der DBSt abzugsfähig sind.
OW	Art. 6 - 9 der Ausführungsbestimmungen vom 3. Januar 1995 über den steuerlichen Abzug der Kosten von Liegenschaften des Privatvermögens (Stand 1. Januar 2011).	Dienstanleitung Liegenschaftsunterhaltskosten DA 9/2013 vom 11. Februar 2013 gültig ab Steuerperiode 2012: In der Dienstanleitung ist der bisherige Anteil der energiesparenden Aufwendungen in der Kolonne Unterhaltskosten als abzugsberechtigt aufgeführt. Die Zuweisung der Aufwendungen richtet sich auch nach der Verordnung über die Massnahmen zur rationellen Energieverwendung und zur Nutzung erneuerbarer Energien des EFD zum DBG.
SG	Art. 44 des Steuergesetzes vom 9. April 1998 (Stand 1.Januar 2013).	Soweit sie bei der DBSt abzugsfähig sind.
SH	Art. 34 Abs. 2 des Steuergesetzes vom 20. März 2000 / Dienstanleitung zum Schaffhauser Steuergesetz zu Energiespar- und Umweltschutzinvestitionen.	Soweit sie bei der DBSt abzugsfähig sind.
SO	§ 39 des Gesetzes über die Staats- und Gemeindesteuern vom 1. Dezember 1985 (Stand 1. Januar 2008) / Steuerverordnung Nr.16: Unterhalts-, Betriebs- und Verwaltungskosten von Liegenschaften im Privatvermögen vom 28. Januar 1986 (Stand 1. Januar 2011).	Gemäss Regelung durch das Eidgenössische Finanzdepartement.
SZ	§ 32 Abs. 2 lit. a des Steuergesetzes vom 9. Februar 2000 (SRSZ 1. Februar2014) / Weisung über den Abzug von Liegenschaftskosten (LKW) vom 25. Oktober 2011 RZ 39 - 42.	Soweit sie bei der DBSt abzugsfähig sind. Ausgenommen sind Energiesparmassnahmen in Neubauten, welche innert 5 Jahren nach Fertigstellung des Gebäudes vorgenommen werden. Diese gelten vollumfänglich als Anlagekosten.
TG	§ 34 Abs. 1 Ziff. 1 des Gesetzes über die Staats- und Gemeindesteuern vom 14. September 1992 (Stand 1. Januar 2013)	Soweit sie bei der DBSt abzugsfähig sind.
TI	Während den ersten beiden Jahren nach Erwerb können nur 50% der Kosten in den Abzug gebracht werden (nachher 100%). Steuerpflichtige, die den Abzug dieser Investition geltend machen, können nicht den Pauschalabzug für Unterhaltskosten wählen.	

Kanton	Grundlagen	Bemerkungen
UR	Art. 36 Abs. 2 des Gesetzes über die direkten Steuern im Kanton Uri vom 26. September 2010 (Stand 1. Januar 2013).	Soweit sie bei der DBSt abzugsfähig sind.
VS	Beschluss über den Abzug der Kosten von Privatliegenschaften und energiesparenden und dem Umweltschutz dienenden Investitionen vom 23. April 1997.	Siehe auch Katalog der abzugsfähigen Unterhaltskosten. Ausgenommen sind Energiesparmassnahmen in Neubauten, welche innert 5 Jahren nach Fertigstellung des Gebäudes vorgenommen werden. Diese gelten vollumfänglich als Anlagekosten.
ZG	§ 29 Abs. 2 des Steuergesetzes vom 25. Mai 2000 (Stand 1.1.2012).	Soweit sie bei der DBSt abzugsfähig sind.
ZH	§ 30 Abs. 2 des Steuergesetzes vom 8. Juni 1997 / Merkblatt des kantonalen Steueramtes über den Abzug der Kosten von Liegenschaften des Privatvermögens und dem Umweltschutz dienen, bei Liegenschaften des Privatvermögens (ZStB I 18/851).	Soweit sie bei der DBSt abzugsfähig sind.

Ebenfalls ist dem Merkblatt der schweizerischen Steuerkonferenz zu entnehmen, dass ein Abzug von energiesparenden Investitionen nur möglich ist beim Ersatz von veralteten sowie bei der erstmaligen Erstellung von neuen Bauteilen in bestehenden Gebäuden. Bei einem Neubau oder bei einer Totalsanierung, welche einem Neubau gleichkommt, handelt es sich aus steuerrechtlicher Sicht grundsätzlich um nicht abzugsfähige «Anlagekosten». Wichtig ist dabei die Erkenntnis, dass die Steuerbehörde Gewicht auf das Merkmal «bestehende Gebäude» legt.

Als Energiesparmassnahme gilt unter anderem die Installation von Photovoltaikanlagen. Solche Regelungen wurden eigens eingeführt, um einen Anreiz zu schaffen, bestehende, energietechnisch schlechte Bausubstanz bzw. energietechnisch veraltete Installationen möglichst bald auf den modernen Stand der Technik zu bringen. Familie Heim wohnt inzwischen zwei Jahre in ihrem Eigenheim. Da erinnert sich Roger Heim, dass er kürzlich gelesen hat, ein solcher Abzug sei äusserst umstritten. Offensichtlich handelt es sich bei einer Photovoltaikanlage um eine förderungswürdige Energiesparmassnahme. Zu diesem Thema gibt es inzwischen eine Rechtsprechung, die jedoch nicht einheitlich ist. Dabei wird zwischen einem Neubau und einer bestehenden Baute unterschieden. Werden energiesparende Massnahmen bei der Erstellung eines Neubaus realisiert, handelt es sich um nicht abzugsfähige Kosten. Diese können auch nicht als Quasiunterhaltskosten angesehen werden, sondern stellen nicht absetzbare Anlagekosten dar. Bei Neubauten können solche Auslagen in keinem Fall Mischcharakter haben, d.h. für teilweise werterhaltende und teilweise wertvermehrende Aufwendungen gesehen werden. Dies, obwohl im BGE vom 18. Dezember 2012 2C_272/2012, 2C_729/2012 steht, dass grundsätzlich ein Anreiz geschaffen wurde für Energiesparmassnahmen, also bestehende Bausubstanz möglichst rasch auf den modernen Stand der Technik zu bringen. Eine solche Betrachtungsweise würde tendenziell - auch wenn die Baute erst vor zwei Jahren erstellt wurde - für einen Abzug sprechen. Auch bei der Umwandlung von früher unbeheizten Räumen in beheizbare muss damit gerechnet werden, dass diese Kosten nicht abgezogen werden dürfen.

Im Gegensatz zur bundesgerichtlichen Rechtsprechung hat das Verwaltungsgericht Zürich den Abzug für eine Photovoltaikanlage, welche rund 21 Monate nach Bezug eines neu erstellten Einfamilienhauses erstellt worden ist, zugelassen. Das Verwaltungsgericht des Kantons Zürich hat in diesem Entscheid die Ansicht vertreten, dass bei einer Investition für eine Photovoltaikanlage in ein über eineinhalb Jahre bewohntes altes Haus, diese nicht mehr als Herstellungskosten qualifiziert werden können. Bei einer offensichtlichen Steuerumgehung könnte der Fall etwas anders aussehen, wenn eine energiesparende Investition zwar anlässlich des Neubaus eingeplant worden, die Erstellung aber bewusst nach Beendigung und Bezug der Baute vorgenommen worden wäre. Eine solche Sperrfrist müsste grundsätzlich auch im Gesetz bzw. der Verordnung vorgesehen sein. Dieser Entscheid ist aber mit Vorsicht zu geniessen. Der Entscheid wurde für das Steuerjahr 2007 gefällt. In diesem Jahr galt noch die Frist der ersten fünf Jahre nach der Anschaffung der Liegenschaft, die sog. Dumont-Praxis. Gemäss der Praxis war der Abzug für eine solche Investition auf 50 % begrenzt.

Auch bei den Sonnenkollektoren wird Familie Heim damit rechnen müssen, dass für diese Investition kein steuerlicher Abzug gewährt wird.

EMPFEHLUNG *Allenfalls nach einem Liegenschaftskauf mit der Ausführung nicht dringlicher Investitionen im Bereich Energiesparen zuwarten.*

Marion und Roger Heim erhalten vom Netzbetreiber eine Einspeisevergütung, die jeweils um die Kosten für den eigenen Strombedarf gekürzt wird.

Die Einspeisevergütung wird als Einkommen aus unbeweglichem Vermögen besteuert. Auch wenn die Heims noch keine kostendeckende Einspeisevergütung vereinbaren konnten, muss diese deklariert werden. Es muss der Bruttobetrag der Einspeisevergütung angegeben werden, denn die Kosten für den Bezug der selbst benötigten Energie stellen steuerlich nicht abziehbare Lebenshaltungskosten dar. Häufig werden für Investitionen an bestehenden Bauten Subventionen und Investitionshilfen geleistet. Auch solche Zahlungen sind, wie die Einspeisevergütung, als Einkommen aus unbeweglichem Vermögen zu deklarieren. Werden (einmalige) Subventionen und Investitionshilfen für Investitionen an Neubauten gewährt, sind diese in der Praxis nicht als Einkommen zu deklarieren (SSK Analyse zur steuerrechtlichen Qualifikation von Investitionen in umweltschonende Technologien wie Photovoltaikanlagen). Beachten Sie aber bei einem allfälligen Verkauf, dass die Subventionen nicht zu den Anlagekosten gezählt werden dürfen. Nach welchem Massstab die Beiträge an Bauten, welche steuerlich als Neubau qualifiziert sind, als Minderung der Anlagekosten oder als steuerbares Einkommen anzusehen sind, ist nicht definiert bzw. es besteht keine gefestigte Rechtsprechung. Leider ergibt sich dadurch in diesem Bereich eine gewisse Rechtsunsicherheit. Es wäre wünschenswert, eine einheitliche Lösung für den Bund sowie sämtliche Kantone herbeizuführen und anzuwenden. Obwohl durch das Steuerharmonisierungsgesetz eine einheitliche steuerliche Würdigung angestrebt wird, gibt es nach wie vor bei der Beurteilung von Liegenschaftsunterhalt eine grosse kantonale Vielfalt von Praxisanwendungen. Für einen Steuerpflichtigen ist es deshalb schwierig, seine Deklaration u.a. in Bezug auf den Liegenschaftsunterhalt korrekt auszufüllen. Auch bei noch so sorgfältigem Studium der kantonalen Merkblätter besteht oftmals Spielraum für Diskussionen. Kommt dazu, dass die meisten Steuerpflichtigen keine Baufachexperten und deshalb trotz ausführlichen Merkblättern überfordert sind, den Liegenschaftsunterhalt korrekt aufzuteilen.

EMPFEHLUNG *Sofern die Abzugsfähigkeit unklar ist, sollte mit der entsprechenden Steuerbehörde vorgängig Kontakt aufgenommen werden. Grundsätzlich sind die Aufzählungen für Energiesparmassnahmen in den meisten Verordnungen, Merkblättern usw. nicht abschliessend. Durch eine vorgängige Besprechung können Unklarheiten beseitigt werden und es folgen keine unangenehmen Überraschungen. Dies bedingt eine vollständige Dokumentation und eine offene Beschreibung des Sachverhaltes. Von dieser Besprechung muss unbedingt eine schriftliche Zusammenfassung/Kurzprotokoll bzw. Bestätigung verlangt werden. Generell darf nicht vergessen werden, dass steuerbetragsmindernde Tatsachen vom Steuerpflichtigen mit den nötigen Unterlagen zu belegen sind.*

2.11. Abzugsfähige Verwaltungskosten

Verwaltungskosten sind Ausgaben, die mit der allgemeinen Verwaltung eines Grundstückes zusammenhängen. Aufwendungen hingegen, die dem Erwerb, der Veräusserung oder der Wertvermehrung des Grundstückes (bspw. im Zusammenhang mit Bauprojekten) dienen, stellen Anlagekosten dar und stehen nicht mit der periodischen Einkommenserzielung im Zusammenhang, weshalb sie auch nicht abziehbar sind.

Verwaltungskosten sind zum Abzug zugelassen. Allerdings sind diese in der Regel nur von kleiner Bedeutung. Darunter fallen alle Auslagen für Porto, Telefone, Inserate, Formulare, Betreibungen, Prozesse, Entschädigungen an den Liegenschaftsverwalter usw. Dabei sind nur die tatsächlichen Auslagen abzugsberechtigt. Für die eigene Arbeit des Hauseigentümers oder Nutzniessers kann kein Abzug vorgenommen werden.

2.12. Spezialitäten beim Stockwerkeigentum

Bevor wir uns mit den Gewinnungskosten bei Stockwerkeigentum befassen, sollten zuerst einmal einige Gedanken zum Begriff Stockwerkeigentum gemacht werden.

Heute verrät Janine Kummer ihrer Freundin Marion Heim, dass sie und ihr Partner sich zum Kauf einer Wohnung entschlossen hätten. Obwohl der Begriff Eigentumswohnung in diesem Zusammenhang häufig verwendet wird, handelt es sich dabei korrekt ausgedrückt um einen Stockwerkeigentumsanteil. Vom Grundsatz her haben die Freundin von Marion Heim und ihr Ehemann ebenfalls ein «kleines Reich» für sich. Dabei darf aber nicht vergessen werden, dass der Stockwerkeigentümer rechtlich nicht Alleineigentümer einer Liegenschaft ist. Der Boden und auch alle Gebäudeteile - einschliesslich der zum Sonderrecht zugewiesenen Räume - bleiben immer Miteigentum aller beteiligten Stockwerkeigentümer.

2.12.1. Einlagen in den Erneuerungsfonds und andere Unterhaltskosten

Bei Stockwerkeigentum sind Beiträge in den Erneuerungsfonds als Unterhaltskosten abziehbar, sofern reglementarisch und tatsächlich jede andere Verwendung als zur Deckung von abzugsfähigen Unterhaltskosten ausgeschlossen ist. Wenn später aus diesem Fonds Unterhaltsarbeiten bezahlt werden, kann dafür kein weiterer Abzug gefordert werden. Grundsätzlich können die mit einer eigenen Wohnung in Zusammenhang stehenden Unterhalts- und Verwaltungskosten abgezogen werden. Auch können die Beiträge an die gemeinsamen Kosten (bspw. laufender Unterhalt, Kosten der Verwaltungstätigkeit, Lift-, Service- sowie Wassergrundgebühren, etc.) in Abzug gebracht werden. Allerdings sind auch beim Stockwerkeigentum die eigentlichen Betriebskosten - insbesondere Heizung, Strom und individueller Wasserverbrauch - nicht abzugsberechtigt.

2.12.2. Besteuerung des Erneuerungsfonds

Das Bundesgericht schreibt das Fondsvermögen nicht der Gemeinschaft als Gesamtheit zu. Es verlangt, dass Mittel und Erträge des Erneuerungsfonds ausschliesslich durch die Stockwerkeigentümer oder Nutzniesser in der Steuererklärung zu deklarieren und an deren Hauptsteuerdomizil zu versteuern sind. Deshalb sollen Stockwerkeigentümer jeweils Ende Jahr von der Verwaltung eine anteilsmässige Bescheinigung über den Vermögensstand und die Erträge des Erneuerungsfonds erhalten.

Quelle: HEV Schweiz, Stockwerkeigentum, Monika Sommer.

Der anteilsmässige Bankbestand und der Ertrag daraus muss im Wertschriftenverzeichnis der Steuererklärung des entsprechenden Jahres deklariert werden. Der Zinsertrag ist unter der Rubrik «Werte ohne Verrechnungssteuer» zu deklarieren. Der Grund dafür liegt darin, dass nicht jeder Eigentümer einzeln die Verrechnungssteuer zurückfordern kann, dies muss namens der Gemeinschaft durch die Verwaltung erfolgen.

> **Merkblatt 2:** Merkblatt Rückerstattung der Verrechnungssteuer an Stockwerkeigentümergemeinschaften im Sinne von Artikel 712a ff. des Schweiz. Zivilgesetzbuches (ZGB)

2.13. Schuldzinsen und andere Finanzierungskosten

Die Familie Heim ist unsicher, wie viel der Schuldzinsen wirklich in Abzug gebracht werden können. Roger Heim hat sich in diesem Zusammenhang informiert und einiges gelesen. Seit dem 1. Januar 2001 gibt es tatsächlich eine Einschränkung für den Abzug der Schuldzinsen.

2.13.1. Beschränkung des Schuldzinsenabzuges

Abzugsfähig sind die Schuldzinsen im Umfang des steuerbaren Ertrages aus beweglichem und unbeweglichem Privatvermögen, zuzüglich eines Freibetrages von CHF 50 000.

Die Erträge aus beweglichem Vermögen bemessen sich brutto, d.h. im Umfang der gesamten steuerbaren Einkünfte, vor Abzug der darauf entfallenden Gewinnungskosten und Schuldzinsen. Vermögensverwaltungskosten und die weder rückforderbaren noch anrechenbaren ausländischen Quellensteuern kürzen den Umfang des maximal zulässigen Schuldzinsenabzuges daher nicht. Der Nachweis des Bruttoertrages obliegt der steuerpflichtigen Person.

Auch die Erträge aus unbeweglichem Vermögen bemessen sich brutto, d.h. im Umfang der gesamten steuerbaren Einkünfte, vor Abzug der darauf entfallenden Gewinnungskosten und Schuldzinsen. Liegenschaftsunterhaltskosten und diesen gleichgestellte Aufwendungen kürzen den Umfang des maximal zulässigen Schuldzinsenabzuges daher nicht. Im Mietzins enthaltene Zahlungen für Nebenkosten sind für die Berechnung des Bruttoertrages in Abzug zu bringen.

BEISPIEL Familie Conrad besitzt, neben ihrem selbstbewohnten Einfamilienhaus und der Ferienwohnung, noch ein Mehrfamilienhaus als Kapitalanlage. Der mögliche Schuldzinsenabzug berechnet sich wie folgt

Zinsertrag aus Bankkonten sowie Wertschriften		CHF 7 000
Eigenmietwert inkl. Ferienwohnung		CHF 28 000
Miertertrag Mehrfamilienhaus	CHF 120 000	
abzüglich Akontozahlungen für Nebenkosten	CHF 20 000	CHF 100 000
Gesetzliche Freigrenze		CHF 50 000
Theoretisch maximaler Schuldzinsabzug		CHF 185 000
abzüglich Hypothekarzins selbst bewohntes Wohneigentum		CHF 40 000
abzüglich Hypothekarzinsen Mehrfamilienhaus		CHF 55 000
abzüglich übrige private Schuldzinsen		CHF 20 000
Total Schuldzinsen		CHF 115 000
Steuerliche Schuldzinsenreserve		CHF 70 000

Selbst wenn in diesem Jahr eine grössere, steuerlich abzugsfähige Renovation von angenommenen CHF 180 000 am Mehrfamilienhaus ausgeführt worden wäre, hätte das keinen Einfluss auf die Abzugsfähigkeit der angefallenen Schuldzinsen. Die Berechnung würde genau gleich aussehen und die steuerliche Schuldzinsenreserve läge immer noch bei CHF 70 000.

2.13.2. Zeitpunkt des Schuldzinsenabzuges

Für den Abzug der Schuldzinsen ist deren Fälligkeit massgebend und nicht das Zahlungsdatum. Dies im Unterschied zu den Liegenschaftsunterhaltskosten, wo die Regelung in den Kantonen sehr unterschiedlich sind (siehe Ausführungen Ziffer 2.6.10).

2.13.3. Andere Finanzierungskosten

Sofern eine Festzinshypothek vor Ablauf der vereinbarten Vertragsdauer aufgelöst wird, fallen Kosten bzw. eine sogenannte Vorfälligkeitsentschädigung (Ablösekommission, Penalty, Reuegeld) an. Insbesondere beim nicht geregelten Ausstieg aus dem Festhypothekenvertrag muss der Schuldner mit einer höheren Leistung rechnen.

Viele Kantone folgen der strengen steuerrechtlichen Betrachtung, wonach Vorfälligkeitsentschädigungen keine abzugsfähigen Schuldzinsen darstellen. Vielmehr handle es sich dabei um eine Konventionalstrafe oder um Schadenersatz für die Nichterfüllung oder nicht richtige Erfüllung eines Vertrages (Kommentar zum DBG, I. Teil, Art. 33 N 3).

Bei einer rein wirtschaftlichen Betrachtungsweise stellen Vorfälligkeitsentschädigungen jedoch mindestens teilweise Schuldzinsvorauszahlungen dar.

2.14. Baukreditzinsen

Die Bauherrschaft benötigt während der Bau- oder Umbauzeit eines Hauses einen Baukredit. Nach Bauvollendung bzw. mit Beginn der Nutzung im vorgesehenen Sinne werden Kapital und Zinsen konsolidiert und in der Regel durch eine Hypothek abgelöst. Baukredite, die zur Finanzierung von Neu- oder Umbauten aufgenommen werden, dienen im Gegensatz zu den Hypothekardarlehen, nicht der Erhaltung, sondern der Schaffung bzw. Verbesserung einer Einkommensquelle. Baukreditzinsen stellen auf Grund ihres technischen, wirtschaftlichen und zeitlichen Zusammenhangs mit dem Bauprojekt Investitionskosten dar. Sie sind somit beim Bund nicht abzugsfähig. In den Kantonen gibt es verschiedene Regelungen.

Wirtschaftlich gesehen ist es für den Steuerpflichtigen im Normalfall günstiger, die Baukreditzinsen als Schuldzinsen abzuziehen und nicht als Anlagekosten bei einer späteren Berechnung der Grundstückgewinnsteuer geltend zu machen.

Wenn die Baukreditzinsen in einem Kanton nicht als Schuldzinsen abgezogen werden können, müsste der Baukredit möglichst rasch nach Fertigstellung des Bauwerkes oder

der Renovation konsolidiert werden. Dies ist in der Regel erst möglich, wenn die zumindest provisorische Schlussabrechnung vorliegt und das Objekt elementar versichert ist. Es gibt Kantone, welche - ohne Rücksicht auf den Zeitpunkt der Konsolidierung - darauf abstellen, ab wann ein Mietertrag erzielt oder die Liegenschaft selbst genutzt wird.

Wahlrecht

BE, BL, SZ (aber nur für Liegenschaften im Privatvermögen)

Nicht abzugsfähige Anlagekosten

Bund, BS, FR, GE, GL, GR, JU, LU, NE, NW, UR und VD

- gleich, aber nur für Liegenschaften des Geschäftsvermögens: ZH und SZ
- gleich, aber nur bis zur Bezugsbereitschaft der Liegenschaft: AI, OW, SG, SH, SO, TG und TI.

Abzugsfähige Schuldzinsen

AG, AR, VS (ZH, ZG nur für Privatliegenschaften)

3. Steuerfolgen beim Verkauf einer Liegenschaft

3.1. Grundsätzliches

Falls eine privat gehaltene Liegenschaft in der Schweiz verkauft und ein Gewinn erzielt wird, kommt am Ort der gelegenen Sache die sogenannte Grundstückgewinnsteuer als Sondersteuer zur Anwendung. Das Bundesgesetz über die Harmonisierung der direkten Steuern der Kantone und Gemeinden (StHG) schreibt vor, dass die Kantone oder Gemeinden Gewinne aus der Veräusserung des Privatvermögens mit einer Grundstückgewinnsteuer belegen müssen. Die Höhe der Grundstückgewinnsteuer ist abhängig vom Gewinn sowie von der Besitzesdauer. Der Bund erhebt keine Sondersteuer auf Grundstückgewinnen. Das Steuerharmonisierungsgesetz bringt hinsichtlich des Besteuerungsmodells keine Vereinheitlichung in die kantonale Steuerlandschaft. So wird in den Kantonen zwischen zwei Modellen unterschieden. Es gibt das monistische System (oder Zürcher System), bei welchem sämtliche Grundstückgewinne mit einer Sondersteuer abgeschöpft werden. Demgegenüber knüpft das dualistische System (St. Galler System) daran an, ob das veräusserte Grundstück im Privatvermögen oder im Geschäftsvermögen gehalten worden ist. Grundstückgewinne des Geschäftsvermögens werden mit der ordentlichen Einkommenssteuer (bei natürlichen Personen) bzw.

der Gewinnsteuer (bei juristischen Personen) belastet. Die Grundstückgewinne des Privatvermögens werden mit einer Sondersteuer (Grundstückgewinnsteuer) erfasst.

Eine Veräusserung ist jedes Rechtsgeschäft oder jede auf öffentlichrechtliche Bestimmungen beruhende Verfügung, durch welche Eigentum an Grundstücken oder die wirtschaftliche Verfügungsgewalt über ein Grundstück auf jemanden anders übertragen wird. Der Veräusserungsbegriff umfasst damit einerseits sämtliche Eigentumsübertragungen von Grundstücken (sogenannte zivilrechtliche Veräusserungen) wie auch die vom Steuerrecht geschaffenen Veräusserungstatbestände (steuerliche Veräusserungen). Steuerpflichtig ist immer der Veräusserer des Grundstücks.

Roger Heim hat sich auch mit der Frage befasst, was denn überhaupt unter den Begriff des Grundstückes fällt. Hier ist die Antwort einheitlich: «sämtliche kantonalen Steuergesetze richten sich nach der Definition im Schweizerischen Zivilgesetzbuch». Das Schweizerische Zivilgesetzbuch hält unter Artikel 655 Abs. 2 und 3 ZGB fest:

„[2] Grundstücke im Sinne dieses Gesetzes sind:

    1. die Liegenschaften;

    2. die in das Grundbuch aufgenommenen selbständigen und dauernden Rechte;

    3. die Bergwerke;

    4. die Miteigentumsanteile an Grundstücken.

[3] Als selbstständiges und dauerndes Recht kann eine Dienstbarkeit an einem Grundstück in das Grundbuch aufgenommen werden, wenn sie:

    1. weder zugunsten eines berechtigten Grundstücks noch ausschliesslich zugunsten einer bestimmten Person errichtet ist; und

    2. auf wenigstens 30 Jahre oder auf unbestimmte Zeit begründet ist."

Die Grundstückgewinnsteuer zeichnet sich aus durch:

- Hohe Belastung durch kurzfristig erzielte Grundstückgewinne: Die Kantone erheben auf kurzfristig erzielten Grundstückgewinnen eine höhere Steuer (je kürzer die Besitzesdauer, desto höher der Steuersatz), um insbesondere Spekulationsgewinne stärker zu belasten.

- Ermässigung bei längerer Besitzesdauer: Auf Grundstückgewinnen, die nach längerer Besitzesdauer erzielt werden, sehen die Kantone eine Ermässigung der Grundstückgewinnsteuer vor (je länger die Besitzesdauer, desto niedriger die Steuer).

Es stellt sich generell die Frage, warum Grundstückgewinne im Privatvermögen besteuert werden. Veräusserungsgewinne auf beweglichen Gegenständen des Privatvermögens (wie bspw. Wertschriften, Kunstgemälde, etc.) bleiben hingegen unbesteuert. Nur Veräusserungsgewinne auf Grundstücken werden einer separaten Steuer unterworfen. Im Steuerharmonisierungsgesetz wird nämlich ausdrücklich die Grundstückgewinnsteuer in Art. 12 StHG festgehalten. Es handelt sich dabei um eine Sondersteuer, genauer um eine Spezialeinkommenssteuer für eine bestimmte Form von Einkommen bzw. um eine Objektsteuer für eine einzige Kategorie von Einkommen. Hier stellt sich die Frage, ob es sachlich gerechtfertigt ist, eine spezielle Kategorie von Einkommen zu besteuern bzw. eine Differenzierung zwischen unbeweglichen und beweglichen Veräusserungsgewinnen zu machen.

3.2. Grundzüge der Grundstückgewinnsteuer

Die Grundstückgewinnsteuer wird nur subsidiär erhoben. Soweit Gewinne mit der Gewinnsteuer oder der Einkommenssteuer erfasst werden, fallen diese nicht unter die Grundstückgewinnsteuer. In allen anderen Fällen unterliegen die bei einer Veräusserung von Grundstücken erzielten Wertzuwachsgewinne der Grundstückgewinnsteuer. Steuerobjekt der Grundstückgewinnsteuer ist der durch Veräusserung erzielte Gewinn. Da dieser gleichzeitig die Berechnungsgrundlage für die Steuer darstellt, gilt die Grundstückgewinnsteuer als direkte Steuer auf einem Teil des Einkommens. Die Grundstückgewinnsteuer wird deshalb auch als Spezialeinkommenssteuer bezeichnet.

Bei der Grundstückgewinnsteuer gilt der Betrag als steuerbarer Grundstückgewinn, um den der Verkaufspreis die Anlagekosten (seinerzeitiger Erwerbspreis oder Ersatzwert zuzüglich wertvermehrende Aufwendungen) übersteigt.

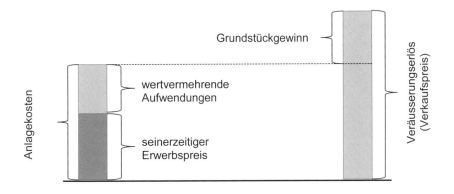

Die Besteuerung der Grundstückgewinne ist kantonal unterschiedlich. Viele Kantone kennen Ermässigungen für eine längere Besitzesdauer oder aber auch Zuschläge für kurze Besitzesdauer (meistens unter 5 Jahren). Um Verkäufer einer Altliegenschaft nicht allzu stark mit Steuern zu belasten, bestehen ebenfalls Sonderregelungen. Im Wesentlichen besagen diese, dass der Verkehrs- oder Steuerwert eingesetzt werden kann, welcher zu einem bestimmten Zeitpunkt gegolten hat. Beispielsweise bei einem Haus, welches vor über 20 Jahren erworben wurde, gilt in den Kantonen AI, AR, BL, TG, TI und ZH der Verkehrswert der Liegenschaft vor 20 Jahren als Berechnungsgrundlage. Dies ist auch dann der Fall, wenn der Verkäufer das Haus viel früher gekauft hat. Der Grund, dass der Steuerpflichtige diesen geschätzten Verkehrswert als Ersatzwert anstelle des effektiven Erwerbspreises zur Anrechnung bringen kann, liegt darin, dass es nach einer Dauer von mehr als 20 Jahren oft schwierig ist, den tatsächlichen seinerzeit bezahlten Erwerbspreis festzustellen. Unter Umständen können beim Verkauf einer Liegenschaft, wenn er beispielsweise ein Jahr später erfolgt, erheblich Steuern gespart werden. Andere Kantone stützen sich auf entsprechende Werte vor 10, 15, 20, 25 oder 30 Jahren. Im Kanton Aargau können die Anlagekosten nach einer bestimmten Besitzesdauer, nach Jahren abgestuft, pauschaliert werden. Liegt im Kanton St. Gallen der massgebende Erwerb mehr als 50 Jahre zurück, kann anstelle der tatsächlichen Kosten der amtliche Verkehrswert (bei land- und forstwirtschaftlichen Grundstücken der Ertragswert) vor 50 Jahren als Anlagekosten geltend gemacht werden. Die Kantone können selber bestimmen, welche Auslagen unter dem Titel «Aufwendungen» angerechnet werden. Ebenso welche Kosten als mit dem An- und Verkauf der Liegenschaft zusammenhängend akzeptiert werden. Einzelne Kantone rechnen sämtliche mit dem Erwerb oder der Veräusserung des Grundstücks untrennbar verbundenen Auslagen als «Aufwendungen» an. Andere Kantone sind sehr restriktiv. Sofern kein Kaufpreis festgelegt wurde, ist der amtliche Verkehrswert zum Zeitpunkt der Veräusserung massgebend. Ein vertraglich festgelegter Kaufpreis fehlt namentlich bei Schenkung und Tausch.

> **Verkaufserlös (ohne Zugehör[8])**
>
> abzüglich
>
> **Anlagekosten, bestehend aus**
>
> - Erwerbspreis
> - mit dem Kauf verbundene Aufwendungen (bspw. Notariatsgebühren Vermittlungsgebühren, etc.)
> - Erschliessungskosten
>
> Wertvermehrende Aufwendungen (bspw. Baukosten für die Erweiterung oder Verbesserung einer Liegenschaft, Kosten für die rechtliche Verbesserung des Grundstückes [bspw. Dienstbarkeitserrichtungen], Grundeigentümerbeiträge an die Kosten staatlicher Infrastrukturen [bspw. Perimeterbeiträge für den Strassenbau], Verkaufsnebenkosten und Maklerprovisionen)
>
> **Gewinnungskosten, bestehend aus**
>
> - evtl. Handänderungskosten
> - Gebühren für öffentliche Beurkundungen
> - Bewilligungs- und Anwaltskosten
> - Verkaufskosten (bspw. Inserate, Prospekte)
>
> Es können auch weitere Kosten bei der Veräusserung entstehen. Bspw. die Übernahme der Grundstückgewinnsteuer durch den Erwerber. Normalerweise erfolgt aber eine Aufrechnung dieser Leistung durch die Kantonale Steuerverwaltung.

Für die Erhebung der Grundstückgewinnsteuer müssen drei Voraussetzungen erfüllt sein, nämlich

1. muss ein Gewinn vorliegen,

2. muss es sich um ein Grundstück handeln und

3. muss eine Handänderung stattfinden.

---

[8] Zugehör dürfte wohl in fast allen Kantonen ausdrücklich von der Grundstückgewinnsteuerpflicht ausgenommen sein. Rein sachenrechtlich betrachtet, ist Zugehör eine selbständige, bewegliche Sache. Bspw. haben eine Waschmaschine, Kochherde, Kühlschränke, etc. Bestandteilseigenschaft. Nur gewillkürtes Zugehör wie bspw. landwirtschaftliche Maschinen oder Geräte, Geschäftsmobiliar von Gasthäusern, Hotels und Gewerbebetrieben gelten in der Praxis der meisten Kantone steuerrechtlich als Zugehör.

Damit die abzugsfähigen Anlagekosten ermittelt werden können, haben die meisten Kantone detaillierte Merkblätter herausgegeben. Es empfiehlt sich, unbedingt sämtliche anfallenden Kosten für eine Liegenschaft (Rechnungen, Zahlungsbelege, Baubeschriebe, etc.) sorgfältig abzulegen und aufzubewahren.

Immer wieder taucht die Frage nach der Höhe von Maklerprovisionen auf, so auch bei den Heims. Zuerst versuchten sie, die Liegenschaft selber zu verkaufen. Dies, obwohl sie von verschiedenen Seiten darauf hingewiesen wurden, dass dieses Vorgehen wenig Aussicht auf Erfolg habe und sie ausserdem mit unzähligen Ratschlägen und Tipps eingedeckt wurden.

FRAGEN WELCHE FAMILIE HEIM SICH STELLEN SOLLTE:
• Ist die Lage der Liegenschaft optimal und in welchen Umfang beeinflusst sie den Veräusserungspreis?
• Wurde der Verkaufspreis richtig ermittelt? Oder muss er allenfalls reduziert werden?
• Ist der jetzige Zeitpunkt ideal für einen Immobilienverkauf?
• Hätten allenfalls noch bestimmte Liegenschaftsaufwendungen getätigt werden müssen?
• Können Liegenschaftunterhaltskosten, welche nicht gemacht worden sind, den Kaufpreises beeinflussen?

Nachdem das Grundstück nicht eigenhändig verkauft werden kann, entschieden sich die Heims, einen Makler damit zu beauftragen. Bei der Geltendmachung seiner Kosten, im Rahmen der Grundstückgewinnsteuerveranlagung, wurde nicht der ganze Betrag akzeptiert. Normalerweise wird im Kanton Zürich eine Provision von 2 %, bei schwer verkäuflichen Objekten eine solche von bis zu 3 % steuerlich akzeptiert.

Grundstückgewinnsteuertarif Kanton Zürich

Steuertarif	Grundstückgewinn	Steuer
%	CHF	CHF
10% für die ersten	4 000	400.00
15% für die weiteren	6 000	900.00
20% für die weiteren	8 000	1 600.00
25% für die weiteren	12 000	3 000.00
30% für die weiteren	20 000	6 000.00
35% für die weiteren	50 000	17 500.00
40% für die Gewinnanteile über	100 000	40 000.00

Spekulationszuschlage Kanton Zürich

Besitzesdauer	Besitzesdauerabzug
weniger als	%
1 volle Jahre	50%
2 volle Jahre	25%
3 volle Jahre	0%

Besitzesdauerabzug Kanton Zürich

Besitzesdauer	Besitzesdauerabzug
volle Jahre	%
0 volle Jahre	0%
1 volle Jahre	0%
2 volle Jahre	0%
3 volle Jahre	0%
4 volle Jahre	0%
5 volle Jahre	5%
6 volle Jahre	8%
7 volle Jahre	11%
8 volle Jahre	14%
9 volle Jahre	17%
10 volle Jahre	20%
11 volle Jahre	23%
12 volle Jahre	26%
13 volle Jahre	29%
14 volle Jahre	32%
15 volle Jahre	35%
16 volle Jahre	38%
17 volle Jahre	41%
18 volle Jahre	44%
19 volle Jahre	47%
20 volle Jahre und mehr	50%

Zahlenbeispiel für die Berechnung der Grundstückgewinnsteuer

Bemessungsgrundlage Beispiel 1

Verkauf der Liegenschaft 2014	CHF	1 400 000
Erwerb der Liegenschaft 1998	CHF	900 000
Diverse Kosten bei Kauf und Verkauf	CHF	5 000
Grundstückgewinn	CHF	495 000
Grundstückgewinnsteuer	CHF	116 188

Im zweiten Beispiel sind in den Jahren 1998 bis 2014 wertvermehrende Kosten über CHF 200 000 angefallen.

Bemessungsgrundlage Beispiel 2

Verkauf der Liegenschaft 2014	CHF	1 400 000
Erwerb der Liegenschaft 1998	CHF	900 000
Anlagekosten 1998 bis 2014	CHF	200 000
Diverse Kosten bei Kauf und Verkauf	CHF	5 000
Grundstückgewinn:	CHF	295 000
Grundstückgewinnsteuer:	CHF	66 588

Gleiche Zahlen wie Beispiel 1 aber der Erwerb der Liegenschaft fand vor 23 Jahren statt. Jetzt besteht die Möglichkeit anstelle des Erwerbspreises den Verkehrswert, der für das Grundstück vor 20 Jahren galt, einzusetzen. Der Verkehrswert vor 20 Jahren kann bei der zuständigen Steuerbehörde erfragt werden. Häufig verlangt die Steuerbehörde einen Vertragsentwurf, bevor sie diesen Wert berechnen bzw. dem Steuerpflichtigen eröffnen. Die Steuerbehörde teilt uns mit, dass der Verkehrswert vor 20 Jahren CHF 1 050 000 betrug.

Bemessungsgrundlage Beispiel 3

Verkauf der Liegenschaft 2014	CHF	1 400 000
Verkehrswert vor 20 Jahren	CHF	1 050 000
Diverse Kosten bei Verkauf	CHF	5 000
Grundstückgewinn:	CHF	345 000
Grundstückgewinnsteuer:	CHF	63 700

Belege, die unbedingt über die ganze Zeit des Liegenschaftenbesitzes aufbewahrt werden müssen:

- Kauf- und Verkaufsvertrag
- Abrechnungen Handänderungssteuer, Grundbuchgebühr, Makler
- Rechnungen für Projektierung, Architekt etc.
- Eigentümerbeiträge für Erschliessungen, Perimeterbeiträge, Quartierpläne
- Baukostenabrechnungen, Handwerkerrechnungen
- Rechnung für Richtfest
- Rechnungen für Investitionen
- Rechnungen für Begründung von Stockwerkeigentum
- Inseratekosten für Verkauf

3.2.1. Allgemeines zum monistischen und dualistischen System

Auf Grundstücken werden Zuwachsgewinne nach den Steuerordnungen sämtlicher Kantone besteuert. Allerdings erfolgt diese in den einzelnen Kantonen sehr unterschiedlich, obwohl durch das Steuerharmonisierungsgesetz eine einheitliche Besteuerung angestrebt wird, ändert dies nichts. Dieses Gesetz stellt es den Kantonen nämlich frei, ob sie die Grundstückgewinne mit dem sog. dualistischen (St. Galler-System) oder dem monistischen (Zürcher-System) besteuern wollen. Einheitlich gilt für sämtliche Kantone, dass Handänderungen an Grundstücken des Privatvermögens mit einer als Spezialsteuer ausgestalteten Grundstückgewinnsteuer erfasst werden.

3.2.2. Monistisches System

Beim monistischen System unterliegen neben den Gewinnen aus der Veräusserung von Privatvermögen auch die Wertzuwachsgewinne auf Geschäftsliegenschaften der Grundstückgewinnsteuer. Einzig ausgenommen von dieser einheitlichen Besteuerung ist in monistischen Kantonen regelmässig der Buchgewinn. Dieses unterliegt dabei systemkonform i.d.R. der Einkommens- bzw. Gewinnbesteuerung.

3.2.3. Dualistisches System

Beim dualistischen System unterliegen nur die Gewinne auf Grundstücke im Privatvermögen der Grundstückgewinnsteuer und die Gewinne auf Grundstücke im Geschäftsvermögen der Einkommens- bzw. Gewinnsteuer (Einheit des Unternehmensgewinns).

Kantone, welche das dualistische System anwenden, nehmen eine Harmonisierung an das Besteuerungssystem der direkten Bundessteuer vor. Auch wird durch das dualistische System eine Besteuerung nach der wirtschaftlichen Leistungsfähigkeit sichergestellt.

Es ist davon auszugehen, dass der Gesetzgebungstrend in den nächsten Jahren Richtung dualistisches System gehen wird.

Es wäre nämlich äusserst sinnvoll, eine Vereinheitlichung und eine auch aus Sicht der Verfahrensökonomie zu begrüssende Harmonisierung, mit der Handhabung wie bei der direkten Bundessteuer, anzustreben. Im Zusammenhang mit dem am 1. Januar 2014 erfolgten Systemwechsel im Kanton Thurgau, vom monistischen zum dualistischen System, wurden in einem erläuternden Bericht zur Änderung des Gesetzes über die Staats- und Gemeindesteuern die Vorzüge und Nachteile des dualistischen Systems festgehalten. Unter anderem:

- Mit dem dualistischen System wird eine (weitere) Harmonisierung an das Besteuerungssystem der direkten Bundessteuer vorgenommen, was vor allem den Vollzugsaufwand reduziert.
- Die Mehrheit der Kantone kennt bereits das dualistische System
- Insgesamt dürfte der Gesetzgebungstrend in den nächsten Jahren Richtung dualistisches System gehen, sodass eine frühzeitige Weichenstellung einen allfälligen Anpassungsdruck vermeidet.
- Als einziger Nachteil wird in diesem erläuternden Bericht aufgeführt, dass im dualistischen System die Überführung einer Liegenschaft vom Privatvermögen ins Geschäftsvermögen sowie die Überführung vom Geschäftsvermögen ins Privatvermögen anzuführen sei. In diesen Fällen tritt ein steuersystematischer Realisationstatbestand ein, was zur Abrechnung des aufgelaufenen Wertzuwachsgewinnes (Grundstückgewinnsteuer bzw. Einkommenssteuer) führt.

3.3. Bevorzugte Handänderungen

Eine steueraufschiebende Veräusserung liegt u.a. bei Eigentumswechsel durch Erbgang (Erbfolge, Erbteilung, Vermächtnis), Erbvorbezug und Schenkung vor. Ebenfalls bevorzugt behandelt werden Handänderungen bei der Übertragung von Grundstücken des Privatvermögens zur Abgeltung güter- und scheidungsrechtlicher sowie erbrechtlicher Ansprüche, dies bei einer Scheidung oder einer Erbteilung. Bei einer Ersatzbeschaffung für das ständig selbst genutzte Eigenheim innert angemessener Frist ist ebenfalls ein Steueraufschub möglich. Weiter können Planungsmehrwerte (sofern das kantonale Steuerrecht den Steueraufschub vorsieht) bspw. infolge von Umzonung, Landumlegung, Quartierplanung oder Grenzbereinigung darunter fallen.

Steueraufschiebende Veräusserungen lösen keine Grundstückgewinnsteuer aus. Dies gilt auch dann, wenn der Verkäufer einen Grundstückgewinn realisiert. Die Besteuerung wird jedoch nicht aufgehoben, sondern nur aufgeschoben. Es handelt sich nicht um eine Steuerbefreiung. Der Erwerber wird gleich behandelt, wie wenn er das Grundstück schon vor der steueraufschiebenden Veräusserung besessen hätte. Er kann sich daher die Besitzdauer und die Anlagekosten des Vorgängers anrechnen lassen.

Aus steuerplanerischer Sicht ist zu beachten, dass bei derartigen unentgeltlichen Handänderungen eine latente Steuerlast auf die erwerbende Person übergehen könnte. Dies aus der Differenz zu der geleisteten (zulässigen) Entschädigung der erwerbenden Person und den Anlagekosten des Rechtsvorgängers. Diese unterliegen je nach Kanton dem Steuerwert oder einem anderen Ersatzwert des Grundstücks im Zeitpunkt des Erbvorbezugs. Durch die dargestellten unentgeltlichen Handänderungen wird immerhin die Besitzdauer nicht unterbrochen, womit der Käuferschaft zumindest die Besitzdauer ihres Rechtsvorgängers verbleibt.

Wenn beim letzten Eigentumswechsel die Steuer aufgeschoben worden ist, wird auf die letzte steuerbegründende Veräusserung abgestellt. In diesem Fall wird der Erwerber gleich gestellt, wie wenn er das Grundstück schon vor der steueraufschiebenden Veräusserung besessen hätte. Die ist namentlich beim Besitzdauerrabatt von Bedeutung.

3.4. Einreichung der Steuererklärung für Grundstückgewinne

Für die Deklaration des Grundstückgewinns muss fristgerecht eine Steuererklärung eingereicht werden. Wenn die Zeit zu knapp ist, um sämtliche Belege zu beschaffen, besteht die Möglichkeit eines gut begründeten Fristverlängerungsgesuchs. Dieses muss unbedingt rechtzeitig vor Ablauf der Frist eingereicht werden. Es ist wichtig, den zu entrichtenden Steuerbetrag bei entsprechender Fälligkeit zu bezahlen. Dies gilt auch bei einer Fristverlängerung. Unter Umständen kann der zu bezahlende Betrag auch geschätzt werden. Für zu spät geleistete Zahlungen ist nämlich ein Verzugszins geschuldet.

3.5. Ersatzbeschaffung

Aufgrund ihres Alters haben sich die Eheleute Heim entschieden, eine Attikawohnung zu erwerben. Die bisher selbst bewohnte Liegenschaft beabsichtigen sie zu verkaufen. Damit die Heims in den Genuss des Aufschubtatbestandes der Ersatzbeschaffung kommen, muss die Wohngemeinde beim Verkauf der «Altimmobilie» schriftlich über die geplante Ersatzbeschaffung informiert werden (Beantragung durch Veräusserer). Trotzdem wird eine Grundstückgewinnsteuer veranlagt, wobei diese aufgeschoben wird (Pflicht der Steuerbehörden der verbindlichen Festlegung des infolge Ersatzbeschaffung aufgeschobenen Grundstückgewinnes). Eine Grundstückgewinnsteuer wird bei vollständiger oder teilweiser Veräusserung einer durch die Steuerpflichtigen dauernd und ausschliesslich selbstgenutzten Wohnliegenschaft (Einfamilienhaus oder Eigentumswohnung) aufgeschoben. Für eine Zweitwohnung wie bspw. eine Ferienwohnung ist keine Ersatzbeschaffung möglich. Weiter muss der Erlös innert angemessener Frist zum Erwerb oder Bau einer gleichgenutzten Ersatzliegenschaft aufgewendet werden.

BEISPIEL

Ursprüngliches Grundstück

Erlös (Veräusserungsobjekt) im Jahr 2013:	CHF 1 200 000
Anlagekosten (Veräusserungsobjekt: Erwerbspreis im Jahr 2004 zuzüglich wertvermehrende Aufwendungen):	- CHF 800 000
Rohgewinn	CHF 400 000

Ersatzgrundstück

Variante A: Erwerbspreis im Jahr 2013	CHF 1 400 000

Der Veräusserungserlös wird vollumfänglich in das Ersatzgrundstück investiert und damit ist die Steuer vollständig aufgeschoben.

Variante B: Erwerbspreis im Jahr 2013	CHF 1 100 000
abzüglich Anlagekosten (Veräusserungsobjekt)	- CHF 800 000
Steueraufschub	CHF 300 000

> Durch die Reininvestition von CHF 1 100 000 liegt nur ein teilweiser Steueraufschub vor. Der Erlös von CHF 1 200 000 übersteigt mit CHF 100 000 die Reininvestition. Das bedeutet, dass nur im Umfang der Reininvestition (CHF 1 100 000) ein Steueraufschub vorliegt. Die fehlende Reininvestition von CHF 100 000 wird besteuert.
>
> Variante C: Erwerbspreis im Jahr 2013   CHF 750 000
>
> Bei der Variante C übersteigt die Reininvestition von CHF 750 000 die Anlagekosten des Veräusserungsobjektes (CHF 800 000) nicht. Damit liegt kein Steueraufschubstatbestand vor. Der gesamte Rohgewinn von CHF 400 000 im Zusammenhang mit der Veräusserung gelangt zur Besteuerung.

Wichtig ist die Erkenntnis, dass der Steueraufschub nur für denjenigen Teil des Gewinns gewährt werden darf, der zusätzlich zur Wiederanlage der gesamten Anlagekosten der veräusserten Liegenschaft in den Erwerb des Ersatzobjektes investiert wird (Abschöpfungsmethode). Ein Steueraufschub für den vollständigen Grundstückgewinn setzt mithin die Reininvestition (BGE 130 II 202) des gesamten Verkaufserlöses voraus. Das heisst, der nicht wieder investierte Erlös gelangt - und zwar mit sofortiger Wirkung - zur Besteuerung.

Der Steuerpflichtige hat ein Anrecht darauf, dass der beim Verkauf von Wohneigentum erzielte Gewinn verbindlich festgelegt wird (BGE vom 20. September 2011 2C_480/2010). Die massgebliche Besitzesdauer muss ebenfalls festgehalten werden. Der aufgeschobene Grundstückgewinn und auch die massgebende Besitzesdauer sind durch eine anfechtbare Verfügung verbindlich festzusetzen. Mit einer solchen Verfügung wird dem Steuerpflichtigen die Möglichkeit geboten, die Berechnung und die Besitzesdauer mit den ihm zur Verfügung stehenden Rechtsmitteln anzufechten. Insbesondere ist es auch viel leichter, im Zeitpunkt der Ersatzbeschaffung den aufgeschobenen Gewinn zu bestimmen.

Eine Ersatzbeschaffung ist in der ganzen Schweiz möglich. Falls die Ersatzliegenschaft im Ausland liegt, ist der Steueraufschub ausgeschlossen.

Die Eheleute Heim befürchten, dass es eventuell länger dauern könnte, bis die Erstliegenschaft verkauft werden kann und deshalb keine steuerliche Ersatzbeschaffung mehr möglich wäre. Dem ist nicht unbedingt so, denn Voraussetzung dafür ist, dass zwischen Erwerb und Verkauf ein enger Zusammenhang besteht. Der Steuerpflichtige muss nachweisen können, dass der Kauf oder die Erstellung der Ersatzliegenschaft im

Hinblick auf die Veräusserung der Erstliegenschaft erfolgt. Die Fristen für eine Ersatzbeschaffung sind in den einzelnen Kantonen sehr unterschiedlich. Denn die Kantone sind befugt, die «angemessene» Frist für die nachträgliche oder vorweggenommene Ersatzbeschaffung festzulegen.

Im Kanton Zürich beispielsweise und auch in vielen anderen Kantonen wird eine Frist von zwei Jahren als angemessen angesehen. Unter Umständen ist aber auch eine längere Frist möglich. Bei Vorausbeschaffungen wird diese Frist eher restriktiver gehandhabt.

3.6. Kaskadenersatzbeschaffung

Durch Zufall hat sich Bekannten (Familie Neuhaus) der Familie Heim vor vier Jahren die Gelegenheit geboten, ein Einfamilienhaus günstig zu erwerben. Dafür wurde ihnen ein Aufschub der Grundstückgewinnsteuer infolge Ersatzbeschaffung von selbstgenutztem Wohneigentum gewährt. Vor einem Jahr konnte dann Familie Neuhaus in unmittelbarer Nähe zum Arbeitsplatz des Ehemannes nochmals ein Einfamilienhaus erwerben; und erst noch mit einem grösseren, eingezäunten Garten, ideal für die Kinder zum Spielen. Beim Erhalt der Grundstückgewinnsteuerveranlagung staunten sie allerdings nicht schlecht, als ihnen der Steueraufschub für den Verkauf der Erstliegenschaft verweigert wird. Wie erwähnt (Ziffer 3.5), müsste in einem solchen Fall doch ein Steueraufschub möglich sein.

Werden Liegenschaften innerhalb von fünf Jahren nach einer Ersatzbeschaffung verkauft, besteht in vielen Kantonen eine gesetzliche Regelung für eine Nachbesteuerung. Diese lautet ungefähr wie folgt: «Wird ein ausserkantonales Ersatzgrundstück, dessen Erwerb zu einem Steueraufschub geführt hat, innert fünf Jahren ohne erneute Ersatzbeschaffung veräussert, so wird der aufgeschobene Gewinn in der Wegzugsgemeinde (Kanton, in welchem die dannzumal verkaufte Liegenschaft gelegen hat) nachträglich besteuert.»

BEISPIEL aus dem Zürcher Steuerbuch «Ersatzbeschaffung des Eigenheims Aufschub der Grundstückgewinnsteuer Nr. 37/461»:

Vorerst wird das Grundstück verkauft und der Veräusserungserlös wird nur teilweise in das Ersatzobjekt reininvestiert.

ursprüngliches Grundstück

Veräusserungserlös im Jahr 2012	CHF 1'500'000
Anlagekosten (Erwerbspreis im Jahre 2002 zuzüglich wertvermehrende Aufwendungen):	CHF 1'000'000

Ersatzgrundstück

Erwerbspreis im Jahre 2012:	CHF 1'320'000

Lösung:

realisierter Grundstückgewinn: CHF 1'500'000 ./. CHF 1'320'000 =	CHF 180'000
Steuer:	CHF 61'400
Ermässigung bei 10 Jahren Besitzesdauer:	20 %
geschuldeter Steuerbetrag:	CHF 49'120
Steueraufschub: CHF 1'320'000 ./. CHF 1'000'000 =	CHF 320'000

Wird ein ausserkantonales Ersatzgrundstück innert fünf Jahren seit der Handänderung am ursprünglichen Grundstück veräussert und der Erlös nur teilweise in ein Ersatzgrundstück reinvestiert, kommt die Wegzugsgemeinde auf ihren Entscheid über den Steueraufschub zurück und veranlagt im Nachsteuerverfahren die Grundstückgewinnsteuer für denjenigen Anteil des ursprünglichen Grundstückgewinns, der nicht weiter in einem Ersatzgrundstück gebunden ist, sofern dieser Anteil grösser ist als der bereits besteuerte Grundstückgewinn.

ursprüngliches Grundstück

Veräusserungserlös im Jahre 2012	CHF 1'500'000
Anlagekosten (Erwerbspreis im Jahre 2002 zuzüglich wertvermehrende Aufwendungen):	CHF 1'000'000

Ersatzgrundstück

Erwerbspreis im Jahre 2012	CHF 1'320'000

> Annahme: Das Ersatzgrundstück wird im Jahre 2015 für CHF 1'430'000 veräussert. Vom Veräusserungserlös werden CHF 1'100'000 in ein zweites Ersatzgrundstück reinvestiert.
>
> **Lösung:**
>
> Die Gemeinde am Lageort des ursprünglichen Grundstücks veranlagt die Grundstückgewinnsteuer im Nachsteuerverfahren:
>
> Steuerbarer Grundstückgewinn: CHF 1'500'000 ./. CHF 1'100'000 = CHF 400 000
>
> Steuer   CHF 149'400
>
> Ermässigung bei 10 Jahren Besitzesdauer (2002 bis 2012):   20 %
>
> Steuerbetrag: CHF 119'520
>
> Abzüglich Akontozahlung: CHF 49 120
>
> restlicher Steuerbetrag: CHF 70 400
>
> Zuzüglich Zins (ab dem 91. Tag nach der Handänderung des ursprünglichen Grundstücks)
>
> Der auf dem ausserkantonalen Ersatzgrundstück erzielte Gewinn unterliegt nicht der zürcherischen Steuerhoheit.

Allerdings wurde in einem Verwaltungsgerichtsentscheid des Kantons Zürich vom 16. April 2014 festgehalten, dass die Mindestfrist von fünf Jahren, in welcher die Liegenschaft ausschliesslich durch den Eigentümer selbst bewohnt werden muss, grundsätzlich vom Verwaltungsgericht (VGr Kt. ZH, 16. Mai 2007, SB.2007.00002) als gesetzeskonform erachtet wird. Die sogenannt kurzfristige Kaskadenersatzbeschaffung wurde mit Blick auf den gesetzgeberischen Willen der Mobilitätsförderung relativiert: Bei kurzfristigen Kaskadenersatzbeschaffungen wird das erste Ersatzobjekt innerhalb der 5-Jahresfrist durch ein zweites Ersatzobjekt ersetzt, was gemäss neuster Verwaltungsgerichtspraxis des Kantons Zürich grundsätzlich nur bei einem Rechtsmissbrauch ein Zurückkommen auf den Steueraufschub rechtfertigt. Dies deshalb, weil ansonsten die Mobilität des Steuerpflichtigen entgegen dem gesetzgeberischen Willen über Gebühr beschränkt würde (VGr Kt. ZH, 14. März 2012, SB.2011.00154).

3.7. Besteuerung nach der Höhe des Gewinns und der Besitzdauer

Kurzfristig erzielte Gewinne werden stärker besteuert. Aus diesem Grund gewähren die meisten Kantone beim Verkauf einer Liegenschaft für jedes volle Jahr Besitzesdauer eine Steuerermässigung. Am besten wird der Zeitpunkt der Veräusserung so angesetzt, dass der Verkäufer der Liegenschaft in den Genuss einer maximalen Besitzesdauer kommt. Wurde das Haus im Herbst vor 15 Jahren erworben (bspw. 10. September), sollte darauf geachtet werden, dass der Verkauf bzw. die Eintragung im Grundbuch erst nach diesem Datum erfolgt. Damit kann ein zusätzliches Jahr für die Besitzdauer gewonnen werden und es ergibt sich eine weitere Steuerermässigung.

Es ist aber auch Vorsicht geboten. Falls der Verkäufer nach Abschluss des Vertrages zahlungsunfähig wird, haftet der Käufer für die Grundstückgewinnsteuer. Es empfiehlt sich also, den entsprechenden Betrag durch den Verkäufer sicherstellen zu lassen. Dies kann bspw. dadurch erfolgen, dass die Grundstückgewinnsteuer vom Kaufpreis in Abzug gebracht wird, durch Bankgarantien, Bankbürgschaften oder mittels direkter Einzahlung auf das Konto des Steueramtes. Viele Kantone haben eine entsprechende gesetzliche Regelung betreffend dieser Steuersicherungspflicht. Erkundigen Sie sich bei der kantonalen Finanzverwaltung über die Leistung der erforderlichen Steuersicherung sowie deren steuerlichen Auswirkungen.

3.8. Steuerhoheit

Wie bereits erwähnt, wird die Grundstückgewinnsteuer in allen Kantonen - und zwar meistens ausschliesslich durch den Kanton selbst - erhoben. Es gibt aber auch Kantone, in welchen sowohl der Kanton als auch die Gemeinden die Grundstückgewinnsteuer erheben (BE, BS, FR, GR, JU, OW und SH). Aufgrund der Vorgaben im Steuerharmonisierungsgesetz können die Kantone bestimmen, dass die Grundstückgewinnsteuer allein von den Gemeinden (ZG, ZH) erhoben wird.

Wenn die Grundstückgewinnsteuer ausschliesslich durch den Kanton erhoben wird, partizipieren die Gemeinden in der Regel in der einen oder anderen Form am Ertrag der kantonalen Steuer.

Steuerhoheiten bei der Grundstücksgewinnsteuer (Stand 1.1.2012)

Kantone	Kantons-steuer	Gemeindesteuer Obligatorisch	Gemeindesteuer fakultativ	Aufteilung des Ertrags der Kantonssteuer
ZH		X		Keine Aufteilung. Die gesamten Steuereinnahmen fallen an die politische Gemeinde, in welcher das Grundstück liegt.
BE	X	X		Keine Aufteilung.
LU	X			Der Anteil der Sitzgemeinde am Kantonssteuerertrag entspricht $1/2$.
UR	X			Der Kanton erhält für seine Veranlagungs- und Bezugsaufgaben einen Vorausanteil von 10%. Der Rest wird wie folgt aufgeteilt: - 50% Kanton - 50% Sitzgemeinde
SZ	X			Der Ertrag der Grundstückgewinnsteuer wird nach Massgabe des Gesetzes über den Finanzausgleich zur Hälfte auf die Bezirke und Gemeinden verteilt.
OW	X	X		Jährliches Vielfaches für Kanton, Gemeinden und Kirchgemeinden wie für die Einkommensteuer. (Kantonsanteil ungefähr $1/3$).
NW	X			Die Sitzgemeinden partizipieren mit 50%.
GL	X			Die Sitzgemeinden partizipieren mit 50%.
ZG		X		Keine Aufteilung.
FR	X	X		Keine Aufteilung.
SO	X			Der Steuerfuss der jeweiligen Einwohner- und Kirchengemeinde ist in die Staatsteuer eingebaut.
BS	X	X 1)		Keine Aufteilung bei den natürlichen Personen; bei den juristischen Personen partizipieren die Sitzgemeinden im Umfang des für die natürlichen Personen geltenden Steuerfusses. 1) Die Gemeindesteuer wird nur bei den natürlichen Personen erhoben.
BL	X			
SH	X	X		
AR	X			Die Sitzgemeinden partizipieren mit $2/3$.

Kantone	Kantonssteuer	Gemeindesteuer Obligatorisch	Gemeindesteuer fakultativ	Aufteilung des Ertrags der Kantonssteuer
AI	X			Keine Aufteilung; der Ertrag wird jedoch zweckgebunden für Bodenverbesserungen und zur Deckung von Aufwendungen im Erziehungswesen sowie zur Äufnung des Stipendienfonds für berufliche Ausbildung verwendet.
SG	X			Der Kanton erhebt einen festen Zuschlag von 220% der einfachen Staatssteuer. Davon entfallen 120% auf die politische Gemeinde.
GR	X	X		Keine Aufteilung.
AG	X			Die Sitzgemeinden partizipieren mit 50%.
TG	X			Der Ertrag fällt zu 45% an den Kanton, zu 25% an die Schul-, zu 25% an die politischen Gemeinden. Die restlichen 5% fallen an die Kirchgemeinde jener Konfession, welcher der Steuerpflichtige angehört, sonst ebenfalls an die politische Gemeinde.
TI	X			Die Gemeindebeteiligung ist abhängig von der Höhe des Gemeindesteuerfusses, maximal jedoch 40%.
VD	X			Die Sitzgemeinden partizipieren $5/12$.
VS	X			Die Sitzgemeinden partizipieren $2/3$.
NE	X			Keine Aufteilung.
GE	X			Keine Aufteilung.
JU	X	X		Keine Aufteilung.

Quelle: Steuerinformation der Vereinigung der schweizerischen Steuerbehörden, Bern, Stand 1. Januar 2012

3.9. Interkantonaler Vergleich der Grundstückgewinnsteuer

Die Besteuerung der Grundstückgewinne erfolgt durch die Gemeinde oder durch den Kanton, in welcher bzw. in welchem das veräusserte Grundstück liegt. Steuerpflichtig ist dabei immer der Immobilienverkäufer. Die nachfolgende Liste soll aufzeigen, wie unterschiedlich die Grundstückgewinnsteuer in den Kantonen gehandhabt wird.

Bund: Der Bund besteuert die Gewinne bei der Veräusserung von privaten Grundstücken nicht.

Kanton Aargau: Die gesetzlichen Grundlagen sind im Steuergesetz des Kantons Aargau vom 15. Dezember 1998, mit seitherigen Änderungen, Paragraphen 95 bis 111 (Stand 1.1.2013) und in der Verordnung zum Steuergesetz (StGV) vom 11. September 2000 (Stand 1.1.2013), Paragraphen 43 - 48 zu finden. Der Kanton Aargau wendet das dualistische System an. Der Steuersatz im Kanton Aargau ist progressiv, nach Besitzjahren ausgestaltet. Er bewegt sich zwischen 40 % bis zum vollendeten ersten bis zu 5 % ab vollendeten 25 Besitzjahren. Es erfolgt eine Reduktion um je 2 % pro Jahr bis zum 11. Besitzjahr, danach eine um 1 % pro Jahr. Eine Sonderregelung bezüglich der Anlagekosten besteht darin, dass diese - beim Verkauf von überbauten Grundstücken und bei einer massgeblichen Besitzesdauer von mehr als 10 Jahren - pauschaliert (65 % bis 80 % des Verkaufserlöses, je nach Besitzdauer) werden können. In den Pauschalierungen sind sämtliche Aufwendungen enthalten.

Kanton Appenzell-Ausserrhoden: Die gesetzlichen Grundlagen sind im Steuergesetz vom 21. Mai 2000 über die direkten Steuern für den Kanton Appenzell-Ausserrhoden, Artikel 21 und 122 bis 134 (Stand 1.1.2013) und in der Verordnung zum Steuergesetz (Steuerverordnung) vom 8. August 2000 (Stand 1.1.2013), Artikel 52 zu finden. Der Kanton AR wendet das dualistische System an. Erfasst werden Gewinne von mindestens CHF 3 000. Der Steuertarif beträgt einheitlich 30 %. Ermässigung der Gewinnsteuer bei einer anrechenbaren Besitzdauer von mindestens 10 Jahren um 2.5 % für jedes folgende volle Jahr, höchstens aber um 50 %. Der Steuerbetrag erhöht sich bei einer Besitzdauer unter einem halben Jahr um 50 %, unter einem Jahr um 35 %, unter 2 Jahren um 20 %, unter 3 Jahren um 10 % und unter 4 Jahren um 5 %. Zudem gilt eine Sonderregelung beim Erwerbspreis. Sofern sich das Grundstück länger als 20 Jahre im Besitz befindet, darf die steuerpflichtige Person wahlweise die nachweisbaren Anlagekosten oder den amtlichen Verkehrswert vor 20 Jahren, zuzüglich der seither getätigten wertvermehrenden Aufwendungen, in Anrechnung bringen.

Kanton Appenzell-Innerrhoden: Die gesetzlichen Grundlagen finden sich im Steuergesetz vom 25. April 1999 des Kantons Appenzell-Innerrhoden, Artikel 1, 103 bis 111 und in der Steuerverordnung vom 10. November 2000, Artikel 41. Der Kanton AR wendet das dualistische System an. Erfasst werden Gewinne von mindestens CHF 4 000. Der Tarif ist progressiv von 10 % für die ersten CHF 4 000 bis 40 % vom Gewinn der CHF 100 000 übersteigt. Ermässigung der Gewinnsteuer von 5 % bei einer Besitzdauer von mehr als 5 Jahren, für jedes weitere Jahr 3 %, höchstens aber 50 % bei 20 und mehr Jahren. Der Steuerbetrag erhöht sich, bei einer Besitzdauer von weniger als 3

Jahren, für jeden fehlenden Monat um ein Prozent (maximal 36 % bei Besitzdauer von 1 Monat). Zudem gilt eine Sonderregelung beim Erwerbspreis. Sofern sich das Grundstück länger als 20 Jahre im Besitz befunden hat, darf sich der Steuerpflichtige den amtlichen Verkehrswert vor 20 Jahren oder den höheren Erwerbspreis einschliesslich der bis dahin aufgelaufenen wertvermehrenden Aufwendungen anrechnen lassen.

Kanton Basel-Landschaft: Die gesetzliche Grundlage befindet sich im Gesetz vom 7. Februar 1974 über die Staats- und Gemeindesteuern und den Finanzausgleich, Paragraphen 21, 71 bis 80, 120 und 121. Der Kanton Basel-Landschaft wendet das monistische System an. Der Steuersatz im Kanton Basel-Landschaft ist progressiv von 3 % bis 25 % ab CHF 120 000. Ermässigung der Gewinnsteuer für jedes nach dem 20. Besitzjahr nachgewiesene Jahr der Selbstnutzung um CHF 5 000 bis höchstens um CHF 50 000. Der Steuerbetrag erhöht sich um 1 $^2/_3$ % pro Monat, bei Besitzdauer innerhalb von fünf Jahren (maximal 100 % bei Besitzdauer von 1 Monat). Liegt der Erwerb mehr als 20 Jahre zurück, so bestimmt sich der Erwerbspreis nach dem Verkehrswert des Grundstückes vor 20 Jahren, sofern kein höherer Erwerbspreis nachweisbar ist.

Kanton Basel-Stadt: Die gesetzlichen Grundlagen sind im Steuergesetz vom 12. April 2000 über die direkten Steuern Paragraphen 104 bis 110 und Paragraph 228 sowie der Verordnung vom 14. November 2000 zum Gesetz über die direkten Steuern Paragraphen 87 und 88 zu finden. Der Kanton Basel-Stadt wendet das monistische System an. Erfasst werden Gewinne von mindestens CHF 500. Es wird ein degressiver Steuersatz von 60 % bei Besitzdauer von weniger als drei Jahren bis 30 % nach 9 Jahren angewendet. Bei ausschliesslich selbstgenutzten Wohnliegenschaften kommt ein einheitlicher Steuersatz von 30 % - unabhängig der Besitzdauer - zur Anwendung. Ermässigung der Gewinnsteuer ab dem sechsten und für jedes weitere Besitzjahr 3 %, höchstens jedoch 60 % des Gewinns. Es gilt eine Sonderregelung beim Erwerb vor dem 1. Januar 1977. In einem solchen Fall kann anstelle des Erwerbspreises der Realwert per 1. Januar 1977 eingesetzt werden.

Kanton Bern: Die gesetzliche Grundlage ist im Steuergesetz vom 21. Mai 2000 in den Artikeln 126 bis 148 zu finden. Der Kanton Bern wendet grundsätzlich das monistische System an. Ausnahmsweise wird beim gewerbsmässigen Liegenschaftshandel ein Wechsel ins dualistische System vorgesehen. Damit unterliegen Wertzuwachsgewinne auf Grundstücken, mit denen die steuerpflichtige Person in Ausübung ihres Berufes Handel treibt, der periodischen Besteuerung (Einkommens- und Gewinnsteuer). Aber nur sofern sie daran wertvermehrende Arbeiten im Umfang von mindestens 25 % des Erwerbspreises ausgeführt hat. Gewinne unter CHF 5 200 werden nicht zusammengerechnet und unterliegen nicht der Grundstückgewinnsteuer. Der Tarif ist progressiv von 1.44 % bis max. 8.1 % ab CHF 325 800. Ermässigung der Gewinnsteuer ab dem fünften für jedes ganze Jahr um 2 %, höchstens aber 70 %. Der Steuerbetrag erhöht sich um 70 % bei einer Besitzdauer von weniger als einem Jahr, um 50 % bei weniger als 2 Jahren, um 35 % bei weniger als 3 Jahren, um 20 % bei weniger als 4 Jahren und um 10 % bei weniger als 5 Jahren.

Kanton Freiburg: Die gesetzliche Grundlage ist im Gesetz vom 6. Juni 2000 über die direkten Kantonssteuern (DStG) in den Artikeln 42 bis 51 sowie im Gesetz vom 10. Mai 1963 über die Gemeindesteuer zu finden. Der Kanton Freiburg wendet das dualistische System an. Erfasst werden Gewinne von mindestens CHF 6 000. Der Steuersatz beträgt 35.2 % bei einer Eigentumsdauer bis zu 2 Jahren, 32 % bis zu 4 Jahren, 28.8 % bis zu 6 Jahren, 25.6 % bis zu 8 Jahren, 22.4 % bis zu 10 Jahren, 19.2 % bis zu 15 Jahren und 16 % ab einer Eigentumsdauer über 15 Jahre. Im Steuersatz ist der Anteil der Gemeinden von 60 % des kantonalen Steuersatzes enthalten. Der Steuerbetrag erhöht sich um 40 %, sofern die Gewinne aus dem Verkauf von Grundstücken, welche weniger als 5 Jahre im Eigentum waren, im Kalenderjahr CHF 400 000 übersteigen. Der darüber liegende Gewinn unterliegt einer Erhöhung um 40 %. Zudem gilt eine Sonderregelung beim Erwerbspreis. Wenn der Erwerb der Liegenschaft mehr als 15 Jahre zurückliegt, kann der Steuerpflichtige als Anlagekosten (Erwerbspreis erhöht um die Aufwendungen) den Steuerwert, den das Grundstück wenigstens 4 Jahre vor seiner Veräusserung aufwies, einsetzen.

Kanton Genf: Die gesetzliche Grundlage ist im loi générale du 9 novembre 1887 sur les contributions publiques, avec les modifications ultérieures, in den Artikeln 80 bis 87 sowie im loi du 23 septembre 1994 sur l'imposition des personnes morales, in Artikel 26 zu finden. Der Kanton Genf wendet das dualistische System an. Der Tarif ist degressiv von 50 % bei einer Besitzdauer von weniger als 2 Jahren bis 10 % bei einer Besitzdauer von bis zu 25 Jahren. Der Kanton Genf verzichtet nach 25 Jahren auf die Grundstückgewinnsteuer. Zudem gilt eine Sonderregelung beim Erwerbspreis. Sofern sich das Grundstück länger als 10 Jahre im Besitz befindet, kann anstelle des Erwerbspreises für Eigenheime und Wohnungen auch der um 30 % erhöhte Steuerwert, den das Grundstück 10 Jahre vor der Veräusserung aufwies, eingesetzt werden.

Bei Miethäusern gilt als Grundlage der Steuerwert von 5 Jahren vor der Veräusserung und ohne Zuschlag.

Kanton Glarus: Die gesetzliche Grundlage ist im Steuergesetz vom 7. Mai 2000 (Stand 1.1.2013) in den Artikeln 105 bis 115. Der Kanton Glarus wendet das dualistische System an. Erfasst werden Gewinne von mindestens CHF 5 000. Der Tarif ist progressiv von 10 % auf den ersten CHF 5 000 bis maximal 30 % ab CHF 20 000. Ermässigung der Gewinnsteuer um 5 % nach 5 Jahren bis 90 % nach 30 Jahren. Die Gewinnsteuer erhöht sich bei einer anrechenbaren Besitzdauer von weniger als 1 Jahr um 30 %, von weniger als 2 Jahren um 20 %, von weniger als 3 Jahren um 15 % und von weniger als 4 Jahren um 10 %. Zudem gilt eine Sonderregelung beim Erwerbspreis. Sofern die massgebende Handänderung mehr als 30 Jahre zurückliegt, kann der Steuerpflichtige den Verkehrswert des Grundstücks vor 30 Jahren in Anrechnung bringen.

Kanton Graubünden: Die gesetzliche Grundlage ist im Steuergesetz vom 8. Juni 1986, mit seitherigen Änderungen im Artikel 4 sowie den Artikeln 41 ff. zu finden. Der Kanton Graubünden wendet das dualistische System an. Erfasst werden Gewinne von mindestens CHF 4 200. Der Steuersatz ist progressiv von 5 % bis max. 15 % ab CHF 196 833. Ermässigung der Gewinnsteuer um 1.5 % pro Jahr nach 10 Jahren bis max. 51 %. Zusätzliche kommunale Grundstückgewinnsteuer möglich. Der Steuerbetrag erhöht sich um 2 % pro Monat, sofern das Grundstück weniger als 2 Jahre im Besitz des Eigentümers war. Zudem gilt eine Sonderregelung beim Erwerbspreis. Sofern der Erwerbspreis nicht feststellbar ist, gilt an dessen Stelle als Ersatzwert der Vermögenssteuerwert zum Zeitpunkt der letzten steuerbegründenden Veräusserung.

Kanton Luzern: Die gesetzliche Grundlage ist im Gesetz über die Grundstückgewinnsteuer vom 31. Oktober 1961 (Stand: 1.1.2011) sowie im Steuergesetz vom 22. November 1999 (Stand: 1.1.2012) Paragraph 57 zu finden. Der Kanton Luzern wendet das dualistische System an. Der Grundstückgewinn wird erst ab CHF 13 000 besteuert. Der Tarif ist progressiv ausgestaltet. Der Steuersatz richtet sich nach dem Einkommenssteuertarif für Alleinstehende. Es gilt ein einheitlicher Gesamtsteuerfuss von zurzeit 4.2 Einheiten, welcher in allen Gemeinden zur Anwendung gelangt. Die Gewinnsteuer wird um 1 % ermässigt ab dem 8 Jahr bis um maximal 25 % nach mindestens 33 und mehr Jahren. Der Steuerbetrag wird um jedes volle Jahr unter 6 Jahren Besitzdauer um 10 % erhöht, die Steuer darf aber 40 % des Grundstückgewinnes nicht übersteigen. Falls sich das Grundstück länger als 30 Jahre im Besitz befindet, gilt die 30

Jahre vor der Veräusserung in Kraft gewesene Katasterschatzung, erhöht um 25 %, als massgebender Erwerbspreis. Zudem gilt eine Sonderregelung beim Erwerbspreis. Sofern dieser nicht feststellbar ist, so gilt als solcher der Verkehrswert im Zeitpunkt des Erwerbs durch den Veräusserer oder den Rechtsvorgänger.

Kanton Neuenburg: Die gesetzliche Grundlage ist im Loi sur les contributions directes (LCdir) vom 21. März 2000 (Stand: 1.1.2014) in den Artikeln 56 bis 74 zu finden. Der Kanton Neuenburg wendet das dualistische System an. Der Steuersatz ist progressiv von 10 % auf den ersten CHF 5 000 bis auf 30 % für Gewinnanteile ab CHF 135 000. Ermässigung der Gewinnsteuer um 6 % pro Jahr nach 5 Jahren bis max. 60 % ab dem 14. Besitzjahr. Der Steuerbetrag erhöht sich um 60 % bei einer Besitzdauer von weniger als einem Jahr, 45 % bei weniger als 2 Jahren, 30 % bei weniger als 3 Jahren und 15 % bei weniger als 4 Jahren. Zudem gilt eine Sonderregelung beim Erwerbspreis. Sofern sich das Grundstück länger als 25 Jahre im Besitz befindet, kann anstelle des Erwerbpreises auch der Katasterwert, den das Grundstück 25 Jahre vor Veräusserung aufwies, eingesetzt werden.

Kanton Nidwalden: Die gesetzliche Grundlage findet sich im Gesetz vom 22. März 2000 über die Steuer des Kantons und der Gemeinden Art. 141 bis 152 sowie in der Vollzugsverordnung vom 19. Dezember 2000 zum Gesetz über die Steuern des Kantons und der Gemeinden Paragraphen 68 bis 70. Der Kanton Nidwalden wendet das monistische System an. Der Steuersatz ist degressiv von 36 % bei Besitzdauer von weniger als 1 Jahr bis 12 % nach 30 Jahren. Zudem gilt eine Sonderregelung beim Erwerbspreis. Sofern der Erwerbspreis nicht mehr festgestellt werden kann, werden 150 % der im Zeitpunkt des Erwerbs geltenden Güterschätzung angerechnet.

Kanton Obwalden: Die gesetzliche Grundlage ist im Steuergesetz vom 30. Oktober 1994, Art. 2, 38, 144 - 149, 152 a, 155 und 156 sowie in der Vollziehungsverordnung vom 18. November 1994 zum Steuergesetz Art. 1, 35 und 36, zu finden. Der Kanton Obwalden wendet das dualistische System an. Erfasst werden Gewinne von mindestens CHF 5 000. Die einfache Grundstückgewinnsteuer beträgt 1.8 % multipliziert mit dem jährlichen Steuerfuss. Der Steuerbetrag erhöht sich bei einer Besitzdauer von weniger als einem Jahr um 30 %, bei weniger als zwei Jahren um 20 % und bei weniger als drei Jahren um 10 %. Sofern das Grundstück im Zeitpunkt der Veräusserung überbaut ist und es der Steuerpflichtige mehr als 10 vollendete Jahre besass, werden die Anlagekosten pauschaliert. Die Pauschale wird in Prozenten des Veräusserungserlöses bemessen.

Kanton St. Gallen: Die gesetzliche Grundlage ist im Steuergesetz vom 9. April 1998 (Stand: 1.1.2013), in den Artikeln 8, 9, 130 bis 141 zu finden. Der Kanton St. Gallen wendet das dualistische System an. Erfasst werden Gewinne von mindestens CHF 2 200. Der Tarif ist progressiv ausgestaltet von 0.5 % abgestuft nach Gewinnanteilen bis 11 %. Für Gewinne über CHF 600 000 beträgt die einfache Steuer für den ganzen Gewinn einheitlich 10 %. Die einfache Steuer wird mit dem massgebenden Steuerfuss multipliziert. Wird das Grundstück mehr als 15 Jahre im Eigentum behalten, gibt es eine Ermässigung. Bei einem Gewinnanteil von höchstens CHF 500 000 Ermässigung um 1.5 % bis maximal 40.5 % (wenn der Veräusserer die Immobilie wenigstens 15 Jahre selbst bewohnt hat). Auf Gewinnanteilen über CHF 500 000 Ermässigung 1.5 % bis höchstens 30 %. Zuschlag von 1 % bei Besitzdauer unter 5 Jahren. War das Grundstück während weniger als fünf Jahren im Eigentum des Verkäufers, wird der Steuerbetrag für das fünfte und jedes volle Jahr weniger um 1 % erhöht. Zudem gibt es eine Sonderregelung beim Erwerbspreis. Liegt der massgebende Erwerb mehr als 50 Jahre zurück, kann der Steuerpflichtige anstelle der tatsächlichen Kosten den amtlichen Verkehrswert (bei land- und forstwirtschaftlichen Grundstücken der Ertragswert) als Anlagekosten geltend machen.

Kanton Schaffhausen: Die gesetzliche Grundlage ist im Gesetz über die direkten Steuern Art. 2, 110 bis 121 und 198 sowie in der Verordnung vom 26. Januar 2001 über die direkten Steuern, Art. 60 bis 66 enthalten. Der Kanton Schaffhausen wendet das dualistische System an. Grundstückgewinn unter CHF 5 000 werden nicht besteuert. Der Tarif ist progressiv von 2 % bis maximal 15 % ab CHF 100 000. Diese einfache Steuer wird mit dem kantonalen Steuerfuss (2014: 112 %) und dem Gemeindesteuerfuss (bspw. Stadt SH 2014: 98 %) sowie allenfalls mit dem Kirchensteuerfuss (bspw. Stadt SH 2014 ca. 13 %) multipliziert. Die Höchstbelastung der Grundstückgewinnsteuer für Kanton und Gemeinde zusammen darf 50 % des steuerpflichtigen Gewinnes nicht übersteigen. Ermässigung der Gewinnsteuer von 5 % bei einer Besitzdauer von mehr als 6 Jahren, für jedes weitere Jahr zusätzlich 5 %, höchstens aber um 60 % bei 17 und mehr Jahren. Bei kurzer Besitzdauer erhöht sich die einfache Steuer bis zu 50 %, bei einer Haltefrist von weniger als 6 Monaten. Dieser Zuschlag reduziert sich pro 6 Monate um 5 %, dies bis zum fünften Jahr nach Kauf. Zudem gilt eine Sonderregelung beim Erwerbspreis. Wenn die massgebende Handänderung mehr als zehn Jahre zurück liegt, so ist der vor zehn Jahren geltende Steuerwert des Grundstückes als Erwerbswert anzurechnen, sofern nicht ein höherer Erwerbspreis nachgewiesen werden kann.

Kanton Schwyz: Die gesetzliche Grundlage ist im Steuergesetz vom 9. Februar 2000 in den Paragraphen 104 - 121 und Paragraph 199 zu finden. Der Kanton Schwyz wendet das monistische System an. Auf dem gesamten im Kalenderjahr erfassten Grundstückgewinn können einmal im Jahr CHF 2 000 in Abzug gebracht werden. Der Tarif ist progressiv von 8 % für die ersten CHF 3 000 bis 30 % vom Gewinn der CHF 40 000 übersteigt. Gewährt wird eine Reduktion von 10 % nach 5 Jahren bis 70 % nach 25 Jahren. Ein Zuschlag von 10 % erfolgt bei Besitzdauer unter 4 Jahren. Als Sonderregelung tritt, beim nicht mehr feststellbaren Erwerbspreis, der Verkehrswert im Zeitpunkt des Erwerbs. Kann der Zeitpunkt des Erwerbs nicht mehr festgestellt werden, gilt als Erwerbspreis der 25 Jahre vor der Veräusserung massgebende Steuerschatzungswert ohne Abzug.

Kanton Solothurn: Die gesetzliche Grundlage ist im Gesetz vom 1. Dezember 1985 über die Staats- und Gemeindesteuern (Stand: 1.1.2008) in den Paragraphen 1, 48 bis 58 und 206 sowie in der Vollzugsverordnung vom 28. Januar 1986 zum Gesetz über die Staats- und Gemeindesteuern Paragraphen 29 bis 32 und 62 zu finden. Der Kanton Solothurn wendet das dualistische System an. Erfasst werden Gewinne von mindestens CHF 10 000. Es wird ein progressiver Einkommenssteuertarif (Tarif B für übrige Pflichtige) angewendet, die einfache Steuer wird multipliziert mit dem aktuell gültigen Gesamtsteuerfuss. Ermässigung der Gewinnsteuer nach einer Besitzdauer von 5 Jahren um je 2 % für jedes weitere Jahr, höchstens um 50 % nach Besitzdauer von 30 Jahren. Im Kanton Solothurn gibt es keinen Spekulationszuschlag. Beim Erwerbspreis besteht eine Sonderregelung. Sofern der Erwerb mehr als 30 Jahre zurück liegt, so bestimmt sich der Erwerbspreis nach dem Verkehrswert des Grundstücks vor 30 Jahren, wenn kein höherer Erwerbspreis nachgewiesen wird.

Kanton Tessin: Die gesetzliche Grundlage ist im «Legge tributaria del 21 giugno 1994, in den Artikeln 123 à 140 sowie im Regolamento del 18 Ottobre 1994 della legge tributaria» zu finden. Der Kanton Tessin wendet das monistische System an. Der Steuersatz ist degressiv, das heisst er geht von 31 % unter einem Jahr bis 4 % nach 30 Jahren. Zudem gibt es eine Sonderregelung beim Erwerbspreis. Sofern der Erwerb mehr als 20 Jahre zurück liegt, kann anstelle des Erwerbspreises auch der Schätzwert der Immobilie vor 20 Jahren, eingesetzt werden.

Kanton Thurgau: Die gesetzliche Grundlage ist im Gesetz vom 14. September 1992 über die Staats- und Gemeindesteuern (Stand: 1.1.2014) in den Paragraphen 126 bis 136 und 203 sowie in der Verordnung des Regierungsrates vom 10. November 1992 zum Gesetz über die Staats- und Gemeindesteuern (Stand: 1.1.2013) in den Paragraphen 27 bis 31 und 48 zu finden. Der Kanton Thurgau wendet seit dem 1. Januar 2014 das dualistische System an. Für die Grundstückgewinnsteuer wird ein Steuersatz von 40 % des Gewinnes angewandt. Ermässigung der Gewinnsteuer nach einer Besitzdauer von 6 Jahren sowie für jedes weitere Jahr um je 4 %, höchstens jedoch um 72 % bei einer Besitzdauer von 24 und mehr Jahren. Der Steuerbetrag erhöht sich um 1 % für jeden Monat bei einer Besitzdauer unter 3 Jahren (maximal 36 %). In Härtefällen kann der Zuschlag um maximal 50 % reduziert werden. Zudem gibt es eine Sonderregelung beim Erwerbspreis. Sofern der Erwerb mehr als 20 Jahre zurück liegt, kann der Steuerpflichtige den durch die Steuerschätzung festgelegten Wert des Grundstückes vor 20 Jahren in Anrechnung bringen.

Kanton Uri: Die gesetzliche Grundlage ist im Gesetz vom 26. September 2010 über die direkten Steuern im Kanton Uri (Stand: 1.1.2013) in den Artikeln 126 bis 143 und 148 zu finden. Der Kanton Uri wendet das monistische System an. Bei Veräusserungen einschliesslich Teilveräusserungen können im Kalenderjahr einmal CHF 10 000 gewährt werden. Das Steuergesetz des Kantons Uri zeichnet sich durch seine einfache Tarifstruktur aus. Bei allen Steuerarten kommen lineare Tarife zur Anwendung. Bei der Grundstückgewinnsteuer sind diese Tarife abhängig von der Besitzdauer. Der Steuersatz beträgt 31 % bis zu einem Jahr. Danach verringert sich der Prozentsatz um 1 % pro Jahr bis die Besitzdauer mehr als 20 Jahre beträgt. Ab 20 Jahren beträgt der Steuersatz dann 11 %. Grundsätzlich kennt der Kanton Uri keinen Spekulationszuschlag, weil dieser direkt in den Tarif integriert ist. Zudem gibt es eine Sonderregelung beim Erwerbspreis. Sofern der Erwerb um mehr als 25 Jahre zurück liegt, gilt als Erwerbspreis der Steuerwert vor 25 Jahren, sofern nicht ein höherer Erwerbspreis nachgewiesen wird.

Kanton Wallis: Die gesetzliche Grundlage ist im Steuergesetz vom 10. März 1976 in den Artikeln 44 bis 52 und im Ausführungsreglement zum Steuergesetz vom 25. August 1976 im Artikel 18 zu finden. Der Kanton Wallis wendet das dualistische System an. Steuerbeträge unter CHF 100 werden nicht erhoben. Die einfache Steuer wird bei Gewinnen bis zu CHF 50 000 mit 12 %, bei Gewinnen zwischen CHF 50 001 bis CHF 100 000 mit 18 % und bei Gewinnen über CHF 100 001 mit 24 % erhoben.

Eine Reduktion um jeweils 4 % erfolgt ab dem sechsten Jahr. Die einfache Steuer wird nach 25 Jahren bei Gewinn bis zu CHF 50 000 mit 1%, bei Gewinnen zwischen CHF 50 001 bis CHF 100 000 mit 2% und bei Gewinnen über CHF 100 001 mit 3% erhoben. Eine Erhöhung der Gewinnsteuer bei einer Veräusserung innert fünf Jahren erfolgt nach folgenden Prozentsätzen:

Gewinn (CHF)	1. Jahr	2. Jahr	3. Jahr	4. Jahr	5. Jahr
0 bis 50 000	19.2 %	18 %	15.6 %	14.4 %	13.2 %
50 001 bis 100 000	28.8 %	27 %	23.4 %	21.6 %	19.8 %
100 001 und mehr	38.4 %	36 %	31.2 %	28.8 %	26.4 %

Sofern der Erwerbspreis nicht mehr feststellbar ist, gilt als solcher der Verkehrswert im Zeitpunkt des Erwerbs durch den Veräusserer oder den Rechtsvorgänger oder - in Ermangelung eines solchen - der Katasterwert per 1. Januar 1977.

Kanton Zug: Die gesetzliche Grundlage ist im Steuergesetz vom 25. Mai 2000 (Stand: 1.1.2012) in den Paragraphen 187 bis 202 zu finden. Der Kanton Zug wendet das dualistische System an. Erfasst werden Gewinne von mindestens CHF 5 000. Der Steuersatz wird mittels einer Renditeberechnung ermittelt, welche den massgebenden Steuersatz darstellt. Der Mindeststeuersatz beträgt jedoch 10 % und der maximale Steuersatz 60 %. Der Steuersatz ermässigt sich jährlich um 2.5 % ab einer anrechenbaren Besitzdauer von 12 Jahren und beträgt nach einer Besitzdauer von 25 und mehr Jahren maximal 25 %. Zudem gilt eine Sonderregelung beim Erwerbspreis. Sofern die massgebende Handänderung mehr als 25 Jahre zurück liegt, kann der Steuerpflichtige anstelle des Erwerbspreises den Verkehrswert des Grundstückes vor 25 Jahren in Anrechnung bringen. In diesem Fall beträgt die anrechenbare Besitzdauer ebenfalls 25 Jahre.

Kanton Zürich: Die gesetzliche Grundlage ist im Steuergesetz vom 8. Juni 1997 in den Paragraphen 216 bis 226 zu finden. Der Kanton Zürich wendet das monistische System an. Erfasst werden Gewinne von mindestens CHF 5 000 aus der Veräusserung von Grundstücken oder Anteilen davon. Der Tarif ist progressiv von 10 % für die ersten CHF 4 000 bis zu 40 % vom CHF 100 000 übersteigenden Gewinn. Ermässigung der Gewinnsteuer von 5 % bei einer Besitzdauer von mehr als 5 Jahren, für jedes weiter Jahr zusätzlich 3 %, höchstens aber um 50 % bei 20 und mehr Jahren. Der Steuerbetrag erhöht sich um 50 % bei einer Besitzdauer von weniger als einem Jahr und um 25 % bei weniger als zwei Jahren. Zudem gilt eine Sonderregelung beim Erwerbspreis. Sofern sich das Grundstück länger als 20 Jahre im Besitz befindet, kann anstelle des

Erwerbspreises auch der Verkehrswert, den das Grundstück 20 Jahre vor der Veräusserung aufwies, eingesetzt werden.

III. SPEZIALTHEMEN

1. Mehrwertsteuer und Immobilien

In diesem Buch werden nur Liegenschaften des Privatvermögens behandelt. Trotzdem besteht die Möglichkeit, mit der Mehrwertsteuer konfrontiert zu werden. Deshalb ist es wichtig, einige grundlegende Punkte über die Mehrwertsteuer im Immobilienbereich zu wissen. Wie bereits in der Einleitung erwähnt, kann hier nur oberflächlich auf diese eingegangen werden.

1.1. Steuerpflicht bei der Mehrwertsteuer

Steuerpflichtig wird jemand, wenn er im Sinne des Gesetzes ein Unternehmen betreibt. Unter dem Betrieb eines Unternehmens wird eine auf die nachhaltige Erzielung von Einnahmen aus Leistungen ausgerichtete berufliche oder gewerbliche Tätigkeit, welche selbständig ausgeübt und auch gegen aussen so manifestiert wird verstanden. Zum Beispiel gilt die Tätigkeit eines Baukonsortiums für die Ausführung eines einzigen Bauwerkes bereits als nachhaltig und damit als unternehmerische Tätigkeit. Massgebend für die Steuerpflicht im Sinne des Gesetzes ist, ob ein Unternehmen betrieben wird. Nicht von Bedeutung ist, ob damit bereits Umsätze erzielt werden.

Der Gesetzgeber sieht für kleine Unternehmen bis zu einer gewissen Umsatzhöhe eine Befreiung von der Steuerpflicht vor. Ist eine Person von der Steuerpflicht befreit, ist sie nicht abrechnungspflichtig, das heisst die im Gesetz enthaltenen Rechte und Pflichten gelten für sie nicht. Die massgebliche Grenze für die Befreiung von der Steuerpflicht (Entgelte aus steuerbaren Leistungen) beträgt:

- CHF 150 000 für nicht gewinnstrebige, ehrenamtlich geführte Sport - und Kulturvereine sowie gemeinnützige Institutionen
- CHF 100 000 für alle anderen Personen.

Sobald diese Limiten erreicht werden, ist eine Registrierung obligatorisch und der gesamte Umsatz muss abgerechnet werden. Das Mehrwertsteuergesetz sieht vor, dass Unternehmen, die von der Steuerpflicht befreit sind, auf die Befreiung verzichten können.

Eine Registrierung birgt die Gefahr, dass andere steuerbare Leistungen zur Abrechnung herangezogen werden, für welche bisher eine Befreiung galt. Weiterhin gilt die Vermietung einer Wohnung oder eines Hauses zur Beherbergung von Gästen als steuerbare Leistung. Allerdings kommt dabei der Sondersatz von derzeit 3.8 % zur Anwendung.

> **BEISPIEL** Die Familie Heim kann ihre Ferienwohnung nicht so häufig benutzen, wie sie sich das vorgestellt hat. Auch die Kinder sind äusserst selten dort. Deshalb wird die Ferienwohnung wiederholt an Dritte vermietet. Der Jahresumsatz aus der Vermietung beläuft sich auf CHF 32 000.
>
> Aufgrund der gesetzlichen Grundlage (Art. 21 Abs. 2 Ziffer 21 Bst. a MWSTG) und Praxis ist die Vermietung von Wohn- und Schlafräumen zur Beherbergung von Gästen steuerbar. Für Familie Heim ist die mögliche Steuerpflicht eine überraschende Neuigkeit. Allerdings müssen sie dieser kein allzu grosses Gewicht beimessen. Solange aus der unternehmerischen Tätigkeit Jahresumsätze von weniger als CHF 100 000 erzielt werden, bleiben diese von der subjektiven Steuerpflicht befreit.

1.2. Ausnahmen im Mehrwertsteuerbereich

Das Mehrwertsteuergesetz sieht diverse Spezialregelungen vor. Unter anderem gibt es Leistungen, welche von der Mehrwertsteuerpflicht ausgenommen (Art. 21 MWSTG) sind. Eine solche Lösung wurde aus bemessungstechnischen, sozial- oder bildungspolitischen Gründen vorgenommen.

1.3. Kauf von Liegenschaften

Das Mehrwertsteuergesetz hält in Artikel 21 Abs. 2 Ziffer 20 fest, dass die Übertragung und die Bestellung von dinglichen Rechten an Grundstücken von der Steuer ausgenommen sind. Durch diese unmissverständliche, klare gesetzliche Regelung, wollte der Gesetzgeber Immobilienkäufe von jeglicher Besteuerung ausnehmen.

Im Gegensatz dazu sind Werkverträge und die damit verbundenen Bauarbeiten grundsätzlich MWST-pflichtig. Für den sogenannten Kauf ab Plan muss daher mehrwertsteuerrechtlich eine Abgrenzung zwischen steuerfreiem Kauf und steuerpflichtigem Bau erfolgen. Dazu veröffentlichte die ESTV eine Praxisänderung[9].

---

[9] Webbasierte Publikation auf www.estv.admin.ch, Mehrwertsteuer, 01 MWSt in Kürze und Übergangsinfo, 2.5.3.2.3. „Boden gehört dem Käufer".

Werden Bauwerke und/oder Objekte neu erstellt oder bestehende Bauwerke und/oder Objekte umgebaut und sind sie für den Verkauf bestimmt, ist bei der Veräusserung zwischen einer von der Steuer ausgenommenen Leistung und einer steuerbaren Leistung zu unterscheiden. Seit der Unterscheidung zwischen steuerbarer und ausgenommener Lieferung wurden verschiedene Praxisfestlegungen vorgenommen.

Wenn ein Grundstück verkauft wird, worauf vom Veräusserer ein Neubau erstellt oder ein Umbau realisiert wird und findet der Abschluss des Vertrages oder des Vorvertrages (massgebliches Datum: Beurkundung) vor Baubeginn statt, liegt eine steuerbare Immobilienlieferung vor. Die Anknüpfung an das Datum der Beurkundung ist sachlich nicht gerechtfertigt. Für die Frage der Steuerpflicht wäre die Anknüpfung an den Übergang von Nutzen und Gefahr richtig. Aus diesem Grund wurde die Motion Gössi 13.3238 im Parlament eingereicht, es bleibt abzuwarten, was damit passiert.

1.4. Vermietung/Verpachtung von Liegenschaften

Ebenfalls hält das Mehrwertsteuergesetz in Artikel 21 Abs. 2 Ziffer 21 fest, dass die Überlassung von Grundstücken und Grundstücksteilen zum Gebrauch und zur Nutzung von der Steuer ausgenommen sind. Allerdings gibt es Leistungen in diesem Bereich, welche steuerbar sind.

Im Immobilienbereich gelten insbesondere als steuerbare Leistungen:

- Erstellung von und Unterhaltsarbeiten an Liegenschaften
- Liegenschaftsverwaltung
- Beherbergungsleistungen (Vermieten von Hotelzimmern, Ferienwohnungen, Campingplätzen, etc.)
- Vermietung von Parkplätzen, sofern sie nicht eine Nebenleistung zu einer von der MWST ausgenommenen Hauptleistung darstellen
- Vermietung von Messestandflächen
- Einräumen von Mitbenutzungsrechten
- Vermietung von Schliessfächern
- Zurverfügungstellung von Reklameflächen
- Einräumen des Rechts, eine Mobilfunkantenne aufzustellen, sofern nicht ein Grundbucheintrag erfolgt

1.5. Option

Aufgrund von Artikel 22 MWSTG besteht teilweise die Möglichkeit, ausgenommene Leistungen freiwillig zu versteuern (sog. Option). So ist es möglich, für den Verkauf, die Vermietung sowie die Verpachtung von Immobilien zu optieren. Eine Einschränkung besteht allerdings insofern, als es bei ausschliesslich für private Zwecke genutzten Immobilien nicht möglich ist, zu optieren. Land und Baurechtszinsen können ebenfalls nicht freiwillig der Mehrwertsteuer unterstellt werden. Die Ausübung der Option wird grundsätzlich durch offenen Ausweis der Mehrwertsteuer ausgeübt. Ist ein offener Ausweis der Mehrwertsteuer nicht möglich (bspw. weil noch keine Rechnungsstellung erfolgt ist), kann die Option der Eidgenössischen Steuerverwaltung auf andere Weise bekannt gegeben werden. Die Überwälzung der Mehrwertsteuer richtet sich nach der privatrechtlichen Vereinbarung. Wichtig ist auch die Möglichkeit, dass die Option bereits vor Leistungserbringung ausgeübt werden kann. Sobald optiert wird, können Vorsteuern in Abzug gebracht werden.

Der Abzug von Vorsteuern ist Grund, um zu optieren und damit steuerpflichtig zu werden. Investiert jemand bspw. 7.5 Mio. (exkl. MWST) ohne Land und strebt eine Jahresrendite von 6 % der Investition an, sieht dies wie folgt aus:

Berechnung ohne Option			
Baukosten inkl. MWST 8.1 Mio.		Jahresmiete CHF 486 000	
Berechnung mit Option			
	CHF		CHF
Baukosten inkl. MWST	8 100 000	Jahresmiete	450 000
Vorsteuerabzug	- 600 000	Mehrwertsteuer	+ 36 000
Nettoinvestition	7 500 000	Total	486 000
	Mieter:	Vorsteuerabzug	- 36 000
		Jahresmiete	450 000

Bei Werkverträgen, bei Reparaturen etc. muss nämlich die Mehrwertsteuer von derzeit 8 % dazugerechnet werden. Die Mehrwertsteuer kann nirgends in Abzug gebracht werden. Wurde für eine Liegenschaft optiert, müssen die Mehrwertsteuer auf den Mieterträgen verrechnet und an die Eidg. Steuerverwaltung weitergeleitet werden. Im Gegenzug könnte allerdings die Vorsteuer auf den erhaltenen Rechnungen für bspw. eine Renovation in Abzug gebracht werden. Es sollte sich eher um eine langfristige Kapitalanlage handeln, für welche optiert wird.

Für jeden Kaufvertrag und für jedes Mietverhältnis mit unternehmerischer Nutzung, kann einzeln optiert werden. Der Eigentümer hat bei der Festlegung seiner Vermietungsstrategie im Bereich der Geschäftsimmobilien die Mehrwertsteuer mitzuberücksichtigen. Bei Mietverhältnissen bilden Mietentgelt und Nebenkosten eine Einheit. Das heisst, Mietzins und Nebenkosten unterliegen der MWSt. Findet eine Untervermietung statt, wird dieses Untermietverhältnis getrennt betrachtet. Auch ist darauf zu achten, dass beim Ein- und Ausstieg aus der Option eine mehrwertsteuerrechtliche Nutzungsänderung (siehe Ausführungen Ziffer 1.7) ausgelöst wird.

1.6. Vorsteuerabzug

Sobald eine Person steuerpflichtig ist, kann die im Rahmen ihrer unternehmerischen Tätigkeit anfallende Vorsteuer abgezogen werden. Bei Immobilien kommt es häufig vor, dass eine gemischte Verwendung (Wohn- und Geschäftshaus) stattfindet. In einem solchen Fall kann eine Vorsteuerkorrektur gemacht werden. Dabei können als mögliche Schlüssel für die Vorsteuerkorrektur folgende Varianten gelten:

- Fläche (m^2)
- Volumen (m^3)
- andere Faktoren und Kombinationen
- Pauschale für die Verwaltung eigener Immobilien, für deren Versteuerung nicht optiert wird

1.7. Nutzungsänderung

Fallen die Voraussetzungen für den Vorsteuerabzug weg, wird von einer Nutzungsänderung gesprochen. Bei Immobilien kann dies bspw. dann der Fall sein, wenn auf ein optiertes Mietverhältnis ein nicht optiertes folgt (Eigenverbrauch). Folgt auf ein nicht optiertes Mietverhältnis ein optiertes, wird von einer Einlageentsteuerung gesprochen.

1.8. Eigenverbrauch

Der Steuertatbestand des Eigenverbrauchs stellt sicher, dass Steuerpflichtige, die Leistungen privat verwenden, gegenüber anderen Konsumenten steuerlich nicht bevorteilt werden. Fallen die Voraussetzungen des Vorsteuerabzugs nachträglich weg, ist der Abzug im Zeitpunkt des Wegfalls der Voraussetzungen zu korrigieren (Eigenverbrauch, Art. 31 MWSTG). Allerdings kann die Ermittlung des Zeitwertes bei Immobilien relativ komplex sein und ist nicht Gegenstand dieses Buches. Der Wertverminderung wird bei Immobilien mit einer linearen Abschreibung von 5 % des Vorsteuerabzugs pro Jahr Rechnung getragen.

1.9. Einlageentsteuerung

Von einer Einlageentsteuerung (Art. 32 MWSTG) wird gesprochen, wenn die Voraussetzungen für den Vorsteuerabzug nachträglich eintreten. In diesem Fall kann der Vorsteuerabzug in der Abrechnungsperiode vorgenommen werden, in der die Voraussetzungen hierfür eingetreten sind. Die früher nicht in Abzug gebrachte Vorsteuer, einschliesslich ihrer als Eigenverbrauch korrigierten Anteile, kann abgezogen werden. Auch hier gilt, wie bereits oben erwähnt, dass die Ermittlung des Zeitwertes bei Immobilien relativ komplex und nicht Gegenstand dieses Buches sein kann. Der Wertverminderung wird bei Immobilien mit einer linearen Abschreibung von 5 % des Vorbezugs pro Jahr Rechnung getragen.

2. Schenkung von Liegenschaften

2.1. Allgemein

Im Alter und wenn die Kinder ausgezogen sind bemerken viele Menschen, dass das Haus zu gross ist und der Weg zur Ferienwohnung zu weit.

Die Übergabe des Hauses an einen Nachkommen wäre hier möglicherweise sinnvoll (Schenkung oder Erbvorbezug), sofern die Eltern für den Rest ihres Lebens wirtschaftlich abgesichert sind. Sei dies durch die AHV- und BVG-Renten und/oder Wertschriftenertrag, Kapitalreserven, Erträge aus anderen Liegenschaften usw.

2.2. Wahl des Liegenschaftenkantons

Um eine Liegenschaft später mit geringster Belastung durch Schenkungs- oder Erbschaftssteuern an die Nachkommen, den Ehepartner oder Dritte zu übergeben, müsste bereits beim Kauf einer Liegenschaft auf die unterschiedlichen Steuergesetzgebungen geachtet werden. Massgebend bei der Erhebung der Schenkungs- oder Erbschaftssteuer infolge Übertragung einer Liegenschaft ist der Verwandtschaftsgrad zwischen dem Schenker und dem Beschenkten bzw. dem Erblasser und den Erben. Weiter kommen die Regeln des Liegenschaftskantons für die Steuerwerte ins Spiel. Denn der Anrechnungswert im Erbgang bzw. bei der Schenkung ist unterschiedlich. Für die Höhe der anfallenden Steuern im Schenkungs- oder Erbfall sind die kantonalen Steuersätze massgeblich. Die Mehrzahl der Kantone kennt progressive Erbschafts- und Schenkungssteuertarife. Die Progression richtet sich nach dem Verwandtschaftsgrad und der Höhe des Vermögensanfalls.

So wussten die Heims nicht, dass der Kanton Schwyz weder Erbschafts- noch Schenkungssteuern erhebt und der Kanton Luzern auf die Besteuerung der Schenkungen verzichtet. Allerdings werden Schenkungen und Erbvorempfänge, die innert fünf Jahren vor dem Tod der Schenkerin bzw. des Schenkers erfolgten, nachträglich mit der Erbschaftssteuer belegt. Die kantonalen Gesetzgebungen sind sehr unterschiedlich. Bei der aktuellen Gesetzgebung ist aber die Vermögensübertragung an den hinterbliebenen Ehegatten oder eingetragenen Partner erbschaftssteuerfrei. Auch Nachkommen sind mit wenigen Ausnahmen in allen Kantonen von der Erbschaftssteuer befreit (siehe Tabelle Ziffer 1.4.5).

Stirbt ein Kind vor den Eltern, verzichtet rund ein Drittel der Kantone auf eine Besteuerung, wenn das Vermögen an die Eltern vererbt wird. Bei Kantonen, welche in einem solchen Fall eine Erbschaftssteuer erheben, geht die Spanne der Besteuerung weit auseinander.

Bei einer Vererbung an Geschwister verzichten nur die Kantone Obwalden und Schwyz auf Erbschaftssteuern. Unter den übrigen Kantonen gibt es grosse Unterschiede.

Je nachdem was für eine Lösung die Familie Heim anstrebt, kann dies eine Grundstückgewinn- und Handänderungssteuer, eine Erbschaftsteuer oder eine Schenkungssteuer auslösen. Mit geeigneten Planungsmassnahmen ist eine wesentliche Steueroptimierung möglich.

In einem ersten Schritt sollte abgeklärt werden, ob die Begründung von Gesamteigentum an der Liegenschaft Steuerfolgen auslöst. Die Liegenschaft könnte Aiden und Sandra Heim als Gesamteigentum geschenkt werden. Bei Gesamteigentum wird die Bewirtschaftung und Verwendung der Liegenschaft schwierig. Die Tatsache, dass bei Gesamteigentum die Kinder nur gemeinschaftlich, in der Regel einstimmig, über die Liegenschaft verfügen können, kann zu Problemen führen. Wenn sie also die Liegenschaft verkaufen, belehnen oder anders nutzen wollen, ist ein einstimmiger Beschluss notwendig, was nicht immer einfach ist.

> **BEISPIEL** Ein mit Heims befreundetes Ehepaar hat ihren beiden Kindern das Eigenheim übertragen. Dieser Vorgang erfolgte in Form eines Schenkungsvertrages. Darin wurde unter anderem festgehalten, dass die Erwerber die aktuelle Hypothekarbelastung übernehmen. Die Liegenschaft hat einen Vermögenssteuerwert von CHF 1 150 000 und einen Verkehrswert von CHF 1 350 000. Bei der gewählten Vorgehensweise handelt es um eine gemischte Schenkung. Die Mischung besteht aus einem entgeltlichen und einem unentgeltliche Teil. Gehen wir davon aus, dass die aktuelle Hypothek ca. 60 % vom Verkehrswert beträgt. Zwischen dem Verkehrswert und der übernommenen Hypothek in der Höhe von CHF 810 000 besteht also eine Differenz. Diese wird in einigen Kantonen (bspw. Zürich, Solothurn 25 %) als Schenkung betrachtet und somit allenfalls der Schenkungssteuer unterworfen.
>
> Sofern mindestens 25 % des Verkehrswertes geschenkt sind bedeutet dies, dass beispielsweise im Kanton Zürich das Schenkungssteuergesetz angewendet wird und bei den Grundstückgewinnsteuern ein Steueraufschub stattfindet. In den meisten Kantonen sind Schenkungen an Nachkommen jedoch steuerfrei.

Eine Variante wäre, Aiden oder Sandra Heim davon zu überzeugen, die Liegenschaft in Alleinbesitz zu übernehmen. Ein Anreiz hierfür könnte ein «Freundschaftspreis/Familienrabatt» sein oder aber die Übernahme der Liegenschaft gegen die darauf lastenden Schulden. Bei dieser Lösung handelt es sich, wie bereits erwähnt, um eine gemischte Schenkung. Erbrechtlich müsste in einem solchen Fall, der unentgeltliche Teil der Zuwendung ausgeglichen werden. Es sei denn, im Testament werden die Beschenkten ausdrücklich von der Ausgleichspflicht der Zuwendung befreit. Allerdings ist dies nur im Rahmen der freien Quote möglich; die Pflichtteile müssen in jedem Fall gewahrt bleiben.

Eine Tante der Familie Heim hat keine Verwandten und überlegt sich deshalb, die Liegenschaft ihrem Freund zu vererben. In einem solchen Fall muss eine höhere Erbschaftssteuer bezahlt werden. Dem Erben (bzw. dem guten Freund) muss zudem genügend Geld zur Verfügung stehen, um die Erbschaftssteuer bezahlen zu können. Es sollten möglichst früh Vorkehrungen getroffen werden. Ein Wohnsitzwechsel könnte allenfalls diese Situation positiv verändern. Allerdings muss der private Lebensmittelpunkt tatsächlich vom bisherigen Wohnsitz an den neuen Wohnsitz verlegt werden, damit es steuerlich anerkannt wird. Schwyz - wie bereits vorgängig erwähnt - ist der einzige Kanton, der keine Erbschafts- und Schenkungssteuer erhebt. Bei den anderen Kantonen ist die Belastung unterschiedlich. Die Liegenschaft sollte möglichst frühzeitig an den besagten Freund zum Verkehrswert übertragen werden. Für die Differenz zwischen Verkehrswert und Hypothek kann unter Umständen ein Darlehen gewährt werden. Und wenn dann die Verkäuferin ihren Wohnsitz in den Kanton Schwyz verlegt, kann sie das Darlehen nach ein paar Jahren ihrem Freund schenken. Die Liegenschaft könnte auch mit einer Nutzniessung belastet werden. Diese muss nicht unbedingt selber ausgeübt, sondern kann auch auf Dritte übertragen werden. Damit reduziert sich der Wert der Schenkung und folglich auch die Schenkungssteuer. Bei einem solchen Vorgehen darf die Grundstückgewinnsteuer allerdings nicht ganz ausser Acht gelassen werden. Lässt sich der Veräusserer beim Verkauf eines Grundstücks noch ein Nutzungsrecht, insbesondere eine Nutzniessung oder ein Wohnrecht zu seinen eigenen Gunsten oder zugunsten eines Dritten durch den Erwerber einräumen, wird der Wert der Nutzniessung bzw. des Wohrechtes zum Erlös gezählt.

BEISPIEL (sämtliche Zahlen sind Annahmen): Eine Tante überträgt ihrer Nichte am 15. Juni 2014 eine im Kanton Zürich gelegene Liegenschaft, welche einen aktuellen Steuerwert aus der Neuschätzung vom 20. Februar 2014 von CHF 450 000 hat. Im Betrag von CHF 100 000 übernimmt die Käuferin anstelle der Verkäuferin eine Grundpfandschuld im 1. Rang. Die Übernehmerin räumt ihrer Tante, geb. 10.07.1944, auf dieser Liegenschaft ein lebenslängliches Nutzniessungsrecht ein. Die Schuldzinsen auf der übertragenen Grundpfandschuld werden von der Nutzniessungsberechtigten getragen. Zuerst wird die Steuerbehörde abklären, ob es sich um eine gemischte Schenkung handelt. Dies ist dann der Fall, wenn der Kaufpreis unter Berücksichtigung der Nutzniessung weniger als 75 % des Verkehrswertes gemäss Steuerbehörde beträgt. Dies würde bedeuten, dass eine Schenkungssteuer anfällt.

Kapitalwertberechnung Nutzniessung zu Gunsten der Tante:	
Kapitalisierungszinsfuss:	3 %
Jährlicher Wert der Nutzniessung:	
- amtlicher Wert gemäss Neuschätzung vom 20. Februar 2014	CHF 16 800
- ./. Unterhaltskosten von 20 % von CHF 16 800	CHF 3 360
Wert der Nutzniessung/Jahr	CHF 13 440
Kapitalisierungsfaktor	14.31
Kapitalwert der Nutzniessung 14.31 x CHF 13 440	CHF 192 326
Abklärung steuerpflichtige Zuwendung / Schenkung:	
- Verkehrswert gemäss Neuschätzung vom 20. Februar 2014	CHF 450 000
- ./. Schuldübernahme	CHF 100 000
- ./. Kapitalwert Nutzniessung	CHF 192 326
Zuwendung	CHF 157 674
Diese Zuwendung unterliegt der Schenkungssteuer.	

Eine Übersicht über die Erbschafts- und Schenkungssteuern finden Sie unter Ziffer 1.4.5.

2.3. Zusammenfassung der Möglichkeiten bei der Übertragung einer Liegenschaft in Kantonen mit Schenkungssteuern:

Für die Übertragung einer Liegenschaft (Schenkung) ist das Steuerrecht des Liegenschaftskantons massgebend. Je nach Höhe der Hypotheken, welche auf der Liegenschaft lasten, kann die Schenkungssteuer stark reduziert oder vermieden werden, denn Bemessungsbasis bildet der Verkehrswert oder Steuerwert abzüglich der hypothekarischen Belastung. Der Schenkungssteuerwert wird in den Kantonen sehr unterschiedlich berechnet. Wird dieser in einem Kanton relativ tief angesetzt, ist es möglich, dass die Hypotheken, welche auf der Liegenschaft lasten, höher sind. Dadurch entfällt eine Schenkungssteuer. Wenn eine Hypothek bereits amortisiert wurde, stellt sich die Frage einer vorgängigen Aufstockung. Dabei darf aber nicht vergessen werden, dass die Vermögens- und Einkommensverhältnisse der Beschenkten zu berücksichtigen sind. Wird die Liegenschaft mit einer hohen Hypothek belastet und so weitergegeben, sollte den Beschenkten genügend flüssige Mittel für die Bezahlung der Hypothekarzinsen zur Verfügung stehen. Wenn die Beschenkten aber über ein entsprechendes Einkommen verfügen, könnte dies eventuell zu einer Steuereinsparung führen.

Eine andere Möglichkeit besteht darin, dem vormaligen Liegenschaftsbesitzer ein Nutzungsrecht einzuräumen. Durch dieses Nutzungsrecht besteht eine Last auf der Liegenschaft, welche deren Wert reduzieren kann. Diese Reduktion wird aufgrund der Lebenserwartung des Wohnrechtsberechtigten oder Nutzniessers berechnet. Der ermittelte Wert wird als Barwert bezeichnet. Die Ermittlung des Barwertes erfolgt durch Kapitalisierung der periodischen Leistungen. Dieser stellt den Gegenwert der künftigen, periodischen Leistungen dar. Unter periodischen Leistungen wird die fortlaufend zu erbringende Leistung wie bspw. Nutzniessung, Wohnrecht etc. verstanden. Der berechnete Wert wird vom Schenkungssteuerwert in Abzug gebracht, wodurch sich die Berechnungsbasis für die Schenkungssteuer erheblich vermindert.

2.4. Wie die Kapitalisierung im Steuerrecht erfolgt

Zur Kapitalisierung von periodischen Leistungen werden Barwerttafeln als Hilfsmittel verwendet. Diese Barwerttafeln enthalten Kapitalisierungsfaktoren. In der Schweiz stammen die gebräuchlichsten Barwerttafeln von Stauffer/Schaetzle/Weber (Barwerttafeln, 6. Auflage, 2013). Der Barwert ergibt sich dann durch Multiplikation der entsprechenden Jahresleistung mit dem Kapitalisierungsfaktor gemäss Barwerttafel.

3. Immobilien und Steuern im Konkubinat

Auch im Konkubinat ist es wichtig, abzuklären, wer den Eigenmietwert versteuert und somit die Liegenschaftsunterhaltskosten abziehen und die Schuldzinsen geltend machen kann. Generell sollte von Anfang an festgehalten werden, wer welche Kosten trägt resp. wer welche Investitionen tätigt. Sobald etwas gemeinsam gekauft wird, haften beide Lebenspartner für sämtliche Schulden solidarisch.

Für die Besteuerung des Eigenmietwertes sind grundsätzlich die eingetragenen zivilrechtlichen Eigentumsverhältnisse gemäss Grundbuch massgebend. Der Eigentümer versteuert den Eigenmietwert bzw. die Mietzinseinnahmen. Sofern diese nicht ersichtlich sind, wird das Einkommen nach Köpfen geteilt.

Generell können bezahlte Aufwendungen für den Unterhalt der Liegenschaften vom Roheinkommen abgezogen werden. Voraussetzung ist jedoch, dass der Steuerpflichtige, welcher die Liegenschaftsunterhaltskosten geltend macht, Eigentümer oder wenigstens Nutzniessungs- bzw. Wohnrechtsberechtigter ist. Grundsätzlich kann nur Liegenschaftsunterhaltskosten abziehen, wer für den zugehörigen Liegenschaftsertrag steuerpflichtig ist. Gewöhnlich müssen, ohne gegenteilige Vereinbarung, die Mit- oder Gesamteigentümer im Verhältnis ihrer Anteile die entsprechenden Kosten tragen. Es kann bei der Begründung des Gesamt- oder Miteigentums auch eine anderer Verteiler vereinbart werden. Diese Vereinbarung ist für die Parteien verbindlich, die steuerliche Würdigung ist jedoch offen. Denn wenn bei der Begründung von Gesamt- oder Miteigentum eine von den Eigentumsverhältnissen abweichende Kostenübertragung vereinbart wird, ist deren steuerliche Berücksichtigung nur dann möglich, wenn sie längerfristig den tatsächlichen Eigentumsverhältnissen entspricht. Mehrheitlich wird die Meinung vertreten, dass bei Liegenschaften im Miteigentum die Erträge und Unterhaltskosten anteilmässig im Verhältnis zu den Eigentumsquoten zu verteilen sind, wobei abweichende Vereinbarungen steuerlich nicht anerkannt werden müssen (StE 10/2011 B 25.6 Nr. 59). Begründet wird diese Meinung damit, dass die steuerpflichtige Person nur im Umfang ihres Miteigentumsanteils gesetzlich verpflichtet ist, sich an Verwaltungskosten, Steuern und anderen Lasten, die aus dem Miteigentum erwachsen oder auf der gemeinschaftlichen Sache beruhen, zu beteiligen.

BEISPIEL Bei einem grösseren Liegenschaftsunterhalt ist Vorsicht geboten. Sie sind zu 50 % Miteigentümer einer Liegenschaft und wollen bspw. das Dach renovieren und die Fenster ersetzen. Die gesamte Renovation kostet ungefähr CHF 50 000. Ihre Lebenspartnerin hat die finanziellen Mittel momentan nicht, dieses Vorhaben mitzutragen. Deshalb übernehmen Sie die gesamten Kosten selbst und machen diese auch als Liegenschaftsunterhaltskosten geltend. Grundsätzlich kann, wer für den Ertrag einer Liegenschaft steuerpflichtig ist, auch die entsprechenden Gewinnungskosten in Abzug bringen.

Daraus ergibt sich, dass jemand, der für den Liegenschaftsertrag nicht steuerpflichtig ist, auch keine Liegenschaftsunterhaltskosten beanspruchen kann; auch dann nicht, wenn er sie selber getragen hat. Dies bedeutet, dass bei Liegenschaften im Miteigentum, die Erträge und Unterhaltskosten nur anteilsmässig im Verhältnis zu den Eigentumsquoten geltend gemacht werden können. Somit können Sie nur CHF 25 000 abziehen. Die übrigen CHF 25 000 können in der Steuererklärung der Lebenspartnerin als Liegenschaftsunterhaltkosten in Abzug gebracht werden. Weil die Lebenspartnerin aber in Wirklichkeit nichts daran bezahlt hat, müsste in ihrer Steuererklärung im Schuldenverzeichnis ein Darlehen deklariert werden und im Gegenzug bei ihrem Partner im Wertschriftenverzeichnis ein Guthaben (Darlehen).

Voraussetzung für den Abzug von Schuldzinsen ist das Vorhandensein einer steuerlich relevanten Zinsschuld. Abzugsfähig sind nur Schuldzinsen, die eine eigene Schuld respektive einen eigenen Schuldanteil betreffen. Steht bspw. eine Liegenschaft im Eigentum der Konkubinatspartnerin, können die bezahlten Schuldzinsen nicht durch den Konkubinatspartner abgezogen werden. Auch dann nicht, wenn in den Verträgen beide als Kreditnehmer genannt werden (Solidarhaftung), jedoch aber ausdrücklich festgehalten wird, dass sämtliche Kreditzinsen und Kosten ausschliesslich einem Konto der Lebenspartnerin (Alleineigentümerin der Liegenschaft) belastet werden. Wenn Mit- oder Gesamteigentum erworben wurde und feststeht, dass die mit einer Liegenschaft verbundenen Lasten gemeinsam getragen werden, sieht es anders aus. In einem solchen Fall ist es möglich, bei solidarischer Haftung den Schuld- und Schuldzinsenabzug, auch dann anteilsmässig zu gewähren, wenn der Gläubiger die Schuldzinsen nur von einem Konkubinatspartner vereinnahmt.

HINWEIS *Beachten Sie, dass die Bezahlung eines höheren Anteils, bspw. an die Schuldzinsen, die Unterhaltskosten etc., unter Umständen als Schenkung angesehen werden kann. Bei einer Schenkung schuldet unter Umständen der Empfänger die Schenkungssteuer. Nur wenn es als Unterstützung betrachtet wird, ist diese beim Empfänger steuerfrei. Schliesslich könnte es sich aber auch um eine Entschädigung für eigentliche Arbeitsleistungen handeln. Eine solche ist beim Empfänger als Einkommen steuerbar. Der Leistende kann diese jedoch nicht vom steuerbaren Einkommen abziehen.*

Bei einer Liegenschaft, die im gemeinschaftlichen Eigentum mehrerer Personen (Mit- oder Gesamteigentum) steht, sind die Kosten anteilsmässig geltend zu machen.

BEISPIEL Nicole und Daniel, ein Konkubinatspaar, besitzen eine Liegenschaft zu Gesamteigentum (einfache Gesellschaft). In einem Gesellschaftsvertrag wurde die Aufteilung des Eigentums geregelt (30 % und 70 %). Es stellt sich die Frage, ob die Steuerbehörden diese Aufteilung akzeptieren. Voraussetzung dafür ist eine Offenlegung des Gesellschaftsvertrages gegenüber den Steuerbehörden. Es versteht sich von selbst, dass dann jedoch alle Liegenschaftspositionen nach der gleichen Quote aufgeteilt werden müssen. Konkret heisst dies, dass die Liegenschaftsunterhaltskosten, Schulden, Vermögenssteuerwert der Liegenschaft und die Schuldzinsen nach der vereinbarten Quote aufgeteilt werden.

Bei der Schenkung einer Liegenschaft an den Konkubinatspartner ist das Schenkungssteuergesetz des Liegenschaftskantons massgebend. Die Bewertungsrichtlinien für Liegenschaften im Erbschafts- oder Schenkungsfall sind sehr unterschiedlich. Es ist empfehlenswert, die massgebenden Richtlinien im Voraus abzuklären. Auch ist es möglich, bei einem Erbschafts- oder Schenkungssteuerfall ein eigenes Bewertungsgutachten abzugeben. Sofern dieses von der Steuerbehörde akzeptiert wird, kann sich dadurch ein optimaler Verkehrswert ergeben. Bei Verhandlungen mit den Steuerbehörden müssen gute Argumente für einen tieferen Verkehrswert vorgebracht werden. Beispielsweise eine Änderung der Verkehrssituation, die eine grössere Lärmbelästigung zur Folge hat. Vielleicht muss auch plötzlich mit einer höheren Flugfrequenz gerechnet werden. Weitere Argumente können ein neu entstandener Kinderspielplatz direkt vor dem Sitzplatz, Immissions- oder Geruchsbelästigungen (bspw. Schweinemästerei), sowie viele Industriebauten in der Nähe usw., sein.

Ihr Wohnsitz befindet sich in einem Kanton, der Erbschaften und Schenkungen an unverheiratete Lebenspartner hoch besteuert. Deshalb wird die Liegenschaft an den Lebenspartner verschenkt, unter Einräumung eines Wohnrechts oder einer Nutzniessung. Dadurch ist es möglich, erheblich Steuern zu sparen. Es vermindert sich der Wert der Schenkung, der Minderwert lässt sich genau berechnen. Der jährliche Nutzwert für das Wohnrecht (die Nutzniessung) wird gestützt auf die theoretische Lebenserwartung des Verkäufers kapitalisiert. Dies ergibt den Nutzungswert. Zur Berechnung der Schenkungssteuer wird dieser Wert vom Verkehrswert der geschenkten Liegenschaft abgezogen. Der Abzug ist umso grösser, je jünger der Schenker ist. Aber auch hier gilt es vorsichtig zu sein. Unter Umständen kann ein solches Vorgehen Grundstückgewinnsteuern auslösen (siehe folgendes Beispiel).

BEISPIEL Inzwischen wohnt die Tochter Sandra (32 Jahre) bereits seit 10 Jahren mit ihrem Lebenspartner Patrick (33 Jahre) in einem Einfamilienhaus in St. Gallen. Patrick möchte die Liegenschaft auf Sandra übertragen (Schenkung). Er möchte auch eine Absicherung für sich selber und bedingt sich eine lebenslängliche Nutzniessung aus.

Patrick überträgt die Liegenschaft deshalb zum amtlichen Verkehrswert von CHF 380 000, und Sandra übernimmt die Grundpfandschulden im 1. Rang von CHF 140 000.

Seinerzeitige Anlagekosten betragen	CHF 300 000
Der steuerbare Eigenmietwert beträgt	CHF 15 600
Die Unterhaltskosten können mit 20 % berechnet werden (= 3 120)	
der Hypothekarzins beträgt	CHF 4 200
der Kapitalwert der Nutzniessung beträgt	CHF 132 164

Betrag der Zuwendung / Schenkung

Verkehrswert	CHF 380 000
./. Schuldübernahme	CHF 140 000
./. Kapitalwert Nutzniessung	CHF 132 164
Zuwendung / Schenkung	CHF 107 836

Grundstückgewinnsteuer

Die Übertragung ist nur teilweise unentgeltlich erfolgt. Der entgeltliche Teil des Erwerbspreises (in diesem Beispiel Schuldübernahme und Kapitalwert Nutzniessung) löst die Grundstückgewinnsteuer aus, wenn dieser die Anlagekosten übersteigt.

Übernahmewert	CHF 272 164
./. Anlagekosten	CHF 300 000
Grundstückgewinn minus	CHF 27 836
Somit fällt keine Grundstückgewinnsteuer an.	

WEITERES BEISPIEL Aiden Heim hat eine Liegenschaft gemäss Kaufvertrag vom 25. Juni 2006 für CHF 1 200 000 im Kanton Zürich gekauft. Aiden möchte nun ½-Anteil seiner Liegenschaft an seine Lebenspartnerin Annelies verkaufen und zwar zu einem Preis von CHF 900 000. Für die Bezahlung des Kaufpreises übernimmt Annelies die Hypotheken bei der Credit Suisse, Zürich, von CHF 400 000 sowie CHF 170 000. Den Rest bezahlt sie bar. Dieser Verkauf löst die Grundstückgewinnsteuer aus. Aiden hat die Liegenschaft am 25. Juni 2006 gekauft. Dies bedeutet, dass für den Verkauf des hälftigen Anteils der Liegenschaft CHF 600 000 Anlagekosten geltend gemacht werden können. Für die Berechnung gehen wir davon aus, dass die Liegenschaft per 15. Juli 2014 verkauft wird. Dadurch sind für die Besitzesdauer 8 Jahre anrechenbar. Somit berechnet sich die Grundstückgewinnsteuer wie folgt.

Verkaufspreis ½-Miteigentum Liegenschaft	CHF 900 000
Abzüglich Anlagekosten	- CHF 600 000
Abzüglich mit der Handänderung verbundene Abgaben	- CHF p.m.
(wie Grundbuch und Notariatskosten)	
Grundstückgewinn	CHF 300 000

Satz für die ersten	4 000	10 %	400
Satz für die weiteren	6 000	15 %	900
Für die weiteren	8 000	20 %	1 600
Für die weiteren	12 000	25 %	3 000
Für die weiteren	20 000	30 %	6 000
Für die weiteren	50 000	35 %	17 500
Zwischentotal	**100 000**		**29 400**
Differenz zu Gewinn	200 000	40 %	80 000
Total			109 400
Ermässigung 14 %	Besitz 8 Jahre		15 316
Steuerbetrag Grundstückgewinnsteuer		CHF	94 084

Die Grundstückgewinnsteuer ist 90 Tage nach Grundbucheintrag fällig.

Bei den Anlagekosten wurden keine weiteren Aufwendungen angerechnet. Folgende in der massgebenden Besitzesdauer gemachten Aufwendungen wären anrechenbar:

- Aufwendungen für Bauten, Umbauten, Meliorationen und andere dauernde Verbesserungen des Grundstücks, nach Abzug allfälliger Versicherungsleistungen und Beiträge von Bund, Kanton oder Gemeinde,
- Grundeigentümerbeiträge, wie Strassen-, Trottoir-, Dolen-, Werkleitungs- oder Perimeterbeiträge;
- Übliche Maklerprovisionen und Insertionskosten für Erwerb und Veräusserung;
- Mit der Handänderung verbundene Abgaben;
- Baukreditzinsen bei Liegenschaften im Geschäftsvermögen.

Möglichkeit der Reduktion der Grundstückgewinnsteuer

Für die Berechnung der Grundstückgewinnsteuer ist der Verkaufspreis massgebend. Durch eine tiefere Ansetzung desselben wird auch der Grundstückgewinn entsprechend tiefer. Grundsätzlich bildet der öffentlich beurkundete Kaufpreis i.d.R. den grundstückgewinnsteuerlich massgebenden Erwerbspreis. Wenn zwischen dem «objektiven» Grundstückwert und dem Vertragspreis ein offensichtliches, in die Augen springendes Missverhältnis besteht, wird auf den nach anerkannten Methoden geschätzten Verkehrswert des Grundstücks abgestellt. Die Praxis nimmt aus Gründen der Rechtssicherheit ein solches offensichtliches Missverhältnis erst dort an, wo der Unterschiedsbetrag zwischen Verkehrswert und vereinbartem Kaufpreis mind. 25 % (des Verkehrswertes) ausmacht.

Schenkung als weitere Möglichkeit

Im Kanton Zürich liegt der massgebende Schenkungssteuerwert der Liegenschaften (amtlicher Verkehrswert oder Steuerwert) häufig unter dem tatsächlich erzielbaren Veräusserungspreis. Im Umfang dieser Differenz reduziert sich die Besteuerungsgrundlage und somit die Schenkungssteuer. Dies würde bedeuten, dass Aiden Heim den hälftigen Liegenschaftsanteil seiner Partnerin schenkt und diese wiederum Hypothekarschulden im Betrag von CHF 570 000 übernimmt. Wird der Wert für Stockwerkeigentum der Liegenschaftsbewertung über CHF 1 520 000 vom Steueramt der Stadt Zürich, Abteilung Grundsteuern, Zürich, als amtlicher Steuerwert zugrunde gelegt, resultiert ein Betrag von CHF 760 000 ($^1/_2$ von CHF 1 520 000). Von diesem wird die Hypothek über CHF 570 000 abgezogen, womit ein Betrag von CHF 190 000 der Schenkungssteuer unterliegt. Dieser ist von Annelies, der Lebenspartnerin von Aiden Heim, geschuldet. Es ist anzunehmen, dass sogar ein tieferer Wert als Grundlage für den Schenkungssteuerwert der Liegenschaft angenommen werden kann. Falls diese Möglichkeit überhaupt in Betracht gezogen wird, ist es ratsam, den massgebenden Schenkungssteuerwert mit dem zuständigen Steueramt festzulegen. Bei einer Schenkung darf nicht vergessen werden, dass kein Geld an Aiden Heim fliesst.

Betrag für Schenkungssteuer massgebend   CHF 190 000

Satz für die ersten Steuerpflichtigen	30 000	2 %	600
für die folgenden Steuerpflichtigen	60 000	3 %	1 800
für die folgenden Steuerpflichtigen	90 000	4 %	3 600
für die folgenden Steuerpflichtigen	10 000	5 %	500
Zwischentotal	190 000		6 500
Nichtverwandte den sechsfachen Betrag			39 000
Total Schenkungssteuer			39 000

Gemäss § 21 Abs. 1 Bst. e des Erbschafts- und Schenkungssteuergesetzes des Kantons Zürich (ESchG) werden von den steuerbaren Vermögensübergängen bei der Steuerberechnung CHF 50 000 abgezogen für die Lebenspartnerin oder den Lebenspartner, die oder der während mindestens fünf Jahren mit dem Erblasser oder Schenker im gleichen Haushalt zusammengelebt hat.

Dieser Abzug kann bei mehreren Vermögensübergängen an den gleichen Empfänger nur einmal gewährt werden.

Somit würden lediglich CHF 140 000 der Schenkungssteuer unterworfen.

Satz für die ersten Steuerpflichtigen	30 000	2 %	600
für die folgenden Steuerpflichtigen	60 000	3 %	1 800
für die folgenden Steuerpflichtigen	50 000	4 %	2 000
Zwischentotal	140 000		4 400
Nichtverwandte den sechsfachen Betrag			26 400
Total Schenkungssteuer			26 400

Falls Aiden und Annelies noch nicht fünf Jahre im gleichen Haushalt zusammenleben, können von Verlobten CHF 15 000 von den steuerbaren Vermögensübergängen abgezogen werden (§ 21 Abs. 1 Bst. c ESchG).

Eine weitere Möglichkeit besteht darin, dass Aiden und Annelies heiraten

Veräusserungen unter Ehegatten lösen keine Grundstückgewinnsteuer aus. Die Besteuerung wird jedoch nicht aufgehoben, sondern lediglich aufgeschoben. Es handelt sich also nicht um eine echte Steuerbefreiung. Der Erwerber wird gleich behandelt, wie wenn er das Grundstück schon vor der steueraufschiebenden Veräusserung besessen hätte. Er kann daher von der Besitzesdauer des Vorgängers profitieren, muss sich aber dessen Anlagekosten anrechnen lassen.

§ 216 Abs. 3 Bst. b Steuergesetz des Kantons Zürich (StG ZH) sieht ausdrücklich vor, dass ein Steueraufschub nur mit Einverständnis beider Ehegatten erfolgen kann. Liegt kein ausdrückliches Einverständnis beider Ehegatten zum Steueraufschub vor, wird die Grundstückgewinnsteuer erhoben.

Sämtliche Rechtsgeschäfte unter Ehegatten sind steueraufschiebend. Darunter fallen alle Rechtsgeschäfte, welche die Ehegatten miteinander während der Dauer der Ehe abschliessen. Unter die Privilegierung fallen auch die Grundstücküberträgungen im Rahmen eines Ehescheidungs- oder Ehetrennungsprozesses. Privilegiert sind Rechtsgeschäfte zwischen Ehegatten auch dann, wenn sie tatsächlich oder richterlich getrennt leben. Dass die Ehegatten gemeinsam besteuert werden ist keine Voraussetzung des Steueraufschubs. Dieser wird auch bei getrennter Besteuerung der Ehegatten gewährt.

4. Liegenschaften bei Scheidung

Bei einer Scheidung führt die Liegenschaft oft zu grösseren Diskussionen. Häufig ist es auch das grösste Aktivum des ehelichen Vermögens. Hat sich das Scheidungspaar darauf geeinigt, oder der Richter im Scheidungsverfahren entschieden, wer im Haus bleiben darf, ist allenfalls mit Steuerfolgen zu rechnen. Unter Ehegatten fallen in den meisten Fällen von Liegenschaftstransaktionen keine Steuern an. Sofern es sich um eine güterrechtliche Auseinandersetzung handelt, besteht im Steuerharmonisierungsgesetz eine ausdrückliche Regelung, die von den Kantonen übernommen werden muss. Das Steuerharmonisierungsgesetz verpflichtet die Kantone, beim Eigentumswechsel unter Ehegatten, zwecks Abgeltung güterrechtlicher Ansprüche oder zur Begleichung von Unterhaltszahlungen, die Grundstückgewinnsteuer aufzuschieben.

Für einen Steueraufschub ist jedoch wichtig, dass die Abgeltung wirklich scheidungs- oder güterrechtlichen Ansprüchen dient. In der Regel handelt es sich dabei um Zahlungen für nachehelichen Unterhalt oder entgangene Vorsorgeansprüche.

Dabei müssen beide Parteien mit einem Steueraufschub einverstanden sein (siehe vorheriges Beispiel). Durch den Steueraufschub gehen nämlich die bisherigen Faktoren (Anlagewert, wertvermehrende Aufwendungen und Besitzesdauer) auf den neuen Eigentümer über. Üblicherweise werden aber latente Steuerlasten bei der Berechnung der Ausgleichsansprüche berücksichtigt.

5. Der Kauf eines Ferienhauses und seine fiskalischen Auswirkungen

5.1. Allgemein

Sobald eine Liegenschaft in einem anderen Kanton oder im Ausland erworben wird, kommt es zu einer interkantonalen/ bzw. internationalen Steuerausscheidung. An allen Domizilen müssen die gesamten Einkommens- und Vermögensverhältnisse vollständig deklariert werden. Die Steuerausscheidung wird aufgrund dieser deklarierten Faktoren erstellt. Der Kanton des Hauptsteuerdomizils muss die Liegenschaft (bspw. Ferienhaus, vermietetes Mehrfamilienhaus), welche im anderen Kanton liegt, von der Besteuerung ausnehmen. Lediglich der Steuersatz ändert sich, weil in den jeweiligen Kantonen der Satz des gesamten Einkommens und Vermögens als Berechnungsgrundlage gilt.

Der Kanton, in dem die Immobilie liegt, ist befugt, sein eigenes Verfahrensrecht zur Anwendung zu bringen. Es ist deshalb wichtig, die Steuererklärung auch am Feriendomizil fristgemäss einzureichen. Wenn dies nicht möglich ist, muss rechtzeitig ein Fristverlängerungsgesuch eingereicht werden. Studieren Sie die Merkblätter des Liegenschaftskantons für den Abzug der Liegenschaftsunterhaltskosten genau.

5.2. Aufteilung Einkommen und Vermögen

Für die Aufteilung des Einkommens und des Vermögens muss teilweise mit Schlüsseln gearbeitet werden. So werden die Schulden und Schuldzinsen anteilsmässig auf die beteiligten Kantone verteilt. Dabei wird als Schlüssel dafür auf die den Kantonen zugewiesenen Aktiven abgestellt. Allerdings werden die amtlichen Werte in den Kantonen sehr unterschiedlich ermittelt. Um eine Annäherung an diese Werte zu erhalten, müssen sie mit den entsprechenden kantonalen Faktoren (Repartitionswerte) multipliziert werden.

5.3. Repartitionswerte

Die Liegenschaften werden in jedem Kanton nach seinen eigenen Bewertungsrichtlinien bewertet. Dies führt dazu, dass einige Kantone die Liegenschaft zu 100 % des Verkehrswertes, andere jedoch mit einem Einschlag auf dem Verkehrswert bewerten. Für die Steuerausscheidung müssen sich die Kantone für eine einheitliche (gemäss bundesgerichtlicher Rechtsprechung) Bewertungsmethode entscheiden. Deshalb hat die Eidgenössische Steuerverwaltung auch in Zusammenarbeit mit der Schweizerischen Steuerkonferenz (SSK) Richtlinien erlassen. Mit diesen wird der unterschiedliche Bewertungsgrund der einzelnen Kantone mittels eines Koeffizienten (Umrechnungsfaktor) auf den so genannten Repartitionswert angehoben. Dadurch sollte eine korrekte Umverteilung der Vermögenswerte gewährt sein. Die Schweizerische Steuerkonferenz setzt diese Umrechnungsfaktoren für jeden einzelnen Kanton fest.

(Repartitionsfaktoren)
Kreisschreiben 22 – vom 21. November 2006

Die Repartitionswerte sind ausser bei interkantonalen Ausscheidungen auch anwendbar für die Ermittlung des im Betrieb einer Einzelfirma investierten Eigenkapitals und dessen Meldung an die AHV.

Der Repartitionswert beträgt in der Regel in Prozenten des kantonalen Steuerwertes:

Kanton	Nichtlandwirtschaftliche Grundstücke %			Landwirtschaftliche Grundstücke %	
	1997-1998	1999-2001	Ab 2002	1997-2001	Ab 2002
AG	180	120	85	100	100
AI	110	110	110	100	100
AR	110	110	70	100	100
BE	160	100	100	100	100
BL	270	270	260	100	100
BS	150	150	105	100	100
FR	130	130	110	100	100
GE	110	110	115	100	100
GL	170	170	75	110	100
GR	110	110	115	100	100
JU	100	100	90	100	100
LU	120	100	95	100	100
NE	100	100	80	100	100
NW	110	110	95	100	100
OW	140	140	125/100**	100	100

Immobilien-Wegweiser durch den Steuerdschungel

Kanton	Nichtlandwirtschaftliche Grundstücke %			Landwirtschaftliche Grundstücke %	
	1997-1998	1999-2001	Ab 2002	1997-2001	Ab 2002
SG	110	110	80	100	100
SH	120	120	100	100	100
SO	280	280	225	100	100
SZ	140	140	140/80*	100	100
TG	110	110	70	100	100
TI	120	120	115	100	100
UR	120	120	90	80	80
VD	100	100	80	80	100
VS	200	200	215/145***	80	100
ZG	140	130	110	110	100
ZH	110	100	90	100	100

*Für den Kanton **SZ** gilt bis und mit Steuerperiode 2003 der Repartitionsfaktor von 140 %. Ab Steuerperiode 2004 beträgt er infolge Gesetzesrevision 80%.

Für den Kanton **OW gilt bis und mit Steuerperiode 2005 der Repartitionsfaktor von 125%. Ab Steuerperiode 2006 beträgt er infolge Gesetzesrevision 100%.

***Für den Kanton **VS** gilt bis und mit Steuerperiode 2005 der Repartitionsfaktor von 215%. Ab Steuerperiode 2006 beträgt er infolge Gesetzesrevision 145%.

Dieses Kreisschreiben ersetzt das Kreisschreiben 22 vom 13. September 2006. Es ist sofort anwendbar.

Beim Erwerb einer Liegenschaft im Ausland ist eine Überprüfung durch einen Steuerberater ratsam. Wird eine Finanzierung im Ausland erwogen, müssen sämtliche Informationen über die Bedingungen (Rückzahlung, Zinssatz, Sicherheiten etc.) eingeholt werden.

BEISPIEL ZU REPARTITIONSWERTE Für den Kanton Zürich beträgt der Repartitionswert bspw. 90 %. Die Vermögenssteuerwerte der kantonalen Liegenschaften müssen somit mit 0.9 multipliziert werden.

Repartitionskoeffizient (Umrechnungsfaktor) Kanton Zürich   90 %

a) Liegenschaft Zürich

Steuerwert gemäss Schätzung   CHF 200 000

Repartitionswert   =   CHF 200 000 x 90 %   CHF 180 000

Rückrechnung auf zürcherisches Wertniveau

(Repartitionsdifferenz)   CHF 180 000 : 90 % x10 %   CHF 20 000

Massgebender Wert   CHF 200 000

b) Ausserkantonale Liegenschaft	
Steuerwert / Verkehrswert gemäss Schätzung Kanton X	CHF 200 000
Repartitionskoeffizient 115 %	
Repartitionswert = CHF 200 000 x 115 %	CHF 230 000
Rückrechnung auf zürcherisches Wertniveau	
(Repartitionsdifferenz) CHF 230 000 : 90 % x10 %	<u>CHF 25 556</u>
Massgebender Wert in Zürcher Steuerausscheidung	
(Zürcherischer Vermögenssteuerwert)	<u>CHF 255 556</u>

Familie Heim hat eine Ferienwohnung und musste eine Renovation vornehmen. Dadurch entstand ein Kostenüberschuss (Eigenmietwert abzüglich Unterhalt) im Ferienwohnungskanton. Bei einem Kostenüberschuss wird im Liegenschaftskanton nur noch die Vermögenssteuer, nicht aber die Einkommenssteuer geschuldet. Im Rahmen der Steuerausscheidung wird der Überschuss dem Hauptsteuerdomizil zugewiesen. Es ist also möglich, diesen mit dem übrigen Einkommen zu verrechnen. Dadurch kann bei grösseren Unterhaltsarbeiten und bei einer sorgfältigen Planung die Gesamtsteuerbelastung optimiert werden!

BEISPIEL Ein Steuerpflichtiger hat seinen Wohnsitz im Kanton A. Per 30. Juni verkauft er seine Ferienwohnung im Kanton B (Steuerwert CHF 200 000; Repartitionskoeffizient 90 %) zum Preis von CHF 300 000. Auf der veräusserten Ferienwohnung lastet eine Hypothek von CHF 100 000. Per 1. Oktober hat er im Kanton C eine neue Ferienwohnung zum Preis von CHF 500 000 erworben, wofür er eine Hypothek von CHF 300 000 aufnehmen musste. Er wird aufgrund folgender Faktoren veranlagt:

Vermögen/Schulden per 31. Dezember:

Steuerwert Liegenschaft Kanton A	Rep.koeffizient 85 %	CHF 450 000
Steuerwert Liegenschaft Kanton C	Rep.koeffizient 110 %	CHF 300 000
Wertschriften		CHF 150 000
übriges Vermögen		CHF 30 000
Schulden		CHF 600 000
Sozialabzüge		CHF 180 000

Einkommen:	
Erwerbseinkommen (Lohnausweis)	CHF 150 000
Wertschriftenertrag	CHF 5 000
Eigenmietwert Kanton A	CHF 15 000
Eigenmietwert Kanton B	CHF 4 000
Eigenmietwert Kanton C	CHF 3 000
Schuldzinsen	CHF 22 000
Liegenschaftsunterhalt Kanton A (effektiv)	CHF 9 500
Liegenschaftsunterhalt Kanton B (Pauschal 20 %)	CHF 800
Liegenschaftsunterhalt Kanton C (Pauschal 10 %)	CHF 300
Berufsauslagen	CHF 7 000
Säule 3a	CHF 5 000
Sozialabzüge	CHF 6 000

Sofern natürliche Personen ausserkantonale Liegenschaften in ihrem Privatvermögen halten, gibt es Regeln wie die Vermögenswerte, Einkünfte, Gewinnungskosten, Schulden und Schuldzinsen, allgemeine Abzüge sowie Sozialabzüge verlegt werden. Dabei werden folgende Positionen objektmässig verlegt:

- Liegenschaften werden den Belegenheitskantonen zugewiesen, bewegliche Vermögenswerte dem Hauptsteuerdomizil.
- Die Bruttoerträge aus Liegenschaften werden den Liegenschaftskantonen zugewiesen. Andere Einkünfte werden dem Hauptsteuerdomizil zugewiesen.
- Gewinnungskosten (bspw. Versicherungsprämien, Kosten der Verwaltung durch Dritte) werden dem Besteuerungsort der Einkünfte, auf die sie sich beziehen, zugewiesen.

Folgende Positionen werden quotenmässig verlegt:

- Schulden und Schuldzinsen werden in Prozenten der Aktiven verteilt.
- Die Allgemeinen Abzüge werden im Verhältnis des Nettoeinkommens (das Nettoeinkommen entspricht den Einkünften abzüglich der Gewinnungskosten und Schuldzinsen) zugewiesen.
- Die Sozialabzüge (bspw. Alimente) werden in Prozenten des Reineinkommens verteilt.

Immobilien-Wegweiser durch den Steuerdschungel

Vermögen am 31. Dezember

Aktiven	Total (100 %)	Wohnsitz Kanton A		Kanton B		Kanton C	
Lieg.: Kant. Steuerwert		450'000				300'000	
Repartitionswert	712'500	382'500	85		90	330'000	110
Wertschriften und Guthaben	150'000	150'000					
Übriges Vermögen	30'000	30'000					
Umlage inf. Verkauf in Steuerp.		-90'000		90'000 [1]			
Umlage inf. Kauf in Steuerp.		247'500 [2]				-247'500	
Total Aktiven	892'500	720'000	80.67	90'000	10.08	82'500	9.25
Passiven	600'000	484'020		60'640		55'500	
	282'500	235'980		29'520		27'000	
Differenz auf Liegenschaften	125'735	67'500				58'235	
Korrektur Differenz auf Liegenschaften		27'794		15'882		-43'676	
Reinvermögen nach Umlage	418'235	331'274	79.19	45'402	10.86	41'559	9.95
Sozialabzüge	180'000	142'542		19'548		17'910	
Steuerbares Vermögen	238'235	188'732		25'845		23'649	

Einkommen

Vermögensertrag							
Liegenschaftsertrag netto	11'400	5'500		3'200		2'700	
Wertschriftenertrag netto	5'000	5'000					
Total Nettovermögensertrag	16'400	10'500		3'200		2'700	
Schuldzinsen	22'000	17'747	80.67	2'218	10.08	2'035	9.25
NVE* abzgl. Schuldzinsen	-5'600	-7'247		982		665	
Verr. Schuldzinsen m. NVE		1'647		-982		-665	
NVE nach Verr. Schuldzinsen	-5'600	-5'600		0		0	
Einkünfte aus							
Unselbständiger Tätigkeit	150'000	150'000					
Abzüge							
Berufsauslagen	7'000	7'000					
2. Säule, Säule 3a	5'000	5'000					
Reineinkommen	132'400	132'400					
Sonderabzüge							
Sozialabzüge	6'000	6'000					
Steuerbares Einkommen	126'400	126'400					

*NVE = Nettovermögensertrag
[1] Rep.wert 180'000 x 180 : 360 = 90'000 (für Zeitdauer vom 1.1. - 30.06.)
[2] Rep.wert 330'000 x 270 : 360 = 247'500 (für Zeitdauer vom 1.1. - 30.09.)

Wie dieses Beispiel zeigt, ist für die Vermögensbesteuerung grundsätzlich das am Ende der Steuerperiode vorhandene Vermögen massgebend. Um die verkürzte Dauer der wirtschaftlichen Zugehörigkeit am Spezialsteuerdomizil zu berücksichtigen, muss eine

Korrektur des Wertes des Vermögensobjektes vorgenommen werden. Die entsprechende Korrektur erfolgt in der Regel über den Wohnsitzkanton, weil die entsprechenden Geldmittel überwiegend auch vom Wohnsitzkanton zufliessen bzw. an diesen zurückfliessen. Auf Grund dieser Korrektur wird auch sichergestellt, dass die Schulden und Schuldzinsen angemessen verteilt werden. Bei Wegfall des Spezialsteuerdomizils in einem andern Kanton ist zu beachten, dass stets vom letzten bekannten Wert auszugehen ist (gemäss vorstehendem Beispiel Steuerwert bzw. Repartitionswert Liegenschaft).

Eine Familie besitzt ausser ihrem Eigenheim je eine Liegenschaft in drei weiteren Kantonen. Insgesamt hat sie vier Steuererklärungen erhalten. Ausser der Fristenfrage bei der Steuerpflicht in mehreren Kantonen, ist es auch wichtig, dass die vier Steuererklärungen in jedem Kanton abgegeben werden müssen. Sobald jemand in mehreren Kantonen Liegenschaften besitzt, wird dort ein Spezialsteuerdomizil begründet. Weil dadurch im Wohnkanton (Hauptsteuerdomizil) und auch in den Spezialsteuerdomizilen eine Steuerpflicht besteht, muss in all diesen Kantonen eine Steuererklärung eingereicht werden. Es genügt aber, in den anderen Kantonen lediglich eine Kopie der Steuererklärung des Hauptsteuerdomizils einzureichen.

ACHTUNG Bei einer Ferienwohnung muss man sich bewusst sein, dass weitere Steuern bspw. Liegenschaftssteuern (jährlich erhoben) anfallen können. Es ist möglich, dass eine Gemeinde touristisch nicht bewirtschaftete Zweitwohnungen mit einer besonderen Steuer belegt. Eine solche hat die Gemeindeversammlung der Bündner Gemeinde Silvaplana am 17. Februar 2010 beschlossen aber im Dezember 2014 nicht sistiert. So entfällt auf Zweitwohnungen eine Objekt-Steuer von 2 ‰ des Steuerwertes. Wird die Wohnung touristisch bewirtschaftet, entfällt diese. Eine private Bewirtschaftung kann eine Reduktion der Zweitwohnungssteuer zur Folge haben. Obwohl Silvaplana auch eine Liegenschaftssteuer von 1 ‰ erhebt, wurde die Steuer, auf touristisch nicht bewirtschafteten Zweitwohnungen vom Bundesgericht (BGE vom 27. März 2014 2C_1088/2012) gestützt.

5.4. Ferienwohnung im Ausland

Die Familie Heim träumt immer noch von einer Immobilie in Italien. Trotz intensiver Suche haben sie noch keine Wohnung gefunden, die ihren Ansprüchen gerecht wird.

Obwohl bei Liegenschaften im Ausland deren Vermögenssteuerwert und der Liegenschaftenertrag bzw. der Eigenmietwert im Land der gelegenen Sache besteuert werden, können auch hier Schwierigkeiten auftauchen. Damit das vermieden werden kann und die Freude an der Liegenschaft ungetrübt bleibt, gibt es ein paar steuerliche Punkte, die der Eigentümer beachten muss. Es darf nicht vergessen werden, dass auch in anderen Ländern (nicht nur in der Schweiz) regelmässig neue Gesetze und Steuerreformen verabschiedet werden. Dies macht es für den Schweizer Immobilienbesitzer umso schwieriger, den Überblick zu behalten. Eine Unkenntnis der aktuellen Gesetzeslage kann hohe Kosten nach sich ziehen.

Oft besteht die Meinung, ein ausländischer Immobilienbesitz müsse in der Schweiz nicht deklariert werden. Dies im Glauben, dass ein Immobilienbesitz im Ausland nur dort steuerliche Konsequenzen habe. Dem ist nicht so, denn der ausländische Grundbesitz beeinflusst auch die Steuerrechnung eines Steuerpflichtigen in der Schweiz.

Grundsätzlich unterliegen alle natürlichen Personen in der Schweiz an ihrem steuerrechtlichen Wohnsitz der unbeschränkten Steuerpflicht. Darin ist sämtliches «weltweites» Einkommen und Vermögen enthalten. Allerdings erstreckt sich die Besteuerung nicht auf Grundstücke im Ausland. In der Schweiz wird ausländisches Grundeigentum ausschliesslich zur Satzbestimmung herangezogen und sowohl der Wert (Vermögenssteuer) als auch der Ertrag (Einkommenssteuer) satzbestimmend berücksichtigt. «Satzbestimmend berücksichtigt» bedeutet, dass sich der Steuersatz nach dem weltweiten Einkommen bzw. Vermögen bestimmt. Die Steuerpflicht beschränkt sich aber nur auf die für die Schweiz massgebenden Vermögenswerte und Einkommen. Dabei wird vom sogenannten Progressionsvorbehalt gesprochen. Der Einbezug des weltweiten Einkommens und Vermögens dient lediglich der Satzbestimmung.

Die Schulden und die maximal zulässigen Schuldzinsen werden anteilsmässig nach Lage der Aktiven zugeteilt. Bei mehreren Liegenschaften (In- und Ausland) werden diese auf sämtliche Liegenschaften gemäss ihrem Wert verteilt. In der Praxis werden zur Ermittlung der Vermögenswerte von Liegenschaften - auch im Ausland - die sogenannten Repartitionswerte, gemäss Kreisschreiben der Schweizerischen Steuerkonferenz (www.steuerkonferenz.ch), herangezogen. Ob dieser Wert wirklich der Richtige ist, kann mit Fug und Recht bezweifelt werden. Das Bundesgericht verlangt, dass sämtliche Aktiven für die Schulden- und Schuldzinsverlegung von allen Kantonen nach übereinstimmenden Regeln bewertet werden, was in der Praxis in Form der Repartitionswerte (siehe Tabelle Ziffer 5.3) erfolgt.

5.5. Wohnsitzwechsel

Manchmal sehen wir uns mit der Situation konfrontiert, dass jemand in einem steuerlich günstigen Kanton eine Liegenschaft besitzt, jedoch in einem Hochsteuerkanton wohnt. Da liegt die Idee nahe, den Wohnsitz in den günstigeren Kanton zu verlegen. Diese Idee klingt tatsächlich verlockend und hat auch ihren Reiz, aber auch hier müssen verschiedene Punkte in Betracht gezogen werden. Erstens muss der Wohnsitzwechsel auch wirklich «vollzogen» werden. Das bedeutet, dass der tatsächliche Mittelpunkt der Lebensbeziehungen auch wirklich an diesen Ort liegt. Der Freundeskreis, die Vereinsaktivitäten usw. werden dorthin verlegt. Sonst ist es nahezu unmöglich, den Nachweis des Wohnsitzwechsels zu erbringen. Der Verdacht liegt nahe, dass nur steuerliche Überlegungen ausschlaggebend sind. Ein Wohnsitzwechsel muss also gut überlegt sein. Auch ist zu berücksichtigen, dass bei späteren Erbschaftssteuern für das bewegliche Vermögen der Wohnsitzkanton massgebend ist; das unbewegliche Vermögen ist im Kanton zu versteuern, in dem es liegt. In Kantonen mit tiefen Steuern sind die Preise für Wohneigentum oftmals hoch. Klären Sie also gut ab, ob sich ein Wohnsitzwechsel auch wirklich lohnt.

5.6. Ausscheidungsverluste bei einer Liegenschaft im Inland

Jemand besitzt im Privatvermögen nebst seiner selbstbewohnten noch eine weitere Liegenschaft, dabei kann es sich um ein Ferienhaus oder bspw. um vermietete Mehrfamilienhäuser in einem anderen Kanton handeln.

So ist es gut möglich, dass die Gewinnungskosten (Unterhaltskosten, Versicherungsprämien und Verwaltungskosten) dieser Liegenschaften im Privatvermögen höher sind als der daraus resultierende Ertrag. Im Privatvermögensbereich entsteht ein negatives Ergebnis.

Jemand hat Wohnsitz in einem Einfamilienhaus im Kanton Zürich. Ihm gehört noch eine Ferienliegenschaft im Kanton Graubünden. Durch eine grössere Renovation am Einfamilienhaus entsteht ein Gewinnungskostenüberschuss (Eigenmietwert abzüglich Liegenschaftsunterhaltskosten) bzw. Ausscheidungsverlust. In erster Linie müssen Gewinnungskostenüberschüsse mit andern Einkünften im gleichen Kanton verrechnet werden. Nicht im gleichen Kanton verrechenbare Verluste und Gewinnungskostenüberschüsse sind vom Hauptsteuerdomizil zu übernehmen. Gewinnungskostenüberschüsse, die am Hauptsteuerdomizil nicht mit dort steuerbaren Einkünften verrechnet werden können, sind von den übrigen Liegenschaftskantonen zu übernehmen. Sie werden im Verhältnis des in den betreffenden Kantonen steuerbaren Reineinkommens verlegt. Bei den Liegenschaftsunterhaltskosten kann es zu unterschiedlichen Ergebnissen kommen, weil jeder Kanton seine eigene Praxis anwendet. So ist es möglich, dass der eine Kanton Liegenschaftsunterhaltskosten zum Abzug zulässt und der andere nicht. Es ist bspw. möglich, dass der Kanton Zürich einen Liegenschaftsunterhalt akzeptiert und somit auf CHF 0 oder minus steuerbares Einkommen aus dieser Liegenschaft kommt. Der Kanton Graubünden hingegen, akzeptiert denselben Aufwand nicht und es kommt zu einer Besteuerung.

5.7. Ausscheidungsverluste bei einer Liegenschaft im Ausland

Bei ausländischen Liegenschaften erfolgt die Festsetzung der Nettoeinkünfte nach dem Steuergesetz des Hauptsteuerdomizils bzw. nach dem Bundesgesetz über die direkte Bundessteuer.

Zu deklarieren sind auch die Einkünfte aus im Ausland gelegenen Immobilien (bspw. Eigenmietwert, Mieterträge, Pachtzins etc.). Davon können Liegenschaftsunterhaltskosten (nicht aber die wertvermehrenden Investitionen), die Gebäudeversicherungsprämie und allfällige Verwaltungskosten von Drittpersonen in Abzug gebracht werden. Die Steuerpflichtigen können, nebst all diesen objektbezogenen Abzügen, auch die privaten Schuldzinsen in Abzug bringen. Dabei ist zu beachten, dass die Verlegung der Schuldzinsen auf die Kantone am Ort der gelegenen Sache nach einer anderen Methode als für die Gewinnungskosten erfolgt. Die Schuldzinsen werden proportional d.h. nach Lage der Aktiven verlegt.

Das weltweite Einkommen und Vermögen und die damit zusammenhängenden Schulden werden ebenfalls nach Lage und Wert der Aktiven auf die verschiedenen Steuerdomizile verteilt.

Steuerlich ist es interessant, wenn ein Gewinnungskostenüberschuss entsteht. Das heisst, dass die abzugsfähigen Aufwendungen (gemeint sind die abzugsfähigen Kosten gemäss Bundesrecht) für die Liegenschaft im Ausland, die Liegenschaftserträge übersteigen. Für diesen Fall enthält das Bundesrecht einen Vorbehalt: «Sofern jemand nur für einen Teil seines Einkommens in der Schweiz steuerpflichtig ist, entrichtet dieser die Steuer für die in der Schweiz steuerbaren Werte nach dem Steuersatz, der ihrem gesamten Einkommen entspricht». Das Gesetz über die direkte Bundessteuer hält somit ausdrücklich fest, dass Auslandsverluste auf Liegenschaften nur bei der Satzbestimmung berücksichtigt werden, nicht jedoch bei der Festsetzung des steuerbaren

Einkommens. Das bedeutet, dass ein sich bei der ersten Schuldzinsenverlegung ergebender Schuldzinsenüberhang bei der Liegenschaft im Ausland, keine zweite Schuldzinsenverlegung - zulasten des am Hauptsteuerdomizils steuerbaren Vermögensertrags - erfolgen muss (BGE vom 5. Mai 2014, 2C_1011/2012).

Diese Bestimmung wurde in einer Mehrzahl der Kantone in die kantonalen Steuergesetze übernommen. Durch diese Handhabung/Regelung ermässigt sich das im Inland steuerbare Einkommen durch einen Gewinnungskostenüberschuss im Ausland nicht. Wenige Kantone (bspw. Basel-Stadt, Zürich) lassen den Gewinnungskostenüberschuss als Minuseinkommen zu. Dadurch vermindert sich das steuerbare Einkommen bei den Kantons- und Gemeindesteuern und fällt somit tiefer aus, als das steuerbare Einkommen bei den direkten Bundessteuern. Allerdings müssen die Kosten im Ausland inklusive deren Bezahlung nachgewiesen werden können. Dies ist unter Umständen schwierig. Ist kein Nachweis möglich, werden die Kosten nicht akzeptiert.

Im Ausland werden die Liegenschaftsunterhaltskosten als Gewinnungskosten wie im interkantonalen Verhältnis objektmässig zugeschieden. Mangels Zuteilungsregeln in Bezug auf die Schulden und Schuldzinsen in den Doppelbesteuerungsabkommen sind unterschiedliche Zuordnungen möglich. Da die Schweiz auch im internationalen Verhältnis i.d.R. die proportionale Verlegung der Schulden und Schuldzinsen anwendet (im Gegensatz zu den anderen Vertragsstaaten, die i.d.R. die Verlegung objektmässig vornehmen), kann es zu Über- bzw. Unterbesteuerungen kommen, die theoretisch im Verständigungsverfahren beseitigt werden könnten.

IV. ANHANG

1. Tipps zum Ausfüllen der Steuererklärung in Bezug auf Liegenschaften

1. Falls Sie effektive Liegenschaftsunterhaltskosten geltend machen wollen, müssen Sie eine lückenlose Kostenaufstellung mit sämtlichen Belegen erstellen. Die Rechnungen des laufenden Liegenschaftsunterhalts sind in jedem Falle aufzubewahren. Es darf nicht vorkommen, dass «vergessen» wird, Belege zu sammeln und abzulegen, um sie in der Steuererklärung geltend zu machen. Ohne Belege keine Abzüge!

2. Legen Sie für die Liegenschaftsunterhaltskosten einen separaten Ordner an. Werden diese nämlich von der Steuerverwaltung als wertvermehrend und deshalb nicht abzugsfähig taxiert, sind die Belege trotzdem wichtig und müssen gut aufbewahrt werden. Die wertvermehrenden Kosten können bei einem allfälligen Verkauf der Liegenschaft als Anlagekosten geltend gemacht werden und reduzieren damit eine allfällige Grundstückgewinnsteuer.

3. Mit gestaffeltem Liegenschaftsunterhalt Steuern sparen! Jedes Jahr muss von neuem geprüft werden, ob der effektive oder der pauschale Abzug für Liegenschaftsunterhalt vorteilhafter ist. Besser ist, vor allem bei hohem Einkommen, eine vorausschauende Strategie. Allerdings ist dabei zu beachten, dass man kleinere werterhaltende Investitionen mit Vorteil auf ein und dasselbe Kalenderjahr konzentriert. Handelt es sich aber um sehr hohe Kosten, sollten diese über zwei oder mehr Jahre verteilt werden, um ein Minuseinkommen zu vermeiden. Dieses kann in den Folgejahren nicht mehr vom steuerbaren Einkommen in Abzug gebracht werden. Werden grössere Sanierungsarbeiten über mehrere Jahre etappiert, kann die Steuerprogression gebrochen werden.

4. Grössere Renovationen müssen unbedingt dokumentiert werden. Wichtig ist es, Fotos vor und nach dem Umbau zu erstellen.

5. Auch bei wertvermehrenden Aufwendungen, die bei der Einkommenssteuer nicht abziehbar sind, empfiehlt es sich, die Belege langfristig, am besten bis zu einem allfälligen Verkauf, bei dem kein Steueraufschub geltend gemacht werden kann, aufzubewahren.

6. Bei energiesparenden Massnahmen ist es vorteilhaft, eine zusätzliche Begründung beizufügen. Insbesondere dann, wenn diese Massnahmen nicht eindeutig aus den Handwerkerrechnungen ersichtlich sind.

7. Bei der Geltendmachung eines Unternutzungsabzuges sollte unbedingt eine Berechnungsgrundlage erstellt werden. Für Zweit- oder Ferienwohnungen ist ein Unternutzungsabzug nicht möglich.

8. Prüfen Sie weitere Abzugsmöglichkeiten (bspw. Einschlag in Härtefällen), sofern berechtigt.

9. Vergessen Sie nicht, bei Renditeliegenschaften das Liegenschaftsverzeichnis auszufüllen oder eine Aufstellung beizulegen.

10. Es empfiehlt sich, die Steuerveranlagung gründlich zu überprüfen. Es kommt öfters vor, dass die Steuerbehörden Aufrechnungen vornehmen, auch Steuerbehörden können Fehler unterlaufen. Verhandeln Sie mit den Steuerbehörden und/oder fordern Sie Ihr Recht mittels Einsprache.

11. Bei Liegenschaften in anderen Kantonen oder im Ausland muss unbedingt eine Steuerausscheidung gefordert werden.

2. Übliche Beilagen zur Grundstückgewinnsteuererklärung

- Kaufvertrag über den seinerzeitigen Erwerb
- Auflistung aller Belege für wertvermehrende Aufwendungen
- Ordnen Sie die Belege, Rechnungen, Verträge, usw. nach Datum (chronologisch) und nummerieren Sie diese fortlaufend
- Belege über weitere Leistungen bei der Veräusserung bzw. beim Erwerb (bspw. Verträge über Wohnrechte, Nutzniessungen, Übernahme der Grundstückgewinnsteuer durch den Erwerber etc.)
- Mit dem Erwerb (bspw. Notar, Makler etc.) und der Veräusserung entstandene Kosten.

Was ist zu tun bzw. zu überprüfen bei einer Neubewertung?

- Viele Kantone haben die Richtlinien für die Festlegung des Eigenmietwertes sowie des Vermögenssteuerwertes im Internet publiziert. Ansonsten sind diese beim Steueramt erhältlich.
- Allenfalls sind in der Nähe Vergleichsobjekte vorhanden
- Wenn aus der zugestellten Neubewertung nicht nachvollziehbar ist, wie die Werte berechnet wurden, sollten Sie beim Steueramt die entsprechende Bewertungsgrundlage verlangen.
- Entsprechen die errechneten Werte den Richtlinien?
- Bei einem hohen Landanteil ist es möglich, dass von falschen Landwerten ausgegangen wird.

Bei Einwendungen sollten Sie unbedingt innert Frist Einsprache erheben.

3. Einsprachemöglichkeiten

Mit dem Eintreffen der definitiven Veranlagungsverfügung beginnt eine (grundsätzlich nicht erstreckbare) Einsprachefrist von 30 Tagen. Deshalb sollten die durch die Steuerbehörde ermittelten Faktoren umgehend mit der eingereichten Steuererklärung verglichen werden. Sind Änderungen vorgenommen worden, die Sie nicht akzeptieren können, kann innert 30 Tagen Einsprache erhoben werden. Diese bedarf der Schriftlichkeit und ist mit einer Begründung, einem Antrag und allfälligen Beweismitteln der Veranlagungsbehörde einzureichen. Eine eingegangene Einsprache führt zwar zu einer Unterbrechung der Bezugsmassnahmen, befreit aber nicht von der Verzugs- und Ausgleichszinspflicht. Der Einspracheentscheid wird durch die zuständige Steuerbehörde eingeschrieben zugestellt (eröffnet).

4. Mustereinsprache (Beispiel kantonales Steueramt Zürich)

Hiermit erheben wir Einsprache gegen die Veranlagungsverfügung der direkten Bundessteuer (oder Staats[Kantons]- und Gemeindesteuern) vom XX.XX.20XX und stellen folgende

BEGEHREN

1. Die Veranlagungsverfügung für die direkte Bundessteuer (oder Staats[Kantons]- und Gemeindesteuern) vom XX.XX.20XX sei aufzuheben;
2. Die seitens der Veranlagungsbehörde vorgenommene Aufrechnung der Liegenschaftsunterhaltskosten von CHF .... sei rückgängig (oder von CHF ...... auf CHF ..... zu reduzieren) zu machen;
3. Das steuerbare Einkommen sei mit CHF .... zu veranlagen.

A. FORMELLES

1. Das kantonale Steueramt Zürich, Dienstabteilung Bundessteuer, Zürich, ist gestützt auf das Steuergesetz des Kantons Zürich und das Gesetz über die direkte Bundessteuer sowohl örtlich als auch sachlich zur Einsprachebehandlung zuständig.
2. Die vorliegende Einsprache erfolgt fristgerecht.

B. MATERIELLES

Hier ist eine Begründung notwendig, weshalb bspw. die Liegenschaftsunterhaltskosten zum Abzug zugelassen werden sollen.

Abschliessend ersuchen wir Sie, das eingangs gestellte Begehren gutzuheissen.

5. Besteuerung von Liegenschaften im Privatvermögen

Die Besteuerung erfolgt nach folgenden Grundsätzen:	
Mieterträge	steuerbar
Unterhaltskosten, effektiv oder als Pauschale	abziehbar
Wertvermehrende Investitionen	nicht abziehbar
Kosten der Verwaltung durch Dritte, Versicherungsprämien	abziehbar
Schuldzinsen, limitiert auf CHF 50 000 plus Vermögensertrag	abziehbar
Abschreibungen	nicht zulässig
Einkommenssteuer bei mittlerer bis maximaler Progression[1]	ca. 20 % - 40 %
Verkauf der Liegenschaft:	
- Direkte Bundessteuer: steuerfreier Kapitalgewinn	
- Kanton Grundstückgewinnsteuer, je nach Kanton sehr unterschiedlich	

[1] Kantons- und Gemeindesteuern bei Steuerfüssen von 109 % (Kanton), 100 % (Gemeinde), 20 % (Kirche) und direkte Bundessteuer, gerundet.

6. Wohneigentumsförderung

2. Säule

Gemäss Art. 30c des Bundesgesetzes über die Wohneigentumsförderung mit Mitteln der beruflichen Vorsorge können Versicherte, bis drei Jahre vor Entstehung des Anspruchs auf Altersleistung (Vorbehältlich einer günstigeren Regelung im Reglement der Vorsorgeeinrichtung), einen Betrag für Wohneigentum zum eigenen Bedarf geltend machen. Der Minimalbezug beträgt CHF 20 000.

Dabei gelten folgende Vorschriften:

- Die Versicherten können verlangen, dass ihnen jener Betrag ausbezahlt wird, welcher bei einem Stellenwechsel fällig würde. Obere Grenze ist die Freizügigkeitsleistung im Alter von 50 Jahren. Später die halbe Freizügigkeitsleistung, falls dies einen höheren Betrag ergibt.

- Im Grundbuch wird eine Verkaufsbeschränkung als Anmerkung eingetragen. Das bezogene Kapital muss zurückbezahlt werden, wenn die Liegenschaft verkauft wird, Eigenbedarf nicht mehr nachgewiesen ist oder wenn beim Tod der versicherten Person keine Vorsorgeleistung fällig wird.

- Der Vorbezug muss spätestens 3 Jahre vor dem Rentenalter erfolgen.

- Ist der Versicherte verheiratet oder lebt er in eingetragener Partnerschaft, so ist der Bezug nur zulässig, wenn sein Ehegatte, seine eingetragene Partnerin schriftlich zustimmt. Kann er die Zustimmung nicht beibringen oder wird sie ihm verweigert, so kann er das Gericht anrufen.

- Der Vorbezug gilt im Scheidungsfall oder beim Einkauf von Beitragsjahren als anrechenbare Freizügigkeitsleistung.

- Die Vorsorgeeinrichtung kann in ihrem Reglement vorsehen, dass bei Unterdeckung, solange diese andauert, die Verpfändung, der Vorbezug und die Rückzahlung zeitlich eingeschränkt, betragsmässig reduziert oder ganz verweigert werden können.

Steuerliche Behandlung der Wohneigentumsförderung:

- Der Vorbezug wird als Kapitalleistung aus Vorsorge steuerbar.
- Bei Wiedereinzahlung des Vorbezuges kann die steuerpflichtige Person innert drei Jahren die Rückerstattung des bezahlten Steuerbetrages ohne Zins verlangen.
- Der Abzug einer Wiedereinzahlung als Einkauf ist ausgeschlossen.

Säule 3a

Die Mittel der Säule 3a können gemäss Art. 3 Abs. 3, 4 und 5 BVV3 für den Erwerb von Wohneigentum für den Eigenbedarf oder für die Amortisation eines Hypothekardarlehens an diesem Eigentum verwendet werden. Es gibt keinen Maximalbezug. Der Vorbezug kann alle fünf Jahre geltend gemacht werden. Es erfolgt keine Anmerkung im Grundbuch und eine Rückzahlung bei Veräusserung der Liegenschaft ist nicht möglich.

Für Angestellte - und selbständige Personen, die einer Pensionskasse angeschlossen sind - besteht für Einzahlungen in die Säule 3a eine Begrenzung von maximal CHF 6 739 (2014) und CHF 6 768 (2015) pro Kalenderjahr.

Für AHV-pflichtige Personen ohne Anschluss an eine Pensionskasse betragen die Einzahlungen maximal 20 % des massgebenden Einkommens laut Lohnausweis bzw. des Gewinns gemäss Geschäftsbuchhaltung. Der Betrag ist auf CHF 33 696 (2014) und CHF 33 840 (2015) limitiert.

7. Merkblatt des kantonalen Steueramtes Zürich über die steuerliche Abzugsfähigkeit von Kosten für den Unterhalt und die Verwaltung von Liegenschaften Nr. 18/821 ab Seite 12
Abgrenzungskatalog

			Abzug als Unterhaltskosten	Nicht abzugsfähige Kosten
	Bezeichnung	E		
1	**Gebäude aussen**			
1.1	**Fassadenrenovationen**			
	A. Neuanstrich		1/1	
	B. Fassadenreinigung (Hochdruck)		1/1	
	C. Überdecken einer bestehenden Verkleidung (auch Schindeln) durch Eternit, Aluminium, usw., statt Neuanstrich		2/3	Rest
	D. Renovationsarbeiten an Natursteinfassaden (Sandstein)		1/1	
	E. Wärmedämmung-Massnahmen (Isolationen)	E	1/1	
1.2	**Fenster, Vorfenster**			
	A. Reparatur / gleichgewichtiger Ersatz		1/1	
	B. Ersatz von Fenster durch energetisch bessere Fenster als vorbestehend	E	1/1	
1.3	**Windfang**			
	A. Neubau von unbeheizten Windfängen	E	1/1	
	B. Reparatur / gleichgewichtiger Ersatz		1/1	
1.4	**Sonnenstoren**			
	A. Neueinbau		-	1/1
	B. Reparatur/ gleichgewichtiger Ersatz		1/1	
1.5	**Fensterläden und Rollläden**			
	A. Neueinbau	E	1/1	
	B. Reparatur / gleichwertiger Ersatz		1/1	
1.6	**Gerüstkosten**			
	Gerüstkosten sind im Verhältnis nach den Anteilen von Unterhalts-/Anlagekosten aufzuteilen			
1.7	**Brandmauer**			
	A. Erstellung im Zusammenhang mit Anbauten		-	1/1
	B. Erstellung auf Verlangen der Feuerpolizei		1/2	Rest
	C. Reparatur/ gleichwertiger Ersatz		1/1	
1.8	**Balkone, Terrassen**			
	A. Abdichten des Terrassenbodens und Verlegen von Zementplatten auf die Abdichtung		2/3	Rest
	B. Reparatur / gleichwertiger Ersatz		1/1	
	C. Isolieren des Terrassenbodens	E	1/1	
1.9	**Wintergarten**			
	A. Neueinbau		-	1/1
	B. Reparatur / gleichwertiger Ersatz		1/1	
2	**Bedachungsarbeiten**			
2.1	**Dächer**			
	A. Reparatur / gleichwertiger Ersatz		1/1	
	B. Verbessern der thermischen Isolation	E	1/1	

Immobilien-Wegweiser durch den Steuerdschungel

	Bezeichnung	E	Abzug als Unterhaltskosten	Nicht abzugsfähige Kosten
2.2	**Spenglerarbeiten**			
	A. Neueinbau und Erweiterung infolge Um-, An- und/oder Aufbau		-	1/1
	B. Reparatur / gleichwertiger Ersatz		1/1	
2.3	**Blitzableiter**			
	A. Neueinbau und Erweiterung infolge Anbau		-	1/1
	B. Reparatur / gleichgewichtiger Ersatz		1/1	
2.4	**Dachstockausbau**			
	Einbau von Zimmern oder Wohnungen		-	1/1
3	**Gebäude innen**			
3.1	**Grundrissveränderungen**			
	z.B. Herausbrechen von Wänden, Einbau neuer Wände und damit verbundene Anpassungsarbeiten		-	1/1
3.2	**Wände im Innern, Decken**			
	A. Auffrischen / Reparatur / Gleichwertiger Ersatz		1/1	
	B. Im Zusammenhang mit Umbauarbeiten und Anbauten entstehende Mehrkosten		-	1/1
	C. Erstbeschichtung oder -verkleidung		-	1/1
	D. Anbringen einer inneren Isolation an Fassadenwänden oder Kellerdecken	E	1/1	
3.3	**Wand- und Deckenverkleidungen, Bodenbeläge**			
	A. Reparatur / gleichwertiger Ersatz (auch Parkett / Platten statt Teppich)		1/1	
	B. Ersatz mit Komfortverbesserung (z.b. Platten oder Täfer anstelle Anstrich)		2/3	Rest
3.4	**Hausbock und Schwamm**			
	Kosten für die Bekämpfung (Holzbehandlung)		1/1	
3.5	**Türen, Kipptore (Garagen)**			
	A. Ersteinbau infolge Um- und Anbau		-	1/1
	B. Reparatur / gleichwertiger Ersatz		1/1	
	C. Ersatz mit automatischem Torantrieb		1/2	Rest
3.6	**Treppen, Treppenhaus, Geländer**			
	A. Reparatur / gleichwertiger Ersatz		1/1	
	B. Ersetzen einer Holztreppe durch eine Betontreppe inklusive Folgekosten		1/3	Rest
	C. Ersetzen der Geländer durch bessere Qualität		2/3	Rest
3.7	**Aufzug, Lift**			
	A. Neueinbau		-	1/1
	B. Reparatur, Serviceabonnement, gleichwertiger Ersatz		1/1	
4	**Installationen**			
4.1	**Sanitärräume (Bad, Dusche, WC)**			
	A. Modernisierung / Gesamtbau inkl. Sanitäre Einrichtungen		2/3	Rest
	B. Reparatur / gleichwertiger Ersatz sanitäre Einrichtungen		1/1	
	C. Ersatz einzelner sanitärer Einrichtungen mit grösserem Komfort (z.B. Closomat, Dampfdusche)		1/4	Rest
	D. Zusätzliche Neuinstallationen		-	1/1

	Bezeichnung	E	Abzug als Unterhaltskosten	Nicht abzugsfähige Kosten
4.2	**Waschmaschine / Tumbler**			
	A. Reparatur / gleichwertiger Ersatz		1/1	
	B. Erstmalige Anschaffung		-	1/1
4.3	**Kücheneinrichtungen**			
	A. Reparatur / gleichwertiger Ersatz		1/1	
	B. Ersatz mit Komfortverbesserung (Bsp. bisher Kombination Chromstall / neu Kombination mit z.b. Abdeckung aus Natur- oder Kunststein)		2/3	Rest
	C. Ersatz Einrichtung mit grösserem komfort in Altwohnungen (Bsp. bisher keine Küchenkombination / neu Küchenkombination		1/4	Rest
	D. Zusätzliche Neuinstallationen		-	1/1
4.4	**Sanitäre Installationen (Wasser- / Abwasserleitungen)**			
	A. Reparatur/ gleichwertiger Ersatz		1/1	
	B. Neuinstallationen		-	1/1
4.5	**Elektrisch installationen (exkl. Beleuchtungskörper = Mobiliar)**			
	A. Reparatur / gleichwertiger Ersatz		1/1	
	B. Neuinstallationen		-	1/1
4.6	**Antenneninstallationen (Anschluss an Kabelfernsehen)**			
	A. Reparatur / Ersatz bestehender Anlagen		1/1	
	B. Erstmalige Installation, Anschlussbeitrag		-	1/1
4.7	**Überwachungs- und Löschanlagen**			
	A. Reparatur/ gleichwertiger Ersatz		1/1	
	B. Erstmalige Installation		-	1/1
4.8	**Heizungsinstallationen**			
	A. Reparatur / gleichwertiger Ersatz		1/1	
	B. Kosten für die Rauchgaskontrolle		1/1	
	C. Zusätzliche Installationen **mit Energieeinsparung** (z.B. Isolation von Leitungen, Thermoventile, Wärmezähler, Warmlufteinsätze)	E	1/1	
	D. Zusätzliche Installationen ohne **Energieeinsparung** (z.B. zusätzliche Heizkörper,Cheminée)		-	1/1
4.9	**Kaminanlagen**			
	A. Reparatur/ gleichwertiger Ersatz		1/1	
	B. Kosten Kaminfeger		1/1	
	C. Kaminsanierung im Zusammenhang mit dem Ersatz eines Wärmeerzeugers	E	1/1	
4.10	**Heizöltankanlagen**			
	A. Ersteinbau (inkl. Tankraum)		-	1/1
	B. Gleichwertiger Ersatz / Tanksanierung (Verkleidung) / Revision / Reinigung		1/1	
4.11	**Fernwärmeversorgung (Anschluss)** Ausserbetriebnahme einer bestehenden Heizungsanlage und Anschluss an eine Fernwärme-Heizzentrale	E	1/1	

	Bezeichnung	E	Abzug als Unterhaltskosten	Nicht abzugsfähige Kosten
4.12	**Warmwasseraufbereitung (Boiler)**			
	A. Reparatur/ gleichgewichtiger Ersatz		1/1	
	B. Ersteinrichtung / zusätzliche Einrichtung		-	1/1
	C. Ersatz durch grösseres Modell		1/2	Rest
	D. Neueinrichtung zusätzlich zum bestehenden Heizkessel für die Warmwasseraufbereitung im Sommer	E	1/1	
4.13	**Lüftung / Klimaanlage / Dampfabzug**			
	A. Reparatur/ gleichwertiger Ersatz		1/1	
	B. Massnahmen, die dazu führen, das auf eine Klimatisierung verzichtet werden kann	E	1/1	
5	**Umgebung**			
5.1	**Belagsarbeiten (Asphalt, Verbundsteine, etc.)**			
	A. Reparatur/ gleichwertiger Ersatz		1/1	
	B. Neuanlage und Komfortverbesserung		-	1/1
5.2	**Stützmauern**			
	A. Reparatur/ gleichwertiger Ersatz		1/1	
	B. Neuanlage / Qualitätsverbesserung		-	1/1
5.3	**Gartenunterhalt** **Einfamilienhäuser** A. Bäume, Sträuche und Pflanzen			
	a. Erstmaliges Ansetzen		-	1/1
	b. Pflege / gleichwertiger Ersatz		1/1	-
	B. Kosten für ordentlichen Gartenunterhalt Normale Rasenpflege, Reparatur oder gleichwertiger Ersatz des Rasenmähers, Baumschnitt, Schädlingsbekämpfung, etc. (keine luxuriösen Aufwendungen) / Keine Eigenleistungen[2]		1/1	
	C. Kosten, die der blossen Annehmlichkeit dienen		-	1/1
	Mehrfamilienhäuser Grundsätzlich gleiche Ausscheidung wie bei Einfamilienhäusern. Sofern der Garten / die Gartenanlage sämtlichen Bewohner zur Verfügung steht, sind die Unterhaltskosten weniger eng auszulegen. Inbesondere gelten auch Rasenmähen, Schneeräumen usw. als Unterhalt. Soweit sie nicht über Nebenkostenabrechnungen allen Mietern weiterbelastet werden, können sie als Gewinnungskosten ebenfalls abgezogen werden.			

			Abzug als Unterhalts- kosten	Nicht abzugs- fähige Kosten
	Bezeichnung	E		
5.4	**Kanalisationen / Hauszuleitungen** (inkl. Aushub und Erdarbeiten) A. Im allgemeinen			
	a. Reparaturen / gleichwertiger Ersatz		1/1	
	b. Vergrösserung / Erweiterung infolge Anbau		-	1/1
	c. Einmalige Anschlussgebühren		-	1/1
	d. Anpassen gemäss Vorschrift an die Norm		2/3	Rest
	e. Ersteinbau		-	1/1
	B. Kanalisationen / Gruben / Schächte			
	a. Einsätzen infolge Korrektur der Strasse / Anschliessen an ein anderes Netz (ARA)		-	1/1
	b. Reinigen (Kanalspülung) / Entleerung		1/1	
	c. Ausserbetriebnahme der Klärgrube		1/1	
6	**Verschiedenes**			
6.1	**Architekten- / Ingenieurhonorare**			
	A. Im Zusammenhang mit Renovationsarbeiten		1/1	
	B. Im Zusammenhang mit Umbauarbeiten / Anbauten / Neubau		-	1/1
	C. Studienhonorare und Kosten für die Grobanalysen der tatsächlich ausgeführten Arbeiten im Sinne des Energiesparens und des Umwertschutzes	E	1/1	
6.2	**Abbruchkosten**			
	A. Abbruchkosten im Zusammenhang mit Neubau		-	1/1
	B. Abbruchkosten im Zusammenhang Um- und Ausbauten: Aufteilung im Verhältnis nach den Anteilen Unterhalts- / Anlagekosten			
	C. Reine Abbruchkosten (vollständiger Abbruch des Gebäudes)		-	1/1
6.3	**Sauna / Solarium (fest eingebaut)**			
	A. Neueinbau		-	1/1
	B. Reparatur / gleichwertiger Ersatz		1/1	

E = Energiesparmassnahme

8. Gesetzliche Erbteile und Pflichtteile / freie Quote

Erbrechtliche Situation (Angehörige)	Gesetzliche Erbteile (kein Testament oder Erbvertrag vorhanden)	Pflichtteile/freie Quote (zu beachten bei Verfassen von Testament/Erbvertrag)
Ehepartner* und Nachkommen	Ehepartner 1/2 Nachkommen 1/2	Ehepartner 1/4 Nachkommen 3/8 Freie Quote 3/8
Ehepartner* und beide Eltern (ohne Nachkommen)	Ehepartner 3/4 Vater 1/8 Mutter 1/8	Ehepartner 3/8 Vater 1/16 Mutter 1/16 Freie Quote 1/2
Ehepartner* und ein Elternteil (ohne Geschwister)	Ehepartner 3/4 Elternteil 1/4	Ehepartner 3/8 Elternteil 1/8 Freie Quote 1/2
Ehepartner* und ein Elternteil und Geschwister	Ehepartner 3/4 Elternteil 1/8 Geschwister 1/8	Ehepartner 3/8 Elternteil 1/16 Geschwister 0 Freie Quote 9/16
nur Nachkommen	Nachkommen 1	Nachkommen 3/4 Freie Quote 1/4
nur beide Eltern	Vater 1/2 Mutter 1/2	Vater 1/4 Mutter 1/4 Freie Quote 1/2
nur ein Elternteil (ohne Geschwister)	Elternteil 1	Elternteil 1/2 Freie Quote 1/2
nur Geschwister	Geschwister 1	Geschwister 0 Freie Qoute 1
Eltern und Lebenspartner (in eheähnlichem Verhältnis)	Vater 1/2 Mutter 1/2 Lebenspartner 0	Vater 1/4 Mutter 1/4 Lebenspartner 0 Freie Quote 1/2
Geschwister und Lebenspartner (in eheähnlichem Verhältnis)	Geschwister 1 Lebenspartner 0	Geschwister 0 Lebenspartner 0 Freie Quote 1

*vor der Erbteilung erfolgt die Güterrechtsauseinandersetzung.

Die Verfügungsfreiheit des Erblassers ist beschränkt, d.h. er kann nicht über sein ganzes Vermögen verfügen. Die Rechtsordnung will nämlich sicherstellen, dass sowohl der Ehegatte als auch die nächsten Verwandten (Nachkommen, Eltern) in jedem Fall einen Teil der Hinterlassenschaft erhalten. Dieser ihnen zustehende Anteil heisst Pflichtteil. Das ZGB legt die Pflichtteile in Bruchteilen des gesetzlichen Erbanspruches fest. Der Vermögensteil, über den der Erblasser durch Verfügung von Todes wegen bestimmen kann, wird frei verfügbare Quote genannt.

Die Pflichtteile können den Berechtigten nur in seltenen Ausnahmefällen der Enterbung entzogen werden (bspw. bei schweren Verbrechen oder schwerer Vernachlässigung von familienrechtlichen Pflichten).

Die verfügbare Quote ist umso grösser, je weiter entfernter die Verwandtschaft der Pflichtteilsberechtigten ist. Die Geschwister und deren Nachkommen haben kein Pflichtteilsrecht.

Erblasser hinterlässt…	Gesetzlicher Erbteil	Pflichtteilsgeschützt	Pflichtteile	Frei verfügbare Quote
Ehepartner und Nachkommen	$1/2$	$1/2$	$1/2 \times 1/2 = 1/4$	$3/8$
	$1/2$	$3/4$	$1/4 \times 1/2 = 3/8$	
Nachkommen	$1/1$	$3/4$	$3/4 \times 1/1 = 3/4$	$1/4$
Ehepartner und Eltern	$3/4$	$1/2$	$1/2 \times 3/4 = 3/8$	$1/2$
	$1/4$	$1/2$	$1/2 \times 1/4 = 1/8$	
Ehepartner	$1/1$	$1/2$	$1/2 \times 1/1 = 1/2$	$1/2$
Eltern oder –teil	$1/1$	$1/2$	$1/2 \times 1/1 = 1/2$	$1/2$
Ehepartner u. Geschwister	$3/4$	$1/2$	$1/2 \times 3/4 = 3/8$	$5/8$
	$1/4$	-	-	
Elternteil und Geschwister	$1/2$	$1/2$	$1/2 \times 1/2 = 1/4$	$3/4$
	$1/2$	-	-	
Geschwister	$1/1$	-	-	$1/1$
Grosseltern oder deren Nachkommen	$1/1$	-	-	$1/1$

Quelle: TaxWare

9. Adressen der Steuerverwaltungen

ESTV
Eidgenössische Steuerverwaltung
Eigerstrasse 65, 3003 Bern
Tel.: 031/322 70 68
Fax.: 031/324 92 50
ist@estv.admin.ch
www.estv.admin.ch

Aargau
Kantonales Steueramt
Telli-Hochhaus, 5004 Aarau
Tel.: 062/835 25 30
Fax.: 062/835 25 39
steueramt@ag.ch
www.steuern.ag.ch

Appenzell Ausserrhoden
Kantonale Steuerverwaltung
Gutenberg-Zentrum, 9102 Herisau 2
Tel.: 071/353 62 90
Fax.: 071/353 63 11
steuerverwaltung@ar.ch
www.ar.ch

Appenzell Innerrhoden
Kantonale Steuerverwaltung
Marktgasse 2, 9050 Appenzell
Tel.: 071/788 94 01
Fax.: 071/788 94 19
steuern@ai.ch
www.ai.ch/steuern

Basel-Landschaft
Kantonale Steuerverwaltung
Rheinstrasse 33, 4410 Liestal
Tel.: 061/552 51 20
Fax.: 061/552 69 94
steuerverwaltung@bl.ch
www.steuern.bl.ch

Basel-Stadt
Steuerverwaltung
Fischmarkt 10, Postfach, 4001 Basel
Tel.: 061/267 81 81
Fax.: 061/267 96 25
steuerverwaltung@bs.ch / steuerbezug@bs.ch
www.steuerverwaltung.bs.ch

Bern
Steuerverwaltung des Kantons Bern
Brünnenstrasse 66, 3018 Bern
Postfach 8334, 3001 Bern
Tel.: 031/633 60 01
Fax.: 031/633 60 60
info.sv@fin.be.ch
www.be.ch/steuern

Freiburg	Kantonale Steuerverwaltung Rue Joseph-Piller 13, 1701 Freiburg Tel.: 026/305 32 75 Fax.: 026/305 32 77 SCC@fr.ch www.fr.ch/scc/
Genf	Administration fiscale cantonale Rue du Stand 26, Case postale 3937, 1211 Genève 3 Tel.: 022/327 70 00 Fax.: 022/327 55 97 (Kontakt via Internetseite) www.geneve.ch/df
Glarus	Kantonale Steuerverwaltung Hauptstrasse 11/17, 8750 Glarus Tel.: 055/646 61 50 Fax.: 055/646 61 98 steuerverwaltung@gl.ch www.gl.ch
Graubünden	Kantonale Steuerverwaltung Steinbruchstrasse 18/20, 7001 Chur Tel.: 081/257 21 21 Fax.: 081/257 21 55 info@stv.gr.ch www.stv.gr.ch
Jura	Service cantonal des contributions Rue de la Justice 2, 2800 Delémont Tel.: 032/420 55 30 Fax.: 032/420 55 31 secr.ctr@jura.ch www.jura.ch/DFJP/CTR/Service-des-contributions.html
Luzern	Dienststelle Steuern des Kantons Luzern Buobenmatt 1, 6002 Luzern Tel.: 041/228 51 11 Fax.: 041/228 66 37 dst@lu.ch www.steuern.lu.ch
Neuenburg	Service cantonal des contributions Rue du Docteur-Coullery 5, 2301 La Chaux-de-Fonds Tel.: 032/889 64 20 Fax.: 032/889 60 85 ServiceContributions@ne.ch www.ne.ch/impots

Nidwalden	Kantonales Steueramt Bahnhofplatz 3, 6371 Stans Tel.: 041/618 71 27 Fax.: 041/618 71 39 steueramt@nw.ch www.nidwalden.ch
Obwalden	Kantonale Steuerverwaltung St. Antonistrasse 4, 6061 Sarnen Tel.: 041/666 62 94 Fax.: 041/666 63 13 steuerverwaltung@ow.ch www.obwalden.ch
Schaffhausen	Kantonale Steuerverwaltung J.J. Wepfer-Strasse 6, 8200 Schaffhausen Tel.: 052/632 79 50 Fax.: 052/632 72 98 sekretariat.stv@ktsh.ch www.sh.ch
Schwyz	Kantonale Steuerverwaltung Bahnhofstrasse 15, Postfach 1232, 6431 Schwyz Tel.: 041/819 23 45 Fax.: 041/819 23 49 stv@sz.ch www.sz.ch/steuern
Solothurn	Steueramt des Kantons Solothurn Werkhofstrasse 29 c, 4509 Solothurn Tel.: 032/627 87 87 Fax.: 032/627 87 00 steueramt.so@fd.so.ch www.steueramt.so.ch
St. Gallen	Kantonales Steueramt Davidstrasse 41, 9001 St. Gallen Tel.: 071/229 41 21 Fax.: 071/229 41 02 dienste@ksta.sg.ch www.steuern.sg.ch
Tessin	Divisione delle contribuzioni Vicolo Sottocorte, 6501 Bellinzona Tel.: 091/814 39 58 Fax.:091/814 44 88 dfe-dc@ti.ch www.ti.ch/fisco

Thurgau	Kantonale Steuerverwaltung Schlossmühlestrasse 15, 8510 Frauenfeld Tel.: 052/ 724 14 14 Fax.: 052/ 724 14 00 info.sv@tg.ch www.steuerverwaltung.tg.ch
Uri	Amt für Steuern Haus Winterberg, 6460 Altdorf Tel.: 041/875 21 17 Fax.: 041/875 21 40 steueramt@ur.ch www.ur.ch
Waadt	Administration cantonale des impôts Route de Berne 46, 1014 Lausanne Tel.: 021/316 21 21 Fax.:021/316 21 40 info.aci@vd.ch www.aci.vd.ch
Wallis	Service cantonal des contributions Avenue de la Gare 35, 1951 Sion Tel.: 027/606 24 50 Fax.: 027/606 24 53 scc@admin.vs.ch www.vs.ch
Zug	Kantonale Steuerverwaltung Postfach 160, 6301 Zug Tel.: 041/728 26 11 Fax.: 041/728 26 99 (Kontakt via Internetseite) www.zug.ch/tax
Zürich	Kantonales Steueramt Bändliweg 21, Postfach, 8090 Zürich Tel.: 043/259 40 50 Fax.: 043/259 61 94 (Kontakt via Internetseite) www.steueramt.zh.ch

10. Abkürzungsverzeichnis

Abs.	Absatz
AG	Aargau
AHV	Alters- und Hinterlassenenversicherung
AHVG	Bundesgesetz vom 20. Dezember 1946 über die Alters- und Hinterlassenenversicherung; Stand 1. Januar 2013 (SR 831.10)
AI	Appenzell Innerrhoden
AR	Appenzell Ausserrhoden
Art.	Artikel
ASA	Archiv für schweizerisches Abgaberecht (Periodikum)
BE	Bern
BG	Bundesgesetz
BGE	Amtliche Sammlung der Entscheide des Bundesgerichts
BGr	Bundesgericht
BL	Basel-Land
BS	Basel-Stadt
bspw.	beispielsweise
BV	Bundesverfassung der Schweizerischen Eidgenossenschaft vom 18. April 1999; Stand 18. Mai 2014 (SR 101; in Kraft ab 01.01.2000)
BVG	Bundesgesetz über die berufliche Alters-, Hinterlassenen- und Invalidenvorsorge (BVG) SR 831.40 vom 25. Juni 1982 (Stand 1. Januar 2014)
BVV2	Verordnung über die berufliche Alters-, Hinterlassenen- und Invalidenvorsorge (BVV 2) SR 831.441.1 vom 18. April 1984 (Stand 1. Januar 2014)
BVV3	Verordnung über die steuerliche Abzugsberechtigung für Beiträge an anerkannte Vorsorgeformen (BVV 3) SR 831.461.3 vom 13. November 1985 (Stand 1. Januar 2009)
Bst.	Buchstabe
bzw.	beziehungsweise
DBG	Bundesgesetz über die direkte Bundessteuer vom 14. Dezember 1990 (SR 642.11)
eidg.	eidgenössisch
ESTV	Eidgenössische Steuerverwaltung
etc.	et cetera
evtl.	eventuell
FR	Freiburg
f./ff.	und der/die folgenden/fortlaufenden (Paragraph/Paragraphen; Seite/Seiten)

FZG	Bundesgesetz über die Freizügigkeit in der beruflichen Alters-, Hinterlassenen- und Invalidenvorsorge; Freizügigkeitsgesetz (FZG) vom 17. Dezember 1993; Stand 1. Januar 2012 (SR 831.42)
FZV	Verordnung über die Freizügigkeit in der beruflichen Vorsorge Alters-, Hinterlassenen- und Invalidenvorsorge vom 3. Oktober 1994; Stand 1.1.2013 (SR 831.425)
GE	Genf
GL	Glarus
HEV	Hauseigentümerverband
i.d.R.	in der Regel
i.S	in Sachen
i.S.v.	im Sinne von
i.V.m.	in Verbindung mit
inl.	inländisch
insb.	insbesondere
lit.	Litera
JU	Jura
KS	Kreisschreiben
LU	Luzern
m.a.W.	mit anderen Worten
m.E.	meines Erachtens
MWSTG	Bundesgesetz über die Mehrwertsteuer vom 12. Juni 2009; Stand 1. Januar 2014 (Mehrwertsteuergesetz; SR 641.20)
MWST	Mehrwertsteuer
MWStV	Verordnung über die Mehrwertsteuer vom 27. November 2009; Stand 1. Januar 2014 (SR 641.201)
Nr./Nrn.	Nummer / Nummern
NE	Neuenburg
NW	Nidwalden
OW	Obwalden
OR	Obligationenrecht; Stand 1. Juli 2014 (SR 220)
Para.	Paragraph
PK	Pensionskasse
publ.	publiziert
resp.	respektive
Rn.	Randnote
Rz.	Randziffer / Randziffern

S.	Seite / Seiten
s.	siehe
SH	Schaffhausen
SG	St. Gallen
SO	Solothurn
sog.	sogenannte / sogenannter
SZ	Schwyz
SR	Systematische Sammlung des Bundesrechts (Systematische Sammlung)
STE	Der Steuerentscheid (Periodikum)
StHG	Bundesgesetz über die Harmonisierung der direkten Steuern der Kantone und Gemeinden vom 14. Dezember 1990; Stand 1. Januar 2014 (SR 642.14)
StR	Steuer Revue (Periodikum)
SSK	Schweizerische Steuerkonferenz (Vereinigung schweizerischer Steuerbehörden)
TG	Thurgau
TI	Tessin
u.	und
u.a.	unter anderem
UR	Uri
usw.	und so weiter
u.U.	unter Umständen
VD	Waadt
VS	Wallis
vgl.	vergleiche
WEFV	Verordnung über die Wohneigentumsförderung mit Mitteln der beruflichen Vorsorge vom 3. Oktober 1994; Stand 1. Januar 2008 (SR 831.411)
WEG	Wohnbau- und Eigentumsförderungsgesetz vom 4. Oktober 1974; Stand 1. Januar 2013 (SR 843)
z.B.	zum Beispiel
ZGB	Schweizerisches Zivilgesetzbuch vom 10. Dezember 1907; Stand 1. Juli 2014 (SR 210)
ZG	Zug
ZH	Zürich
Ziff.	Ziffer / Ziffern

11. Stichwortverzeichnis

A

Abzug der effektiven Kosten; 83,100

Alleineigentum; 19

Amortisation von Hypotheken; 23, 31, 34, 35

Anlageinstrumente; 31, 32.

Anlagekosten; 19, 21, 90, 119, 122, 123, 125, 126, 127, 128, 130, 133

Anlagekosten für Energiesparmassnahmen; 111, 116, 117, 118

Anlagekosten für Umweltschutz; 111

Ausland; Ferienwohnung; 176, 177

Ausnahmen von der objektiven Mehrwertsteuerpflicht, ausgenommene Leistungen; 154

Ausscheidung; 175

Ausscheidungsverluste; 178, 179

B

Baukreditzinsen, steuerliche Abzugsfähigkeit; 122, 123

Belege; 88, 90, 98, 106, 109, 131

berufliche Vorsorge (2. Säule), Besteuerung der Leistungen; 38, 39

berufliche Vorsorge, Finanzierung; 35

berufliche Vorsorge (2. Säule), Wohneigentumsförderung; 37 ff.

Berufsauslagen; Arbeitszimmer; 80, 81

Besitzesdauer; 123, 124, 126, 139

Beschränkung Schuldzinsenabzug; 120, 121

Besteuerung von Pensionskassenauszahlungen; 38, 39

Betriebskosten; 81, 83, 86, 87, 91, 106, 107

bewegliches Vermögen; 68

Bewertungsgutachten; 51, 164

C

CAP-Prämie; 24, 25

D

direkte Amortisation; 26

dualistisches System (Grundstückgewinnsteuer); 123, 131, 132

E

Effektiver Liegenschaftsaufwand; 83

Eigenkapital; 17, 23, 43, 171

Eigenleistungen; 90

Eigenmietwert; 19, 21, 44, 45, 46, 47, 48, 49, 70, 71, 72, 73, 74, 75, 76, 77, 78, 79, 80, 81, 86, 94, 95, 162, 176

Eigenmietwertbesteuerung; Mietwerte; 70, 81

Eigennutzung; 70 , 74

Eigenverbrauch [MWST]; 155, 156

Einkommenssteuer; 21, 22, 28, 32, 33, 42, 44, 113, 123, 173, 177

Einlageentsteuerung [MWST]; 155, 156

Einmalprämienversicherung, Bedingungen für Steuerfreiheit; 32

Einschlag Eigenmietwert in Härtefällen; 76, 77, 78, 79, 80

Einsprache; 49, 51, 81, 183, 184, 185

Einsprachefrist; 184

Einzelschätzung; 50

Energetische Gebäudesanierung; 21, 111, 113

Energie- und Umweltschutzmassnahmen; 111, 113

Erbschaften, Steuersätze; 65, 66, 67

Erbschaften an Ehepartner und eingetragene Partner; 65, 66, 67

Erbschaften an Nachkommen; 65, 66, 67

Erbschaften an Konkubinatspartner; 65, 66, 67

Erbvorbezug; 43, 44, 132, 133, 156

Erhöhung der Hypothek im Alter; 34

Erneuerungsfonds; 119, 120

Ersatzbeschaffung; 132, 134, 135

Ersatzobjekt; 135

Erwerbspreis; 125

F

Ferienliegenschaften; 134, 173, 176, 177

Ferienliegenschaft im Ausland; 176, 177

Ferienwohnung Eigenmietwert; 70, 71, 72, 121, 173

Festhypothek und Forward-Zins; 26

Finanzierung Liegenschaft; 23, 35, 42, 43

Fremdnutzung; 81

G

gebundene Selbstvorsorge [Säule 3a]; 39, 42, 188

Gartenunterhaltskosten; 92, 93, 94

Gebrauchsdauer; 98

Gemischte Schenkung; 158

Gemeinschaftliches Eigentum; 19

Gesamteigentum; 19, 20, 21

Gewinnungskosten; 87, 100, 127, 174

Gewinnungskostenüberschuss; 100, 178, 179, 180

Grenzsteuersatz; 32, 33

Grundbuch; 60

Grundgebühren für Abfallentsorgung (Kehricht); 87, 91, 107

Grundgebühren für Wasserversorgung; 87, 91, 107

Grundgebühren für Wasserentsorgung (ARA); 87, 91, 107

Grundstücke; 19, 45, 46, 47, 48, 52, 60, 61, 68, 86, 119, 124, 127, 130, 134, 137, 152, 159, 167, 169, 177

Grundstückgewinn im Privatvermögen; 123, 131

Grundstückgewinnsteuer (direkte Bundessteuer); 123

Grundstückgewinnsteuer (Kantons- und Gemeindesteuern); 123 ff.

H

Handänderung, Umschreibung; 52

Handänderungssteuer, Bemessungsgrundlage; 52, 53, 54

Handänderungssteuer, Berechnungsgrundlage; 55

Handänderungssteuer, Bezahlung der Handänderungssteuer; 59, 60

Handänderungssteuer, steuerbefreite; 59

Handänderungssteuertarif; 55, 56, 57, 58

Harmonisierung der direkten Steuern; 12

Hauptsteuerdomizil; 100, 120, 170, 174, 176, 178, 179, 180

Home-Office-Modell, Abzug eines Arbeitszimmers; 80, 81

Hypotheken, Amortisation; 23, 26, 27, 29

I

indirekte Amortisation; 27, 29

Instandstellungsarbeiten; 85

Interkantonale Steuerausscheidung; 170, 175

Internationale Steuerausscheidung; 170

K

Kaminfeger; 84, 91, 92, 107

Kantonale Steuerverwaltungen, Adressen; 196, 197, 198, 199

Kapitalabfindung aus Vorsorgeeinrichtung; 27, 35, 39, 40

Kaskadenersatzbeschaffung; 136

Kauf einer Liegenschaft; 18, 152, 153

Kleinquittungen; 109

Kontrollkosten des Kaminfegers; 91

L

Lebenshaltungskosten; 77, 84, 86, 91, 92, 118

Lebenspartner; 65, 66, 67, 162, 163, 164, 166

Leer stehende Räume; 74

Libor-Hypothek; 24, 25

Liegenschaftenkanton; 68, 157

Liegenschaftsertrag; 19, 20, 70, 162, 163

Liegenschaftenunterhalt; 85, 100, 102

Liegenschaftssteuer, Umschreibung; 61

Liegenschaftssteuer, Berechnung; 62, 63, 64

M

Maklerprovision; 128

Mängel; 97, 98

Marktmiete; 48, 49

Mehrwertsteuer; 90, 151, 154, 155

Merkblatt Liegenschaftsunterhalt Zürich; 89, 189

Mieterträge; 70, 155, 179

Miteigentum; 19, 37, 119, 124, 162, 166

Monistisches System (Grundstückgewinnsteuer); 123. 131

Mustereinsprache; 185

N

Nebenkosten; 17, 52, 107, 108, 121

Neubau; 21, 95, 113, 116, 118, 153

Neuschätzungen; 49

Nutzniessung; 20, 37, 61, 81, 82, 165

Nutzungsänderung [MWST]; 155

O

Option [MWST]; 154

P

Parantelenordnung; 194, 195

Pauschalabzug bei Liegenschaften: 74, 76, 91, 100, 101, 106, 107, 108

Pensionskassenauszahlung; 38, 39

Pensionskassenguthaben; 35, 39, 42

Pflichtteilsrecht; 194, 195

Photovoltaikanlage; 111, 116, 117, 118

Q

Quellenbesteuerung; 69, 70

R

Rasenmäher-Entscheid; 92

Renovation; 21, 41, 42, 71, 84, 85, 88, 96, 98, 110, 122, 155, 163, 173, 178

Renovationskosten; 110

Repartitionswerte; 171

Reueprämie; 122

S

Sanierung Immobilie; 21, 34, 94

Sanierung Bad; 96

Sanierung Küche; 96

Schätzung; 45, 48, 49, 50, 172, 173

Scheidung; 26, 132, 169

Schenkung von Liegenschaften; 156

Schenkungssteuer; 43, 44, 64, 65, 68, 69, 109, 157, 158, 159, 161, 164, 165, 167, 168

Schuldzinsenabzug; 20, 120, 121, 122

Schulden- und Schuldzinsenverlegung; 174, 177, 180

Schuldzinsen allgemein; 24

Schwimmbad; 94, 95

Säule 3a; 15, 27, 28, 29, 30, 31, 32, 39, 42, 188

Spezialsteuerdomizil; 176

St. Galler-System Grundstückgewinnsteuer; 123, 131, 132

Standortwahl; 13

Steuerausscheidung Wohnsitz- /Liegenschaftskanton; 175

steuerbare Leistungen [MWST]; 153

Steuerharmonisierung; 12, 13

Steuerhoheit; 13, 138, 139

Steuerpflicht bei der MWST; 151

Steuerverwaltungen, kantonale; 196, 197, 198, 199

Stockwerkeigentum; 19, 37, 45, 48, 70, 87, 119, 120, 131, 167

Steuerwert; 48, 49, 82, 126, 133, 159, 160, 161, 167, 172, 173, 176

T

Tragbarkeitsrechnung; 16, 17

U

Umbau; 21, 42, 71, 88, 122

unbewegliches Vermögen; 68

Unterhaltskosten; 14, 15, 19, 20, 21, 42, 75, 82, 83, 85, 86, 88, 93, 95, 99, 101, 106, 107, 108, 109, 111, 119, 163, 164

Unterhaltspauschale; 78, 107

Unternutzungsabzug; 74, 75, 76, 81

V

Veräusserungsgewinn; 125

Verkauf einer Liegenschaft; 123

Vermietung; 70, 71, 72, 73, 81, 91, 153

Vermögenssteuer; 48, 49

Verpfändung des Vorsorgeanspruches; 39

Verwaltungskosten; 85, 86, 87, 107, 119, 162, 178, 179

Vorsorgeanspruch; 39

Vorsteuerabzug; 154, 155, 156

Vorzugsmiete; 73

W

Wechselpauschale; 100, 101, 102, 103, 104, 105

werterhaltende Aufwendungen; 85

wertvermehrende Aufwendungen; 85

Wintergarten; 94

Wohneigentum, Vergleich mit Miete, 14, 15, 16

Wohneigentumsförderung; 29, 30, 31, 35, 36, 37, 187

Wohnrecht; 82, 83

Wohnsitz; 37, 69, 70, 159, 173

Z

Zinssatz; 17, 24, 25, 26, 28, 32, 43

12. Informationsquellen / Rechtsquellenverzeichnis

Analyse zur steuerrechtlichen Qualifikation von Investitionen in umweltschonende Technologien wie Photovoltaikanlagen; Merkblatt der Schweizerischen Steuerkonferenz (SSK) vom 15. Februar 2011

Barwerttafeln und Berechnungsprogramme; Hrsg. Schulthess Verlag Zürich, 2013, 6. Auflage, Stauffer/Schaetzle/Weber

Bericht über die Eigenmietwertbesteuerung vom 19.05.2014 (Mario Morger), Anreizmechanismen, Verteilungseffekte und finanzielle Auswirkungen verschiedener Reformoptionen

Bundesgesetz über die Mehrwertsteuer (Mehrwertsteuergesetz, MWSTG) SR 641.20 vom 12. Juni 2009 (Stand am 1. Januar 2014)

Der Schweizerische Hauseigentümer (HEV), Fachzeitung für Haus- und Stockwerkeigentümer, diverse Artikel aus dieser Fachzeitung

Dienstanleitung zum Steuergesetz des Kantons Obwalden Art. 34 StG / Art. 32 DBG, Liegenschaftsunterhaltskosten DA 9/2013 vom 11. Februar 2013 gültig ab Steuerperiode 2012 (ersetzt DA 9/2012)

Finanzdepartement des Kantons Basel-Stadt, Praxisinformation, Besteuerung von Nutzniessung und Wohnrecht bei Grundstücken des Privatvermögens vom 20. August 2004

Gesetz über die Staats- und Gemeindesteuern des Kantons Basel-Landschaft vom 7. Februar 1974; Stand 01.04.2011 (331)

Gesetz über die direkten Steuern des Kantons Basel-Stadt vom 12. April 2000; Stand 10.11.2011 (640.100)

Gesetz über die direkten Kantonssteuern (DStG) des Kantons Freiburg vom 6. Juni 2000 (631.1)

Gesetz über die Steuern des Kantons und der Gemeinden des Kantons Nidwalden vom 22. März 2000

Gesetz über die direkten Steuern des Kantons Schaffhausen vom 20. März 2000 (641.100)

Gesetz über die Staats- und Gemeindesteuern des Kantons Solothurn vom 1. Dezember 1985; Stand 01.01.2008 (614.11)

Gesetz über die Staats- und Gemeindesteuern des Kantons Thurgau vom 14. September 1992 (Steuergesetz); Stand 1.1.2013 (640.1)

Gesetz über die direkten Steuern im Kanton Uri vom 26. September 2010; Stand 1.1.2013 (3.2211)

Kommentar zum DBG Bundesgesetz über die direkte Bundessteuer I. Teil von Peter Locher / Die Eidgenössischen Steuern, Zölle und Abgaben Band 9

Kreisschreiben Nr. 17 der Eidg. Steuerverwaltung ESTV / HA direkte Bundessteuer, Verrechnungssteuer, Stempelabgabe, Wohneigentumsförderung BVG vom 3. Oktober 2007

Kreisschreiben Nr. 18 der Eidg. Steuerverwaltung ESTV / HA direkte Bundessteuer, Verrechnungssteuer, Stempelabgabe, Vorsorgebeiträge und Säule 3a vom 17. Juli 2008

Kreisschreiben Nr. 22 der Schweizerischen Steuerkonferenz, Regeln über die Bewertung der Grundstücke bei interkantonalen Steuerausscheidungen ab Steuerperiode 1997/98 (Repartitionsfaktoren) vom 21. November 2006

Kreisschreiben Nr. 27 der Schweizerischen Steuerkonferenz, Die Vermeidung von Ausscheidungsverlusten vom 15. März 2007

Legge tributaria del 21 giugno 1994 des Kantons Tessin

Loi sur l'imposition des personnes physiques (LIPP) des Kantons Genf vom 27. September 2009; Stand 01.01.2010 (D 3 08)

Loi sur les contributions directes (LCdir) des Kantons Neuenburg vom 21. mars 2000; Stand 1.1.2014

Loi sur les impôts directs cantonaux (LI) des Kantons Waadt vom 04. Juli 2000; Stand 1. Januar 2014 (642.11)

Mehrwertsteuer-Branchen-Info 17, Liegenschaftsverwaltung / Vermietung und Verkauf der Immobilien, Januar 2010

Mehrwertsteuerverordnung (MWSTV) SR 641.201 vom 27. November 2009 (Stand am 1. Januar 2014)

Merkblatt des kantonalen Steueramtes Zürich über die steuerliche Behandlung von Nutzniessungen, Wohnrechten, Dienstbarkeiten, Grundlasten und vorgemerkten persönlichen Rechten vom 29. April 2013

Merkblatt Grundstückgewinnsteuer des Steueramtes des Kantons Aargau vom 9. Dezember 2002; Stand 30. Juni 2013

Merkblatt Liegenschaftsunterhalt (LUK) des Steueramtes des Kantons Aargau vom 30. September 2001; Stand 28.1.2010

Merkblatt 5 Natürliche Personen der Steuerverwaltung des Kantons Bern ab 2013

Merkblatt Ersatzbeschaffung Wohneigentum der Steuerverwaltung, Grundstückgewinnsteuer, Kanton Schwyz

Merkblatt der Eidg. Steuerverwaltung ESTV, Bern über die Rückerstattung der Verrechnungssteuer an Stockwerkeigentümergemeinschaften im Sinne von Art. 712a ff. der Schweiz Zivilgesetzbuches (ZGB) (Ausgabe 10.2006)

Merkblatt des Kantons Aargau Grundstückgewinnsteuer vom 9. Dezember 2002, Band II Register 12

Merkblatt des Kantons Aargau Liegenschaftsunterhalt (LUK) vom 30. September 2001, Band I Register 5.3 (Stand 21. November 2014)

Praxisfälle Liegenschaftsunterhalt des Kantons Thurgau, StP 34 Nr. 5

Praxisfestlegung Steuerverwaltung Graubünden, Vorzugsmiete an nahestehende Person; 1.1.2009

Steuergesetz des Kantons Aargau vom 15. Dezember 1998 (SR 651.100)

Steuergesetz des Kantons Appenzell-Ausserrhoden vom 21. Mai 2000; Stand 01.01.2013 (SR 621.11)

Steuergesetz (StG) des Kantons Appenzell Innerrhoden vom 25. April 1999; Stand Januar 2013 (SR 640.000)

Steuerverordnung des Kantons Appenzell Innerrhoden vom 10. November 2000; Stand Januar 2011 (SR 640.010)

Steuergesetz (StG) des Kantons Bern vom 21. Mai 2000; (SR 661.11)

Steuergesetz des Kantons Glarus vom 7. Mai 2000; Stand 1.1.2013 (VI C/1/1)

Steuergesetz des Kantons Graubünden vom 8. Juni 1986 (720.000)

Steuergesetz des Kantons Luzern vom 22. November 1999; Stand 1.1.2011 (620)

Steuergesetz des Kantons Obwalden vom 30. Oktober 1994; Stand 1.1.2013

Steuergesetz des Kantons St. Gallen vom 09. April 1998; Stand 1.1.2013 (811.1)

Steuergesetz des Kantons Schwyz vom 9. Februar 2000 (172.200)

Steuergesetz des Kantons Wallis vom 10. März 1976 (642.1)

Steuergesetz des Kantons Zug vom 25. Mai 2000; Stand 1.1.2012 (632.1)

Steuergesetz des Kantons Zürich (StG) vom 8. Juni 1997 (631.1)

Steuerinformation, die geltenden Steuern von Bund, Kantonen und Gemeinden, herausgegeben von der Schweizerischen Steuerkonferenz SSK, Mai 2014

Steuerinformation, die Handänderungssteuer, herausgegeben von der Schweizerischen Steuerkonferenz SSK, Dezember 2013

Steuerpraxis 2010 Nr. 1 Hrsg. Vom Steueramt des Kantons Solothurn, Grundstückgewinnsteuer: Änderungen und Präzisierungen der Praxis

Steuerinformation, Grundsätze der Mehrwertsteuer, herausgegeben von der Schweizerischen Steuerkonferenz SSK, September 2014

SteuerRevue Nr. 2 ¦ 2013, Herausgeber: Cosmos Verlag AG, Muri-Bern

SteuerRevue Nr. 4 ¦ 2013, Herausgeber: Cosmos Verlag AG, Muri-Bern

Stockwerkeigentum, Verlag: Hauseigentümerverband Schweiz, Monika Sommer

Verordnung über den Abzug der Kosten von Liegenschaften des Privatvermögens bei der direkten Bundessteuer (Liegenschaftskostenverordnung) SR 642.116 vom 24. August 1992 (Stand 1. Januar 2010)

Verordnung der ESTV über die abziehbaren Kosten von Liegenschaften des Privatvermögens bei der direkten Bundessteuer (ESTV-Liegenschaftskostenverordnung) SR 642.116.2 vom 24. August 1992 (Stand 1. Januar 2010)

Verordnung über die Massnahmen zur rationellen Energieverwendung und zur Nutzung erneuerbarer Energien SR 642.116.1 vom 24. August 1992

Verordnung zum Steuergesetz (Steuergesetzverordnung) des Kantons Appenzell-Ausserrhoden vom 8. August 2000; Stand 1. Januar 2013 (SR 621.111)

Verordnung zum Gesetz über die direkten Steuern des Kantons Basel-Stadt vom 14. November 2000; Stand 29.9.2011

Verordnung zum Steuergesetz des Kantons Glarus vom 28.2.2001; Stand 01.01.2001 (VI C/1/2)

Verordnung über die direkten Steuern des Kantons Schaffhausen vom 26. Januar 2001 (641.111)

Verordnung des Regierungsrates zum Gesetz über die Staats- und Gemeindesteuern vom 10. November 1992; Stand 01.01.2013 (640.11)

Wegleitung zur Steuererklärung für Grundstückgewinn des Kantons Appenzell Ausserrhoden; Ausgabe vom 1.1.2014

Weisung über die steuerliche Behandlung des Liegenschaftsunterhalts vom 27. November 2012 Kanton Appenzell Ausserrhoden Staatssteuerkommission

Weisung über den Abzug von Liegenschaftskosten (LKW) Schwyzer Steuerbuch Lieferung 2012 vom 25. Oktober 2011 (70.20)

Zürcher Steuerbuch Nr. 37/461, Rundschreiben der Finanzdirektion an die Gemeinden über den Aufschub der Grundstückgewinnsteuer bei Ersatzbeschaffung einer dauernd und ausschliesslich selbstgenutzten Wohnliegenschaft, (31. März 2014)

13. Wichtige Begriffe

Bemessungsperiode	Zeitabschnitt für welchen die Steuer geschuldet ist.
Beschränkte Steuerpflicht	Bei Vorliegen einer beschränkten Steuerpflicht ist der Steuerpflichtige nur für einen Teil seines Einkommens bzw. seines Vermögens steuerpflichtig.
Doppelbesteuerung	Eine Doppelbesteuerung ergibt sich aus der Überschneidung verschiedener Steuerhoheiten. Sie führt dazu, dass dasselbe Steuersubjekt gleichzeitig für das gleiche Steuerobjekt durch verschiedene Steuerhoheiten zu gleichen oder gleichartigen Steuern herangezogen wird. Doppelbesteuerungen kommen sowohl im interkantonalen wie im internationalen Verhältnis vor.
Eigenleistung	Durch Eigenleistung schafft ein Steuerpflichtiger immaterielle Mehrwerte an einer ihm gehörenden Sache, welche in der Regel ein Gebrauchsgut ist. Die Einkommenssteuer erfasst die durch eigene Arbeit geschaffenen Mehrwerte (Vermögenssteuerwerte) entweder als Einkommen und / oder, wenn sie realisiert werden.
Einkommenssteuer	Alle wiederkehrenden und einmaligen Einkünfte unterliegen in der Regel der Einkommenssteuer, welche durch Gemeinden Kantone und Bund erhoben werden.
Errungenschaftsbeteiligung	Güterstand, welchem die Ehegatten per Gesetz unterstehen, sofern sie nicht ehevertraglich einen anderen Güterstand (Gütergemeinschaft oder Gütertrennung) vereinbaren. Im Rahmen der güterrechtlichen Auseinandersetzung haben die Ehegatten je einen hälftigen Anspruch an der Errungenschaft des anderen.
Eigengut	Gegenstände, die einem Ehegatten ausschliesslich zum persönlichen Gebrauch dienen. Vermögenswerte, die einem Ehegatten zu Beginn des Güterstandes oder ihm später durch Erbgang oder sonstwie unentgeltlich zufallen (Genugtuungsansprüche bspw. wegen Körperverletzung), Ersatzanschaffungen für das Eigengut.
Eigenmietwert	Das in der Nutzung der eigenen Liegenschaft zu Wohnzwecken bestehende steuerbare fiktive (Natural-) Einkommen.
Ertragswert	Kapitalisierter Miet- oder Pachtzins einer Liegenschaft.
Gewinnungskosten	Alle Aufwendungen, die mit der Erzielung des Einkommens unmittelbar zusammenhängen.

Handänderungssteuer	Als Handänderungssteuer bezeichnet man die Steuer, die anlässlich einer Handänderung (bspw. Verkauf, Schenkung) an einem Grundstück geschuldet ist.
Hauptsteuerdomizil	Jener Ort oder Kanton, an oder in dem eine Person aufgrund ihrer persönlichen Zugehörigkeit eine unbeschränkte Steuerpflicht begründet und damit dort grundsätzlich für ihr weltweites Einkommen und Vermögen subjektiv steuerpflichtig ist (= Welteinkommensprinzip).
Liegenschaftssteuer	Die Liegenschaftssteuer wird neben der Vermögenssteuer erhoben, die bereits den Grundbesitz erfassen. Es handelt sich um eine kantonale oder kommunale Steuer. Der Bund kennt diese Steuer nicht.
Nebensteuerdomizil	Orte, zu denen eine Person in einer steuerrechtlich relevanten Beziehung steht, die aber weniger eng ist als die Beziehung zum Hauptsteuerdomizil. Solche Beziehungen sind in erster Linie wirtschaftlicher Natur. Sie bestehen vom Grundsatz her im Besitz von Vermögenswerten oder in Bezug von Einkünften aus diesem Ort. Eine derart wirtschaftliche Zugehörigkeit führt am betreffenden Ort zu einer beschränkten Steuerpflicht.
Nutzniessung	Als Nutzniessung gilt die Befugnis, einen Gegenstand, eine Liegenschaft oder ein Recht, das im Eigentum einer anderen Person steht, zu gebrauchen oder zu nutzen.
Nutzung	Die Nutzung einer Liegenschaft wird zu den steuerbaren Einkünften gezählt, ohne dass ein Rechtserwerb stattfindet.
Parentel	Unter einer Parentel versteht man alle Personen, die von einem gemeinsamen Erblasser abstammen und in gleicher Weise mit diesem verwandt sind. Die Verteilung des Nachlasses eines Erblassers richtet sich nach der sogenannten Parentelenordnung. Der überlebende Ehegatte steht ausserhalb dieser Ordnung, erbt jedoch immer mit.
Realwert	Der Realwert ist die Summe aus dem Zeitwert des Gebäudes, den Umgebungs- und Baunebenkosten sowie dem Landwert.
Reineinkommen	Als Reineinkommen gelten die erzielten Einkünfte nach Abzug der Gewinnungskosten und der allgemeinen Abzüge.
Reinvermögen	Als Reinvermögen gilt das um die Schulden reduzierte Vermögen.
Repartitionswert	Im interkantonalen Verhältnis sind für die Ausscheidung der Schulden und Schuldzinsen die Aktiven zum Verkehrswert zu bewerten. Bei Liegenschaften, die von den einzelnen Kantonen individuell bewertet werden, hat sich die Regel herausgebildet, dass der Repartitionswert gemäss Direkter Bundessteuer angewendet wird. Mit dem Repartitionswert wird gewährleistet, dass die an der Steuerausscheidung beteiligten Kantone die Liegenschaften einheitlich bewerten.

Schenkungssteuer	Steuer, welche auf Vermögenswerten erhoben wird, die auf einer Schenkung basieren. Eine solche erfolgt zu Lebzeiten aus dem Vermögen eines Dritten; sie muss unentgeltlich oder mindestens teilweise unentgeltlich sein. Die schenkende Person handelt in der Absicht, die Empfängerin oder den Empfänger zu bereichern (Schenkungswille).
Spezialsteuerdomizil	Spezialsteuerdomizil ist ein Nebensteuerdomizil dann, wenn die Steuerpflicht aufgrund eines Tatbestandes begründet wird, der am Hauptsteuerdomizil gemäss den Zuteilungsnormen überhaupt nicht besteuert werden darf (bspw. Liegenschaft). Das Spezialsteuerdomizil geht dem Hauptsteuerdomizil vor, weil an letzterem nur jene Objekte steuerpflichtig sind, welche nicht einem Spezialsteuerdomizil zugeteilt sind.
Steuerausscheidung	Eine Steuerausscheidung wird durchgeführt, wenn eine Person in zwei oder mehreren Gemeinden, Kantonen (oder Ländern) steuerpflichtig ist.
Steuerbares Einkommen	Als steuerbares Einkommen gelten die erzielten Einkünfte nach Abzug der Gewinnungskosten, der allgemeinen Abzüge und der Sozialabzüge.
Steuerhoheit	Recht eines Gemeinwesens (Bund, Kanton, Gemeinde, Kirche), Steuern zu erheben und ihre Höhe zu bestimmen.
Steuerperiode	Zeitabschnitt für welchen die Steuer geschuldet ist.
Steuerprogression	Unter Steuerprogression wird das Ansteigen des Steuersatzes in Abhängigkeit vom zu versteuernden Einkommen oder Vermögen verstanden. Dies führt zu einer überproportional steigenden steuerlichen Belastung bei steigendem Einkommen/Vermögen.
Steuersatz	Prozentsatz, abhängig von der Höhe von Einkommen und Vermögen, mit dem die Steuern berechnet werden. Aufgrund des steuerbaren Einkommens oder Vermögens kann der Steuersatz aus dem Steuertarif abgelesen werden.
Steuertarif	Tabelle, die zeigt zu welchem Steuersatz ein bestimmtes Einkommen oder Vermögen besteuert wird. Meist gibt es zwei verschiedene Steuertarife, einen für verheiratete und einen für die übrigen Steuerpflichtigen.
Unbeschränkte Steuerpflicht	Wer unbeschränkt steuerpflichtig ist, ist für sein ganzes Einkommen bzw. sein ganzes Vermögen steuerpflichtig.
Verkehrswert	Der Wert eines Grundstücks, d.h. derjenige Wertansatz, der den Anschaffungskosten im Fall eines entgeltlichen Erwerbs entspricht.
Veranlagungsperiode	Zeitabschnitt in welchem die Festsetzung des steuerbaren Einkommens und Vermögens vorgenommen wird.
Vermögensertrag	Ertrag, den man als Entgelt dafür bekommt, dass man jemandem Sachen oder Kapital zur Nutzung überlässt. Beispiele: Mietzinseinnahmen, Zinsen von Sparkonten und Obligationen. Vermögenserträge gelten als Einkommen und müssen entsprechend versteuert werden.
Vermögenssteuer	Die Kantone erheben auf dem Vermögen natürlicher Personen eine Steuer. Der Vermögenssteuer unterliegt das gesamte, um

	die Schulden verkürzte, unbewegliche und bewegliche Vermögen, mit anderen Worten das Gesamtreinvermögen (Aktiven abzüglich Passiven). Reinvermögen ist vorhanden, wenn der Steuerwert der Aktiven die Passiven übersteigt. Es gibt Kantone, welche noch einen Steuerfreibetrag gewähren. Der Bund erhebt keine Vermögenssteuer.
Vermögenssteuerwert	Der Vermögenssteuerwert einer Liegenschaft wird in der Regel mit Hilfe einer sog. Formelbewertung durchgeführt.
Wohnrecht	Eine Person hat das Recht, ein Einfamilienhaus, Stockwerkeigentum oder eine Wohnung selber zu nutzen. Eigentümer des Objekts ist ein Dritter.
Zeitbauwert des Gebäudes	Neubauwert abzüglich der dem Alter des Gebäudes entsprechenden Altersentwertung.

Immobilien-Wegweiser durch den Steuerdschungel

Merkblatt 1

Handänderungssteuer
Dezember 2013

Steuerbefreite Handänderungen in den Kantonen und Gemeinden

Kanton	Steuerbefreite Handänderungen				
	Erbgang	Unter nahen Verwandten	Güterzusammenlegung	Zwangsverwertung	Weitere Befreiungen
BE	X^1		X^2		X^3
	1 - Beim Erwerb durch den Ehegatten, den eingetragenen Partner, Nachkommen, Stiefkinder und Pflegekinder, sofern bei Pflegekindern das Pflegeverhältnis mindestens zwei Jahre gedauert hat. - Beim Erbgang, bei der güterrechtlichen Auseinandersetzung und bei der Schenkung. - Bei der gemischten Schenkung an Verwandte und beim Erbvorbezug, wenn die Leistung der übernehmenden Person ausschliesslich in der Übernahme von aufhaftenden Grundpfandforderungen zugunsten Dritter, in der Vereinbarung einer Verpfründung zugunsten der abtretenden Person oder in der Verpflichtung zu Ausgleichsleistungen an Miterbinnen und Miterben besteht. 2 Einschliesslich Änderungen im Grundbuch, die durch eine Baulandumlegung bewirkt werden. 3 Bei Handänderungen in Folge: - güterrechtlicher Auseinandersetzung. - der Umwandlung von Gesamteigentum in Miteigentum und umgekehrt, ohne dass die Personen und der Umfang ihrer Beteiligung ändern.				
LU	X^4	X^5	X^6		X^7
	4 Nur der Übergang vom Erblasser auf die Erbengemeinschaft. 5 Handänderungen zwischen Ehegatten sowie Verwandten in auf- und absteigender Linie. 6 Güterzusammenlegungen, Grenzbereinigungen oder Baulandumlegungen, sofern diese unter behördlicher Mitwirkung im Rahmen eines durch die Gesetzgebung vorgesehenen Verfahrens durchgeführt werden. 7 - Umwandlung von Gesamt- in Miteigentum und umgekehrt sowie Realteilungen (aber ohne Erbteilung), soweit die bisherigen Anteilsverhältnisse gewahrt bleiben - Rechtsgeschäfte mit einem Handänderungswert von weniger als 20'000 Fr.				
OW	X	X	X	X	X^8
	8 - Handänderungen mit Kaufpreis unter 5'000 Fr. - Umwandlung von Gesamteigentum in Miteigentum und umgekehrt, ohne dass die Person oder der Umfang der Beteiligung ändern. - Körperliche Teilung von gemeinschaftlichem Grundeigentum, soweit die zugeteilten Liegenschaftsparzellen den bisherigen Anteilen entsprechen. - Bei Veräusserung von zum betriebsnotwendigen Anlagevermögen gehörenden Grundstücks, soweit der Erlös innert angemessener Frist zu Erwerb eines Ersatzgrundstücks im Kanton verwendet wird. - Bei vollständiger oder teilweiser Veräusserung von selbstbewirtschafteten land- oder forstwirtschaftlichen Grundstücks, soweit der Erlös innert angemessener Frist zum Erwerb eines selbstbewirtschafteten Ersatzgrundstücks im Kanton verwendet wird. - Bei Veräusserung einer dauernd und ausschliesslich selbstbenutzten Wohnliegenschaft oder selbstbenutzter Anteile daran, soweit der dabei erzielte Erlös innert angemessener Frist zum Erwerb oder Bau einer selbstbenutzten Ersatzliegenschaft im Kanton verwendet wird.				
NW	X^9	X^{10}	X	X^{11}	X^{12}
	9 Bei Erwerb durch eine Erbengemeinschaft, unter gewissen Bedingungen. 10 Zwischen Ehegatten, Eltern und Kindern, zudem zwischen Geschwistern für gemeinsam ererbte oder gemeinsam erworbene Grundstücke. 11 Wenn der Erwerb des Grundstücks durch den Pfandgläubiger, Pfandeigentümer, Pfandbürgen, den nicht entlassenen Pfandschuldner oder den Solidarschuldner zu einem Verlust führt (auch Freihandverkäufe); dasselbe gilt auch für gerichtliche Nachlassverfahren.				

Immobilien-Wegweiser durch den Steuerdschungel

Handänderungssteuer
Dezember 2013

Kanton	Steuerbefreite Handänderungen				
	Erbgang	Unter nahen Verwandten	Güterzusammenlegung	Zwangsverwertung	Weitere Befreiungen
NW (Fortsetzung)	[12] - Bei Umwandlungen von Gesamt- in Miteigentum und umgekehrt, wenn die Beteiligungsverhältnisse nicht ändern. - Enteignung oder freiwillige Abtretung von Grundstücken, an denen ein Enteignungsrecht besteht.				
FR	X[13]	X			X[14]
	[13] Handänderungen zwischen Ehegatten, Verwandten in direkter Linie und eingetragenen Partnern. [14] - Grundstücksübertragungen an private Institutionen, soweit die Grundstücke unmittelbar und unwiderruflich für einen gemeinnützigen Zweck im Erziehungs-, im Gesundheits- oder im Sozialhilfe- und Sozialvorsorgewesen bestimmt sind und somit die öffentlichen Körperschaften des Kantons bei der Erfüllung ihrer gesetzlichen Aufgaben unterstützt werden. - Grundstücksübertragungen als Dotation an eine Einrichtung der beruflichen Vorsorge. - Grundstücksübertragungen, durch die eine Unterhalts- oder Unterstützungspflicht gemäss Familienrecht oder eine Entschädigungspflicht gemäss Scheidungsrecht erfüllt wird. - Grundstücksübertragungen, die einer vollständigen oder teilweisen Teilung unter Verwandten gleichkommen oder als Folge solcher Operationen vorgenommen werden, sofern Grundstücke in gerader Linie übertragen werden. Dies gilt auch für Übertragungen zwischen diesen Verwandten und dem überlebenden / geschiedenen Ehegatten. - Umwandlung einer Form von gemeinschaftlichem Grundeigentum in eine andere, sofern die Personen und die Anteile nicht ändern. - Umwandlung eines Nutzniessungsrechts in ein gleichwertiges Wohnrecht oder umgekehrt. - Rechtliche Übertragung von Grundstücken einer Immobiliengesellschaft, unter gewissen Bedingungen und bei Liquidation der Gesellschaft. - Grundstücksübertragungen im Zusammenhang mit Bodenverbesserungen sowie Grenzbereinigungen von geringer Bedeutung, die von öffentlichen Ämtern visiert wurden. - Errichtung von gesetzlichen Grundpfandrechten mit oder ohne Eintragung sowie, unter gewissen Bedingungen, die vertragliche Grundpfandverschreibung zugunsten des Verkäufers, der Miterben oder Gemeinder. - Die Pfandausdehnung und die Aufteilung oder Vereinigung gleichartiger Grundpfandrechte ohne Erhöhung des Gesamtbetrags.				
SO	X[15]	X		X[16]	X[17]
	[15] Erbfolge, Erbteilung, Vermächtnis. [16] Nur der Gläubiger oder Bürge, der ein ihm durch Grund- oder Faustpfand haftendes Grundstück erwirbt, wenn er nicht volle Deckung erhält. [17] - Handänderungen infolge Begründung, Änderung oder Aufhebung des ehelichen Güterstandes. - Körperliche Teilung von Gesamt- oder Miteigentum im Verhältnis der bestehenden Eigentumsquoten oder der vermögensrechtlichen Regelung von Personen in eingetragener Partnerschaft. - Der Erwerb von landwirtschaftlichen Grundstücken unter amtlicher Mitwirkung. - Die Umwandlung von Gesamteigentum an einem Grundstück in Miteigentum und umgekehrt sowie körperliche Teilung von Gesamt- oder Miteigentum im Verhältnis der am einzelnen Grundstück bestehenden Eigentumsquoten. - Der Erwerb von Grundstücken als dauernd und ausschliesslich selbst genutztes Wohneigentum.				

Immobilien-Wegweiser durch den Steuerdschungel

Handänderungssteuer
Dezember 2013

Kanton	Steuerbefreite Handänderungen				
	Erbgang	Unter nahen Verwandten	Güterzusammen-legung	Zwangsverwertung	Weitere Befreiungen
BS	X	X[18]	X[19]		X[20]

[18] Zwischen Ehegatten und an die Nachkommen; Adoptivnachkommen, Stief- und Pflegekinder werden der nahen Verwandtschaft gleichgestellt.
[19] Gemäss einschlägiger Bundesgesetzgebung von der Handänderungssteuer befreit.
[20] - Infolge einer güterrechtlichen Auseinandersetzung.
 - Infolge körperlicher Teilung von gemeinschaftlichem Grundeigentum sowie Aufteilung in Stockwerkeigentum (unter bestimmten Bedingungen).

| BL | X | X[21] | X | X | X[22] |

[21] Pflege-, Stief- und Schwiegerelternverhältnisse werden der nahen Verwandtschaft gleichgestellt.
[22] - Bei Schenkung, soweit die Schenkungssteuer erhoben wird.
 - Bei Umwandlung von Gesamt- in Miteigentum und umgekehrt, sofern keine wertmässige Änderung der Beteiligungsverhältnisse erfolgt.
 - Bei Veräusserungen an Wohnbaugenossenschaften, Vereine oder Stiftungen, sofern das erworbene Grundstück innert zweier Jahre gemeinnützigem sozialem Wohnungsbau zugeführt wird.
 - Beim Erwerber, der eine Liegenschaft als ausschliesslich und dauernd selbst genutztes Wohneigentum erwirbt.
 - Beim Veräusserer einer dauernd und ausschliesslich selbst bewohnten Liegenschaft, sofern der Erlös in der Regel innerhalb zweier Jahre zum Erwerb einer gleich genutzten Ersatzliegenschaft in der Schweiz verwendet wird.
 - Bei Ersatzbeschaffung von betriebsnotwendigen Anlageliegenschaften in der Schweiz.

| AR | X[23] | X[24] | X[25] | | X[26] |

[23] Nur innert den ersten zwei Jahren.
[24] Handänderungen unter Ehegatten, einschliesslich Ehescheidung und erbrechtlicher Erwerb.
[25] Handänderungen bei Landumlegungen zwecks Güterzusammenlegung, Quartierplanung, Grenzbereinigung, Abrundung landwirtschaftlicher Heimwesen sowie bei Landumlegungen im Enteignungsverfahren oder angesichts drohender Enteignung.
[26] Handänderungen von Grundstücken, die unmittelbar öffentlichen Zwecken dienten oder zu dienen bestimmt sind.

| AI / SG | X[27, 28] | X[29] | X[30] | X[31] | X[32] |

[27] Bei erbrechtlichem Erwerb durch Erbengemeinschaft, wenn dieser innert zwei Jahren nach Tod des Erblassers im Grundbuch eingetragen wird (Erbfolge).
[28] Übernimmt einer der Erben das Grundstück nach erfolgter Erbteilung, so hat er den Anteil der Miterben zu versteuern. Für seinen eigenen Anteil ist er steuerfrei (Praxis).
[29] Unter Ehegatten.
[30] Sowie Grenzbereinigung, Handänderungen zur Abrundung oder rationellen Bewirtschaftung landwirtschaftlicher Heimwesen, Umlegung, Quartierplanung.
[31] Im Zwangsverwertungs- sowie im gerichtlichen Nachlassverfahren, wenn der Erwerb des Grundstücks durch den Pfandgläubiger, Pfandeigentümer, Pfandbürgen, den nicht entlassenen Pfandschuldner oder den Solidarschuldner zu einem Verlust führt.
[32] Bei Enteignung.

Handänderungssteuer
Dezember 2013

Kanton	Steuerbefreite Handänderungen				
	Erbgang	Unter nahen Verwandten	Güterzusammenlegung	Zwangsverwertung	Weitere Befreiungen
GR	X	X[33]	X	X[34]	X[35]

[33] Zwischen Eltern und Nachkommen bzw. Schwiegereltern und Schwiegerkindern. Stiefkinder und Pflegekinder sind den leiblichen Kindern gleichgestellt.

[34] Zufolge Enteignung oder freiwilliger Abtretung von Grundstücken, an denen ein Enteignungsrecht besteht; Handänderungen, welche beim Erwerb des Grundstücks durch den Pfandgläubiger, den Pfandbürgen oder den Solidarschuldner zu einem Verlust führen.

[35] - Zwischen Ehegatten und eingetragenen Partnern sowie aufgrund güterrechtlicher Auseinandersetzung.
- Rationellere Bewirtschaftung landwirtschaftlicher Grundstücke, Quartierplanung, Grenzbereinigung, Umlegung von Bauland.
- Wenn ein Handwerker Grundeigentum übernehmen muss, das er innert zwei Jahren seit Abschluss des Kaufvertrages weiter verkauft, ohne es vorher genutzt zu haben.
- Umstrukturierung.

AG			X[36]		X[37]

[36] Auch bei vollständiger Abrundung landwirtschaftlicher Betriebe.

[37] Handänderungen, die mit Bodenverbesserungen oder Entschuldungsmassnahmen zusammenhängen.

TG	X	X[38]	X[39]		X[40]

[38] Unter Ehegatten, Nachkommen, Stief- oder Schweigerkindern, Geschwistern.

[39] Landumlegungen zwecks Güterzusammenlegung, Quartierplanung, Grenzbereinigung, Abrundung landwirtschaftlicher Heimwesen sowie bei Landumlegungen im Enteignungsverfahren oder bei drohender Enteignung; ausgenommen bleiben allfällige Aufzahlungen und der freihändige Verkauf.

[40] - Schenkung.
- bei vollständiger oder teilweiser Veräusserung eines land- oder forstwirtschaftlichen Grundstücks, soweit der Erlös innert angemessener Frist zum Erwerb oder zur Verbesserung eines selbst bewirtschafteten Grundstückes in der Schweiz verwendet wird.
- Ersatzbeschaffung von betriebsnotwendigem funktionell gleichem Anlagevermögen in der Schweiz.
- Ersatzbeschaffung einer dauernd und ausschliesslich selbst genutzten Wohnliegenschaft.

TI	X		X		X[41]

[41] - Auflösung von Miteigentum durch Naturalzuteilung (materielle Teilung).
- Übergang zwischen Ehegatten wegen Änderung oder Auflösung des Güterstands.

VD	X[42]	X[43]	X[44]		X[45]

[42] Sowie in bestimmten Fällen bei der Aufteilung von Liegenschaften im Gesamteigentum und Übertragung von Anteilen unter Gemeindern.

[43] Bei Übertragung auf den andern Ehegatten als Auszahlung des ihm aus der Auflösung des Güterstandes zustehenden Gewinnanteils (bis zum Betrag dieses Anteils) oder als Auszahlung des ausserordentlichen Beitrags gemäss Art. 165 ZGB (bis zum Netto-Betrag der noch nicht verjährten Summe).

[44] Sowie bei Austausch von Parzellen im Rahmen baupolizeilicher Vorschriften und Meliorationen oder bei Austausch von unbebauten Grundstücken zum gleichen Zweck. Die Wertdifferenz der Tauschobjekte hingegen wird besteuert.

[45] Bei Schenkungen.

Immobilien-Wegweiser durch den Steuerdschungel

Handänderungssteuer
Dezember 2013

Kanton	Steuerbefreite Handänderungen				
	Erbgang	Unter nahen Verwandten	Güterzusammen-legung	Zwangsverwertung	Weitere Befreiungen
VS	X[46]	X[46]			X[47]
	[46] Rechtsgeschäfte auf Eigentumsübertragungen in gerader Linie, zwischen Ehegatten und eingetragenen Partner. [47] Enteignungen im öffentlichen Interesse.				
NE	X	X[48]	X[49]		X[50]
	[48] Eigentumsübertragungen zwischen Ehegatten und eingetragenen Partnern gemäss dem eidgenössischen Partnerschaftsgesetz oder zwischen Eltern in direkter Linie sowie die Übertragungen zwischen eingetragenen Partnern gemäss dem kantonalen Partnerschaftsgesetz, sobald ihre Partnerschaft mindestens zwei Jahre gedauert hat. [49] Ausschliesslich subventionierte. [50] - Die auf die Auflösung des Eheverhältnisses oder der eidgenössisch eingetragenen Partnerschaft folgenden Zuteilungen. - Übertragung einer Betriebsliegenschaft oder Teilen davon bei Umstrukturierung des Unternehmens im Sinne von Art. 8 Abs. 3 sowie Art. 24 Abs. 3 und 3^{quater} StHG. - Bei Erwerb durch die Gemeinden im allgemeinen Interesse und ohne Gewinnabsicht. Zu denselben Bedingungen kann der Erwerb durch anerkannte gemeinnützige Institutionen ausgenommen sein.				
GE	X[51]				X[52]
	[51] Sowie durch Schenkung. [52] - Enteignungen im öffentlichen Interesse. - Bau öffentlicher Strassen, Strassenverbreiterungen und -korrekturen (Grundbuchurkunden). - Grenzbereinigungen landwirtschaftlicher Grundstücke.				
JU			X[53]		X[54]
	[53] Auch für Bodenverbesserungen. [54] - Bei Umwandlungen von Gesamt- in Miteigentum und umgekehrt, ohne dass die Personen oder der Umfang ihrer Beteiligungen ändern. - Bei Teilung von gemeinschaftlichem Grundeigentum, sofern die zugeteilten Grundstücke den bisherigen Anteilsverhältnissen entsprechen. - Enteignungen.				

Bemerkung:

Die Kantone ZH, UR, GL, ZG und SH sind in dieser Tabelle nicht erwähnt, da sie lediglich eine Grundbuchgebühr kennen.

Der Kanton SZ erhebt keine Handänderungssteuer und keine Handänderungs- bzw. Grundbuchgebühren.

Immobilien-Wegweiser durch den Steuerdschungel

Merkblatt 2

Schweizerische Eidgenossenschaft
Confédération suisse
Confederazione Svizzera
Confederaziun svizra

http://www.estv.admin.ch

Eidgenössisches Finanzdepartement EFD

Eidgenössische Steuerverwaltung ESTV
Hauptabteilung Direkte Bundessteuer,
Verrechnungssteuer, Stempelabgaben

Im **Inland** ansässige Stockwerkeigentümer:
Telefon 031 322 73 27 / 031 322 73 25

Im **Ausland** ansässige Stockwerkeigentümer:
Telefon +41 31 322 79 55 / +41 31 322 72 92

Merkblatt

Rückerstattung der Verrechnungssteuer an Stockwerkeigentümergemeinschaften im Sinne von Art. 712a ff. des Schweiz. Zivilgesetzbuches (ZGB)

(Ausgabe 10.2006)

Rechtliche Grundlagen

Die Bundesversammlung der Schweizerischen Eidgenossenschaft hat am 23. Juni 2000 eine Änderung von Artikel 24 Absatz 5 des Bundesgesetzes vom 13. Oktober 1965 über die Verrechnungssteuer (VStG) beschlossen. Die Gesetzesänderung sieht vor, dass der Anspruch auf Rückerstattung der Verrechnungssteuer von Stockwerkeigentümergemeinschaften durch die Gemeinschaft selber bei der ESTV geltend zu machen ist und nicht mehr durch die einzelnen Stockwerkeigentümer. Diese Gesetzesänderung ist nach Ablauf der Referendumsfrist am 1. Januar 2001 in Kraft getreten. Sie findet erstmals Anwendung auf die Rückerstattung der Verrechnungssteuer von steuerbaren Leistungen, die nach dem 31. Dezember 2000 fällig werden.

Der Bundesrat hat am 22. November 2000 die Vollziehungsverordnung zum VStG in verschiedenen Punkten geändert (vgl. www.estv.admin.ch). Aufgrund des überarbeiteten Artikels 55 Buchstabe a VStV haben Stockwerkeigentümergemeinschaften im Sinne von Artikel 712a ff. ZGB für den auf Teilhaber mit Domizil im Inland entfallenden Anteil Anspruch auf Rückerstattung der Verrechnungssteuer. Voraussetzung ist, **dass diese von Kapitalerträgen auf Vermögenswerten abgezogen wurde, die ausschliesslich zur Finanzierung der gemeinsamen Kosten und Lasten der Stockwerkeigentümergemeinschaft eingesetzt werden** (Art. 712h ZGB). Ferner muss dem Rückerstattungsantrag ein Verzeichnis aller Beteiligten (enthaltend Name, Adresse, Wohnsitz und Beteiligungsquote) beigelegt sein.

Antragstellung bei der ESTV

Nur **echte Stockwerkeigentümergemeinschaften im Sinne von Art. 712a ff. ZGB** (d.h. nicht andere Gruppierungen von Personen mit gemeinschaftlichem Grundeigentum) **können die Verrechnungssteuer bei der ESTV zurückfordern.** Der Anspruch der Gemeinschaft beschränkt sich auf den Anteil der Erträge, welche auf **im Inland domizilierte Stockwerkeigentümer** entfallen. Die Gemeinschaft hat ihren Antrag mit **Formular 25** bei der ESTV einzureichen, frühestens nach Ablauf des Kalenderjahres, in dem die Erträge, welche der Verrechnungssteuer unterliegen, fällig geworden sind. Diese Regelung **gilt für die nach dem 31. Dezember 2000** fällig gewordenen Erträge. Der Anspruch auf Rückerstattung der Verrechnungssteuer für Erträge, welche bis zu diesem Datum fällig geworden sind, ist nach wie vor durch die einzelnen Stockwerkeigentümer im Verhältnis ihres Anteils an den Erträgen der gemeinsamen Fonds bei der für sie zuständigen Steuerbehörde geltend zu machen.

Damit wir die Rückerstattungsberechtigung grundsätzlich prüfen können, sind einem erstmals nach geändertem Gesetz eingereichten Rückerstattungsantrag die Statuten bzw. das Reglement der entsprechenden Stockwerkeigentümergemeinschaft beizufügen. Dies gilt auch für Stockwerkeigentümergemeinschaften, welche bereits vor 1995 Anträge bei der ESTV eingereicht haben. Die alte, vor 1995 gültige Dossiernummer ist nicht mehr zu verwenden. Ferner **ist jedem Antrag** nebst den Bankbelegen **ein Verzeichnis** (vgl. Beispiel auf der Rückseite) **enthaltend Name, Adresse, Wohnsitz und Wertquote** (in % oder ‰) **sämtlicher Stockwerkeigentümer beizulegen.** Die auf Stockwerkeigentümer mit Wohnsitz im Ausland entfallende Quote ist in jedem Fall gemäss Beispiel auf der Rückseite (vom Total der Bruttoerträge) bei dem Antragsteller in Abzug zu bringen.

Eine Rückerstattung der Verrrechnungssteuer an Personen mit Wohnsitz im Ausland ist ausgeschlossen, es sei denn, sie wären bei Ertragsfälligkeit in einem Staat ansässig gewesen, mit welchem die Schweiz ein Doppelbesteuerungsabkommen abgeschlossen hat. In diesem Fall können die ausländischen Stockwerkeigentümer einzeln ihren Anteil (vollumfänglich oder teilweise) an den Erträgen der gemeinsamen Fonds nach den Bestimmungen eines solchen Abkommens beantragen (weitere Angaben über das zu verwendende Formular etc. können Sie unter www.estv.admin.ch bestellen).

Deklarationspflicht der Stockwerkeigentümer

Der Umstand, dass die ESTV der Gemeinschaft als solches die Rückerstattung der Verrechnungssteuer gewährt, entbindet die einzelnen in der Schweiz wohnhaften Eigentümer nicht von der Deklarationspflicht. Gemäss Urteil des Bundesgerichts vom 27. Januar 2000 «ist die Stockwerkeigentümergemeinschaft wie eine nicht-kaufmännische Personengesamtheit zu behandeln. Demnach ist das Vermögen am Erneuerungsfonds bzw. der Anteil daran und dessen Ertrag am Hauptsteuerdomizil der Stockwerkeigentümer steuerbar». Die Stockwerkeigentümer haben ihren Anteil am Vermögen sowie an den Erträgen der Gemeinschaft in ihrer persönlichen Steuererklärung zu deklarieren. Hingegen können die einzelnen Stockwerkeigentümer die nach dem 31. Dezember 2000 abgezogene Verrechnungssteuer nicht mehr selber zurückfordern. Diese ist nunmehr zwingend mittels gemeinsamen Rückerstattungsantrag bei der ESTV geltend zu machen. Allfällige weitere Einzelheiten sind grundsätzlich in den Wegleitungen zur Steuererklärung der kantonalen Steuerbehörden enthalten.

605.050.29d

S-025.133 (10.06)

Immobilien-Wegweiser durch den Steuerdschungel

Verzeichnis der Stockwerkeigentümer

Stockwerkeigentümergemeinschaft Bühlstrasse 12, 9999 Sonnendorf

Name/Vorname (fiktiv)	Adresse	Wohnsitz (Hauptsteuerdomizil)	Beteiligungsquote in ‰	Bemerkungen
Müller Heinrich	Bühlstrasse 12	Sonnendorf CH	185.00	
Meier Jakob	Hauptstrasse 111	Zürich CH	205.00	
XXX	XXX	Los Angeles USA	190.00	
XXX	XXX	Köln D	210.00	
Moser Karl	Bahnweg 1	Burgdorf CH	210.00	
Total			1'000.00	
Davon Ausland			./. 400.00	

Stand per 31.12.2004

Antrag auf Rückerstattung der Verrechnungssteuer
Demande en remboursement de l'impôt anticipé
Istanza di rimborso dell'imposta preventiva

Form. 25
SR 0000000

Für die Jahre / Pour les années / Per gli anni: 2004

Datum des Geschäftsabschlusses / Date de clôture des comptes / Data di chiusura dei conti: 31.12.

198239

☎ (031) 999 99 99   Ref./Réf./Rif. XY

Antragsteller und genaue Adresse / Requérant et adresse exacte / Istante e indirizzo esatto

Stockwerkeigentümergemeinschaft
Bühlstrasse 12, Sonnendorf
p.A. Heinrich Müller
Bühlstrasse 12
9999 Sonnendorf

Die Zahlung ist zu leisten an / Le montant doit être versé sur / L'importo deve essere versato sul
PC-Nr. / Name des PC-Inhabers / Ort / Bankkonto / Name des Bankkonto-Inhabers
CCP No / Nom du titulaire du CCP / Lieu / Compte de banque / Nom du titulaire du compte en banque
CCP N. / Titolare del CCP / Luogo / Conto bancario / Titolare del conto bancario

30 - 12345-6

Y-Bank
Bern
Kto. 987.65.321

Nr. No. N.	Bezeichnung der Guthaben und Wertschriften Désignation des avoirs et titres Designazione dei collocamenti di capitali	Zinssatz Taux Tasso	Guthaben/Nennwert Créance/Valeur nominale Credito/Valore nominale	Ertragsfälligkeit Echéance du rendement Scadenza del reddito	Bruttoertrag in CHF Rendement brut en CHF Reddito lordo in CHF	leer lassen laisser en blanc lasc. in bianco
1	2	3	4	5	6	7
	Y-Bank Kto. 987.65.321		15'555.55	31.12.04	365.50	
	Y-Bank Kassenobligation	4,5	100'000.--	28.10.04	4'500.00	
	Bank Muster AG Kto. 246.810		22'222.25	31.12.04	134.50	
	Übertrag ab Beiblatt (Form. 19)					
	Total Bruttoertrag				5'000.00	
	./. Bruttoertragsanteile der im Ausland wohnhaften Stockwerkeigentümer (400o/oo)				2'000.00	

Übertrag ab Beiblatt/Report de feuilles compl./Riporto da fogli compl. (Form. 19)   Franken/Francs/Franchi Rp.Cts.Ct.

Total Bruttoertrag/Rendement brut total/Totale del reddito lordo ... Anteile CH-Stweigent.   3'000.00

35% Verrechnungssteuer/Impôt anticipé/Imposta preventiva ....   1'050.00

./. Abschlagszahlungen/Acomptes reçus/Acconti ricevuti ....

Überweisungsbetrag/Montant à verser/Importo da versare ....   1'050.00

Der Antragsteller bestätigt, dass die Bedingungen zur Rückforderung gemäss Erläuterungen erfüllt sind.
Le requérant confirme que les conditions du droit au remboursement précisées sont remplies.
L'istante dichiara di adempiere alle condizioni per il diritto al rimborso secondo spiegazioni.

Datum/Date/Data: 1. Januar 2005

Rechtsverbindliche Unterschrift/Signature valable/Firma giuridicamente valida

Beilagen/Annexes/Allegati: 3 Bel.+Verz.

605.020.09 7.06 200 000 860152004

Merkblatt 3

**Merkblatt des kantonalen Steueramtes
über die steuerliche Behandlung von Nutzniessungen, Wohnrechten,
Dienstbarkeiten, Grundlasten und vorgemerkten persönlichen Rechten**
(vom 29. April 2013)

Zusammenstellung der Praxis der Besteuerung von Nutzniessungen, Wohnrechten, Dienstbarkeiten, Grundlasten und vorgemerkten persönlichen Rechten bei den Staats- und Gemeindesteuern, bei der direkten Bundessteuer, bei der Erbschafts- und Schenkungssteuer sowie der Grundstückgewinnsteuer.

Stand: 1. Januar 2013

Inhaltsverzeichnis:

1. Übersicht	2
2. Nutzniessung	3
2.1 Einräumung einer Nutzniessung	3
2.2 Ausübung der Nutzniessung	4
2.3 Beendigung / Übertragung der Nutzniessung	5
3. Wohnrecht	6
3.1 Einräumung, Ausübung und Beendigung eines Wohnrechts	6
4. Baurecht	7
4.1 Einräumung eines Baurechts an einem unüberbauten Grundstück	7
4.2 Einräumung eines Baurechts an einem überbauten Grundstück	8
4.3 Ausübung des Baurechts während der Baurechtsdauer	9
4.4 Ablösung des Baurechts	11
5. Grunddienstbarkeiten	12
5.1 Errichtung, Ausübung und Ablösung einer Grunddienstbarkeit	12
6. Andere Personaldienstbarkeiten	14
6.1 Errichtung, Ausübung und Ablösung einer Personaldienstbarkeit	14
7. Grundlasten	15
7.1 Errichtung, Ausübung und Ablösung einer Grundlast	15
8. Vorkaufsrecht, Kaufsrecht, Rückkaufsrecht: Vorgemerkte persönliche Rechte	17
8.1 Vorkaufsrecht	17
8.2 Kaufs- und Rückkaufsrecht	18

Immobilien-Wegweiser durch den Steuerdschungel

Abkürzungen:

GS	Grundstück
GB	Grundbuch
PV	Privatvermögen
GV	Geschäftsvermögen
StSt	Staatssteuer
DBSt	Direkte Bundessteuer
GGSt	Grundstückgewinnsteuer
ESchSt	Erbschafts- und Schenkungssteuer
VGr	Verwaltungsgericht des Kantons Zürich
RK	Steuerrekurskommission bzw. Steuerrekursgericht des Kantons Zürich
KommZH	Kommentar zum harmonisierten Zürcher Steuergesetz, 2.A.
HaKoDBG	Handkommentar zum DBG, 2.A.
BSK	Basler Kommentar
StG	Steuergesetz des Kantons Zürich vom 8. Juni 1997
DBG	Bundesgesetz über die direkte Bundessteuer vom 14. Dezember 1990
ESchG	Gesetz über die Erbschafts- und Schenkungssteuer vom 28. September 1986

1. Übersicht

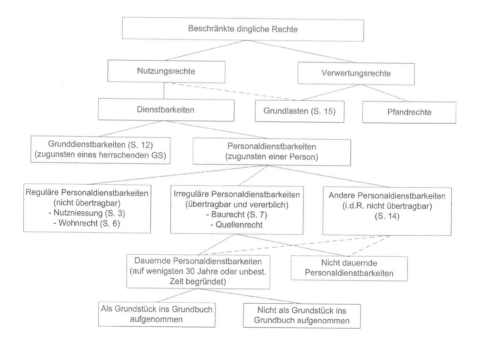

2. Nutzniessung[1]

2.1 Einräumung einer Nutzniessung

Art der Leistungen	StSt / ESchSt	DBSt	GGSt
a) Einräumung gegen periodische Leistungen	Empfänger: Leistungen steuerbar (§ 21 Abs. 1 lit. a StG) Leistender: Leistungen abziehbar, sofern Ertrag steuerbar[2]	Empfänger: Leistungen steuerbar (Art. 21 Abs. 1 lit. a DBG) Leistender: Leistungen abziehbar, sofern Ertrag steuerbar	keine GGSt[3]
b) Einräumung gegen Einmalentschädigung	Empfänger: Einmalentschädigung nicht steuerbar[4] Leistender: Einmalentschädigung nicht abziehbar[5]	Empfänger: Einmalentschädigung nicht steuerbar Leistender: Einmalentschädigung nicht abziehbar	keine GGSt[3]
c) (teilweise) unentgeltliche Einräumung (Zuwendungsnutzung)	Nutzniesser: Stammrecht als Zuwendung/Schenkung steuerbar (§ 3 ff. ESchG)[6]	-	keine GGSt
d) Vorbehaltsnutzung[7]	Belasteter: Übertragung (nacktes) Eigentum an GS ev. als Schenkung steuerbar (§ 3 ff. ESchG)[8]	-	GGSt: weitere Kaufpreisleistung[9]

---

[1] Die Nutzniessung ist eine (reguläre Personal-)Dienstbarkeit, die einer natürlichen oder juristischen Person das Recht auf vollen Genuss, auf den Besitz, den Gebrauch und die Nutzung eines Grundstücks, einer beweglichen Sache, eines Rechts oder eines Vermögens einräumt (Art. 745 ZGB). Bei der Ertragsnutzniessung überträgt der Nutzniesser den Anspruch auf die Realnutzung oder den Ertrag des Nutzniessungsobjekts gegen Entrichtung eines Entgelts auf den Eigentümer (vgl. BGr, 2.9.2005, 2A.73/2004). Bei Nutzniessungen an Grundstücken ist eine öffentliche Beurkundung und eine Eintragung in das Grundbuch erforderlich (Art. 746 ZGB). Die Nutzniessung (Stammrecht) ist als solche nicht übertragbar (reguläre Personaldienstbarkeit). Interkantonal ist die Nutzniessung an unbeweglichem Vermögen am Belegenheitsort zu versteuern (BGE 45 I 286, Locher § 7 I C Nr. 2).

[2] Der Leistende (Nutzniesser) kann die periodischen Leistungen (als Gewinnungskosten) abziehen, falls er den Ertrag aus dem Nutzniessungsvermögen versteuern muss. Bei Nutzniessung an einer selbstgenutzten Liegenschaft im PV sind die periodischen Leistungen nicht abziehbar, da ein entgeltliches Nutzungsrecht vorliegt und daher der Eigenmietwert nach § 21 Abs. 1 lit. b StG nicht zu versteuern ist.

[3] Die Einräumung einer Nutzniessung löst keine GGSt aus, da die Nutzniessung höchstens 100 Jahre dauern kann (vgl. Art. 749 ZGB) und damit das Kriterium der Dauerhaftigkeit nach § 216 Abs. 2 lit. b StG nicht gegeben ist (KommZH 216 N 123).

[4] Praktikabilitätsmodell: Bei Einmalentschädigung wird der Nutzniesser steuerlich wie der Eigentümer behandelt (vgl. Locher, DBG 21 N 25ff.). Die Einmalentschädigung ist vom Empfänger nicht zu versteuern und kann vom Leistenden nicht als Aufwand abgezogen werden (Vermögensumschichtung: vorübergehende Wertverminderung des durch das Nutzungsrecht belasteten Grundstücks). Der Verschiebung der Steuerlast ist bei der Festsetzung des Entgelts Rechnung zu tragen (vgl. BBl 1999, 97). Im GV ist die Einmalentschädigung steuerbarer Ertrag und das steuerbare Periodenbetreffnis ist durch arithmetische Teilung der Einmalleistung im Verhältnis zur gesamten Nutzniessungsdauer zu bestimmen und der noch vorhandene Saldo zu passivieren (Rechnungsabgrenzung; sofern buchführungspflichtig oder nach Sollmethode abrechnend).

[5] Vgl. FN 4 (Praktikabilitätsmodell). Bei Nutzniessung an GS gegen Einmalentschädigung liegt ein unentgeltliches Nutzungsrecht vor (vgl. FN 11). Im GV stellt die Einmalleistung Aufwand dar (zur zeitlichen Abgrenzung vgl. FN 4 analog, aktivierter Saldo), auch wenn das Nutzniessungsvermögen beim Eigentümer PV darstellt.

[6] Bei (teilweise) unentgeltlicher Einräumung einer Nutzniessung (d.h. ohne entsprechende Gegenleistung) ist der unentgeltliche Teil als Zuwendung von der Erbschafts- bzw. Schenkungssteuer zu erfassen (§ 3 ff. ESchG). Der Zinssatz zur Bestimmung des Kapitalwerts der Nettoerträgnisse (Marktmietwert minus Aufwendungen (Unterhaltskosten (30%), S-Zinsen)) beträgt 3% (§ 14 ESchG; Weisung ZStB 41/420; VGr, 31.8.1994, SR 93/0074).

[7] Bei der Vorbehaltsnutzung entäussert sich der bisherige Eigentümer des (nackten) Eigentums, behält sich aber die Nutzung (Nutzniessung oder Wohnrecht) am früheren eigenen Vermögensgegenstand vor (KommZH 21 N 69). Die Vorbehaltsnutzung gilt für die Berechtigten als unentgeltliches Nutzungsrecht (vgl. FN 11).

[8] Bei der Beurteilung, ob eine (gemischte) Schenkung vorliegt, ist der Barwert des Nutzungsrechts (vgl. FN 6) als weitere Kaufpreisleistung des neuen Eigentümers des GS zu berücksichtigen.

[9] Der Barwert des Nutzungsrechts stellt eine weitere Kaufpreisleistung des neuen Eigentümers dar, die bei der GGSt zum Kaufpreis hinzuzurechnen ist (KommZH 220 N 40).

2.2 Ausübung der Nutzniessung

Art der Leistungen	StSt / ESchSt	DBSt	GGSt
a) Vermögen	Nutzniesser: Nutzniessungsvermögen steuerbar[10] (§ 38 Abs. 2 StG)	keine Vermögenssteuer	-
b) Ertrag Nutzniessungsvermögen	Nutzniesser: Ertrag / Eigenmietwert steuerbar[11] (§ 22 Abs. 4 StG) (§ 21 Abs. 1 lit. a+b StG) (§ 20 Abs. 1 lit. d StG) Eigentümer: vgl. 2.1[12]	Nutzniesser: Ertrag / Eigenmietwert steuerbar (Art. 21 Abs. 1 lit. a+b DBG) (Art. 20 Abs. 1 lit. d DBG) Eigentümer: vgl. 2.1[12]	-
c) Unterhaltskosten Verwaltungskosten	Eigentümer / Nutzniesser: Unterhaltskosten abziehbar[13] (§ 30 Abs. 1+2 StG)	Eigentümer / Nutzniesser: Unterhaltskosten abziehbar (Art. 32 Abs. 1+2 DBG)	-
d) Schuldzinsen	Nutzniesser / Schuldner: Schuldzinsen abziehbar[14] (§ 31 Abs. 1 lit. a StG)	Nutzniesser / Schuldner: Schuldzinsen abziehbar (Art. 33 Abs. 1 lit. a DBG)	-
e) Entgelt für Nichtausübung der Nutzniessung	Nutzniesser: Entgelt steuerbar[15] (§ 23 lit. d StG)	Nutzniesser: Entgelt steuerbar (Art. 23 lit. d DBG)	-

---

[10] § 38 Abs. 2 StG: Der Nutzniesser hat den vollen Wert des Nutzniessungsvermögens zu versteuern, wobei die darauf lastenden Schulden (des Eigentümers) abziehbar sind (KommZH 38 N 8). Der Eigentümer hat das Nutzniessungsvermögen nicht zu versteuern und kann die darauf lastende Schuld nicht von seinem steuerbaren Vermögen abziehen. Wenn das Nutzniessungsvermögen als Drittpfand haftet, ist die Schuld des Dritten vom Nutzniesser nicht abziehbar (BSK ZGB 765 N 2). Sofern sich die Ausübung der Nutzniessung nur auf einen Teil des GS beschränkt (Art. 745 Abs. 3 ZGB), ist der Vermögenssteuerwert des GS auf Nutzniesser und Eigentümer aufzuteilen. Nutzniessungsvermögen im GV einer natürlichen Person wird beim Nutzniesser mit dem Vermögenssteuerwert besteuert (Abschreibung nur möglich, sofern durch Eigentümer (nat. Person) möglich wäre). Juristische Personen: Als Nutzgeberin: Bilanzierung und Abschreibung des Nutzniessungsvermögens ohne Berücksichtigung der Nutzniessung. Als Nutzniesserin: Nur Aktivierung des Saldos der Einmalentschädigung an den Nutzgeber gemäss FN 5 ohne Abschreibungsmöglichkeit auf dem Nutzniessungsvermögen (Nutzungsrecht und Gegenleistung heben sich auf; VGr, 22.9.2004, SB.2004.00012, E. 2.3).

[11] Der Nutzniesser (Berechtigter) hat die Einkünfte (z.B. aus Vermietung, Verpachtung, Eigennutzung, Erträge, Entgelt des Eigentümers bei der Ertragsnutzniessung (vgl. BGr, 16.11.2006, 2P.186/2006)) aus dem Nutzniessungsvermögen zu versteuern (§ 21 Abs. 1 StG, § 22 Abs. 4 StG). Sofern der Berechtigte keine periodischen Entschädigungen für die Nutzniessung an einem GS leistet, liegt ein unentgeltliches Nutzungsrecht vor und der Berechtigte hat den Eigenmietwert zu versteuern (Praktikabilitätsmodell; § 21 Abs. 1 lit. b StG). Eine Vorbehaltsnutzniessung ist auch dann als unentgeltlich zu betrachten, wenn jährliche Mietzinse bezahlt werden, welche im Wesentlichen bloss die den Eigentümern überbundenen Hypothekarzinsen und weiteren Lasten abdecken und keine marktgerechte Entschädigung für die Nutzungsberechtigung darstellen (BGr, 31.1.2002, StR 2002 322). Sofern die Erträge versteuert werden, können die Aufwendungen des Nutzniessers als Gewinnungskosten abgezogen werden (KommZH 21 N 33). Nicht abzugsfähig sind Einmalentschädigungen des Nutzniessers an den Eigentümer (Praktikabilitätsmodell, vgl. FN 4).

[12] Zur Besteuerung des Ertrags des Nutzgebers vgl. unter 2.1 a. Der Nutzgeber (Eigentümer) kann das Nutzungsrecht nicht als dauernde Last nach § 31 Abs. 1 lit. b StG abziehen, da der Nutzniesser und nicht er den Ertrag versteuert (BGr, 24.11.2010, 2C_542/2010).

[13] Der Abzug der Unterhaltskosten steht dem Eigentümer zu. Der Nutzniesser kann Unterhaltskosten geltend machen, wenn er den Nutzen zu versteuern hat und ihm der Unterhalt überbunden ist (vgl. Merkblatt Liegenschaftenunterhalt, ZStB Nr. 18/821 N 38). Der Nutzniesser trägt i.d.R. die Kosten des gewöhnlichen Unterhalts (periodisch anfallender Unterhalt und laufende Reparaturen, vgl. Art. 764 Abs. 1 i.V.m. Art. 765 Abs. 1 ZGB, dispositives Recht). Der Pauschalabzug ist nur im Verhältnis des überbundenen Unterhalts zu gewähren.

[14] § 31 Abs. 1 lit. a StG. Der Nutzniesser kann die Schuldzinsen geltend machen, wenn er sie zu tragen hat (wenn die Schuld bei Beginn der Nutzniessung bereits bestand, trägt i.d.R. der Nutzniesser die Schuldzinsen; sonst nur mit Zustimmung des Nutzniessers; vgl. Art. 765 Abs. 1 ZGB). Nicht abzugsfähig sind Schuldzinsen für die Schuld eines Dritten, wenn das Nutzniessungsvermögen als Drittpfand haftet.

[15] Es liegt eine steuerbare Entschädigung für die Nichtausübung eines Rechtes (§ 23 lit. d StG) vor.

2.3 Beendigung / Übertragung der Nutzniessung

Art der Leistungen	StSt / ESchSt	DBSt	GGSt
a) Ablösung gegen Einmalentschädigung	Empfänger: Einmalentschädigung nicht steuerbar[16[Leistender: Einmalentschädigung nicht abziehbar	Empfänger: Einmalentschädigung nicht steuerbar Leistender: Einmalentschädigung nicht abziehbar	keine GGSt[17]
b) Ablösung gegen periodische Leistungen	Leibrente: steuerbar 40%[18] (§ 22 Abs. 3 StG) Zeitrente: Zinsanteil/Zinsquote steuerbar[19] (§ 20 Abs. 1 lit. a StG)	Leibrente: steuerbar 40% (Art. 22 Abs. 3 DBG) Zeitrente: Zinsanteil/Zinsquote steuerbar (Art. 20 Abs. 1 lit. a DBG)	keine GGSt
c) (teilweise) unentgeltliche Ablösung	(Rest-)Wert Nutzniessungsrecht als Zuwendung steuerbar[20] (§ 3 ff. ESchG)	-	keine GGSt
d) Übertragung / Veräusserung der Nutzniessung	nicht möglich (nur Übertragung der Ausübung der Nutzniessung möglich)[21]	nicht möglich (nur Übertragung der Ausübung der Nutzniessung möglich)[21]	keine GGSt
e) Übertragung der Ausübung der Nutzniessung	Verweis auf 2.1, 2.2[21]	Verweis auf 2.1, 2.2[21]	keine GGSt
f) Veräusserung eines mit einer Nutzniessung belasteten Grundstücks	-	-	GGSt: weitere Kaufpreisleistung[22]

---

[16] Praktikabilitätsmodell: Vgl. FN 4. Wie bei der Einräumung gegen Einmalentschädigung folgt nach dem Praktikabilitätsmodell, dass bei der Ablösung gegen Einmalentschädigung die Einmalentschädigung vom Empfänger nicht zu versteuern ist und vom Leistenden nicht als Aufwand abgezogen werden kann. Im GV ist die Einmalentschädigung beim Empfänger steuerbarer Ertrag und beim Leistenden abziehbarer Aufwand (ohne Rechnungsabgrenzung).

[17] Vgl. FN 3.

[18] Bei der Ablösung eines Nutzniessungsrechts gegen eine Leibrente stellt der pauschalierte Zinsanteil (40%) steuerbaren Ertrag dar (§ 22 Abs. 3 StG). Der Leistende kann 40% der bezahlten Leibrente abziehen (§ 31 Abs. 1 lit. b StG). Im GV stellen die Leibrentenzahlungen steuerbaren Ertrag bzw. abziehbarer Aufwand dar.

[19] Bei der Ablösung eines Nutzniessungsrechts gegen eine Zeitrente stellt die Zinskomponente steuerbaren Zinsertrag (§ 20 Abs. 1 lit. a StG) bzw. abziehbare Schuldzinsen (§ 31 Abs. 1 lit. a StG) dar. Im GV stellen die Zeitrentenzahlungen steuerbaren Ertrag bzw. abziehbarer Aufwand dar.

[20] Bei (teilweise) unentgeltlicher Ablösung einer Nutzniessung ist der unentgeltliche Teil als Zuwendung von der Erbschafts- bzw. Schenkungssteuer zu erfassen (§ 3 ff. ESchG). Vgl. FN 6.

[21] Die Nutzniessung als reguläre Personaldienstbarkeit ist als solche (d.h das Stammrecht des Nutzniessers) nicht übertragbar und nicht vererblich. Die Ausübung der Nutzniessung kann jedoch nach Art. 758 ZGB übertragen werden, sofern es sich nicht um ein höchstpersönliches Recht (BSK ZGB 758 N 2) handelt und die Übertragung der Ausübung nicht durch Rechtsgeschäft ausgeschlossen ist. Sofern die Ausübungsberechtigung den gesamten Nutzen umfasst und somit ein nutzniessungsähnliches Recht darstellt, gelten betreffend Entgelt für Einräumung der Ausübungsberechtigung, Ertrag aus der Ausübungsberechtigung usw. im Verhältnis Ausübungsberechtigter zu Nutzniesser steuerlich die gleichen Regeln wie im Verhältnis Nutzniesser zu Eigentümer, wobei jedoch das Nutzniessungsvermögen vom Nutzniesser und nicht vom Ausübungsberechtigten im Vermögen zu versteuern ist.

[22] Bei Nutzniessungen ohne periodische Entschädigungen an den Eigentümer wird der Barwert des Nutzniessungsrechts für die verbleibende Dauer der Nutzniessung bei der GGSt zur Bestimmung des Grundstückgewinns zum Kaufpreis hinzugerechnet (bzw. beim Erwerbspreis abgerechnet) (Grundsatz der vergleichbaren Verhältnisse, rechtliche Verschlechterung; KommZH 219 N 20).

3. Wohnrecht[1]

3.1 Einräumung, Ausübung und Beendigung eines Wohnrechts

Art der Leistungen	StSt / ESchSt	DBSt	GGSt
Besteuerung Wohnrecht	Verweis auf Besteuerung der Nutzniessung[2]	Verweis auf Besteuerung der Nutzniessung	Verweis auf Besteuerung der Nutzniessung
Vermögen	Eigentümer / (Berechtigter): Vermögenssteuerwert GS steuerbar[3] (§ 38 Abs. 2 StG)	keine Vermögenssteuer	-
Unterhaltskosten	Eigentümer / Berechtigter: Unterhaltskosten abziehbar[4] (§ 30 Abs. 2 StG)	Eigentümer / Berechtigter: Unterhaltskosten abziehbar (Art. 32 Abs. 2 DBG)	-
Schuldzinsen	Schuldner / (Berechtigter): Schuldzinsen abziehbar[5] (§ 31 Abs. 1 lit. a StG)	Schuldner / (Berechtigter): Schuldzinsen abziehbar (Art. 33 Abs. 1 lit. a DBG)	-
Übertragung / Veräusserung des Wohnrechts	nicht möglich[6]	nicht möglich	-

---

[1] Das Wohnrecht ist eine reguläre, höchstpersönliche Personal-Dienstbarkeit, die einer natürlichen Person die Befugnis einräumt, in einem Gebäude oder in einem Teil eines solchen Wohnung zu nehmen (Art. 776 ZGB). Ein Wohnrecht ist nur zulasten eines Grundstücks möglich. Bei einem dinglichen Wohnrecht ist eine öffentliche Beurkundung und eine Eintragung in das Grundbuch erforderlich (Art. 776 Abs. 3 i.V.m. 746 ZGB). Das Wohnrecht kann aber auch in Form eines persönlichen Wohnrechts (obligatorisches Recht) ausgestaltet sein, das an keine spezielle Formvorschrift gebunden ist, aber grundsätzlich auch den Bestimmungen von Art. 776ff. ZGB unterliegt (BSK 776 N 13). Das Wohnrecht ist strikt unübertragbar (Recht und Ausübung), unvererblich und unpfändbar (Art. 776 Abs. 2 ZGB). Der Wohnberechtigte hat die Lasten des gewöhnlichen Unterhalts (vgl. 2.2 FN 13) zu tragen, sofern ihm ein ausschliessliches Wohnrecht zusteht; bei einem blossen Mitbenutzungsrecht trägt der Eigentümer die Unterhaltskosten (Art. 778 Abs. 1 ZGB; dispositive Regelung). Der Wohnberechtigte hat nicht für die Verzinsung der auf dem GS lastenden Schulden aufzukommen. Soweit gesetzlich nicht anders angeordnet, gelten für das Wohnrecht die Bestimmungen über die Nutzniessung (Art. 776 Abs. 3 ZGB).

[2] Betreffend steuerlicher Behandlung von Einräumung, Ausübung und Beendigung eines Wohnrechts kann grundsätzlich auf die Behandlung der Nutzniessung (vgl. 1.) verwiesen werden (insbes. gilt bei der Einkommenssteuer auch das Praktikabilitätsmodell). Die Fälle einer abweichenden steuerlichen Behandlung sind untenstehend aufgeführt.

[3] § 38 StG: Der Eigentümer hat grundsätzlich den Vermögenssteuerwert des mit einem Wohnrecht belasteten Grundstücks zu versteuern, unabhängig davon, ob es sich um ein dingliches (ins GB eingetragenes) oder bloss obligatorisches Wohnrecht handelt. In der Praxis wird per Konsens der verschiedenen Parteien auch zugelassen, dass der Wohnberechtigte das wohnrechtsbelastete Grundstück im Vermögen versteuert (v.a. bei EFH und StWE; nicht bei Wohnungen in MFH). In diesem Fall kann der Wohnberechtigte auch die auf dem Wohnrechtsgrundstück lastenden Schulden des Eigentümers abziehen. Sofern sich das Wohnrecht nur auf einen Teil des Gebäudes erstreckt, hat der Eigentümer das Wohnrechtsgrundstück zu versteuern.

[4] Der Abzug der Unterhaltskosten steht dem Eigentümer zu. Der Wohnberechtigte kann Unterhaltskosten geltend machen, wenn er den Nutzen zu versteuern hat und ihm der Unterhalt überbunden ist (vgl. Merkblatt Liegenschaftenunterhalt, ZStB I Nr. 18/821 N 38). Der Wohnberechtigte trägt i.d.R. die Kosten des gewöhnlichen Unterhalts (vgl. 2.2 FN 13), sofern ihm ein ausschliessliches Wohnrecht zusteht (vgl. Art. 778 Abs. 1 ZGB; FN 1).

[5] Der Wohnberechtigte hat grundsätzlich nicht für die Verzinsung der auf dem Wohnrechtsgrundstück lastenden Schulden aufzukommen. Der Abzug der Schuldzinsen ist daher dem Schuldner der Kapitalforderung vorbehalten. In der Praxis wird aber zugelassen, dass der Wohnberechtigte die Schuldzinsen der auf dem Wohnrechtsgrundstück lastenden Schuld abziehen kann, wenn er sie übernimmt.

[6] Das Wohnrecht und dessen Ausübung sind höchstpersönlich und daher nicht übertragbar. Die Parteien können jedoch vereinbaren, dass der Berechtigte die Wohnung vermieten darf (vgl. BSK ZGB 776 N 6). In diesem Fall hat der Berechtigte den Mietertrag als Einkommen zu versteuern (§ 21 Abs. 1 lit. a StG).

4. Baurecht[1]

4.1 Einräumung eines Baurechts an einem unüberbauten Grundstück

Art der Leistungen	StSt / ESchSt	DBSt	GGSt
a) Einräumung gegen periodische Leistungen	Empfänger: Leistungen steuerbar[2] (§ 21 Abs. 1 lit. c StG) Leistender: Leistungen abziehbar (§ 30 Abs. 3 StG)	Empfänger: Leistungen steuerbar (Art. 21 Abs. 1 lit. c DBG) Leistender: Leistungen abziehbar[3]	keine GGSt[4]
b) Einräumung gegen Einmalentschädigung	Empfänger: Einmalentschädigung steuerbar[5] (§ 21 Abs. 1 lit. c + 36 StG) Leistender: Leistung abziehbar[6] (§ 30 Abs. 3 StG)	Empfänger: Einmalentschädigung steuerbar[7] (Art. 21 Abs. 1 lit. c + 37 DBG) Leistender: Leistung abziehbar[8]	keine GGSt[9]
c) (teilweise) unentgeltliche Einräumung	Berechtigter: Stammrecht als Zuwendung/Schenkung steuerbar (§ 3 ff. ESchG)[10]	-	keine GGSt

---

[1] Das Baurecht ist eine (irreguläre Personal-)Dienstbarkeit, die einer natürlichen oder juristischen Person das Recht einräumt, auf oder unter der Bodenfläche eines Grundstücks ein Bauwerk zu errichten oder beizubehalten (Art. 779 ff. ZGB; das Baurecht kann auch als Grunddienstbarkeit ausgestaltet sein (BSK ZGB 779 N 7)). Zur Begründung eines Baurechts ist ein gültiges Rechtsgeschäft (schriftlicher Vertrag) und eine Eintragung in das Grundbuch erforderlich (BSK ZGB 779 N 18). Ein selbständiges und dauerndes Baurecht bedarf der öffentlichen Beurkundung und kann als Grundstück ins Grundbuch aufgenommen werden (Art. 779, 779a ZGB; selbständig: übertragbar und vererblich bzw. nicht ausschliesslich zugunsten einer bestimmten Person; dauernd: wenigstens auf 30 Jahre oder unbestimmte Zeitdauer. Das Baurecht ist übertragbar und vererblich (irreguläre Personaldienstbarkeit), solange nichts anderes vereinbart wurde. Es kann jedoch höchstens auf 100 Jahre begründet werden (Art. 779l ZGB).

[2] Der periodische Baurechtszins für die Bodennutzung stellt steuerbaren Ertrag aus unbeweglichem Vermögen dar (§ 21 Abs. 1 lit. c StG; BGE 90 I 252, KommZH 21 N 97). Interkantonal werden Baurechtszinsen dem Belegenheitskanton zugewiesen (Locher, § 7 I A 1 Nr. 19).

[3] Die Leistungen des Baurechtsnehmers stellen wie bei der Staatssteuer abziehbare Gewinnungskosten dar (M DBG 2000 Nr. 8, BGr, 15.12.2012, 2C_890/2012; vgl. auch FN 27; a.M. noch BGr, 29.3.1999, StE 1999 B 25.6 Nr. 34, HaKoDBG 34 N 70). Im GV gelten die Leistungen als Aufwand (keine Aktivierung des Baurechts).

[4] Die Begründung einer Baurechtsdienstbarkeit löst keine Grundstückgewinnsteuer aus, da das Baurecht auf höchstens 100 Jahre begründet werden kann (Art. 779l ZGB) und damit die Voraussetzung der Dauerhaftigkeit nach § 216 Abs. 2 lit. b StG nicht erfüllt ist (KommZH 216 N 534). Dies gilt auch wenn das Baurecht als selbständiges und dauerndes Recht ausgestaltet und als Grundstück ins Grundbuch aufgenommen wird (Art. 779 Abs. 3 ZGB) (RB 1990 Nr. 52; 1994 Nr. 57).

[5] Anders als bei der Nutzniessung gilt hier gemäss § 21 Abs. 1 lit. c StG das Praktikabilitätsmodell nicht: Der kapitalisierte Baurechtszins ist vom Empfänger gemäss § 21 Abs. 1 lit. c StG unter Anwendung von § 36 StG (Teilung Leistung durch Baurechtsdauer) zu versteuern. Im GV ist das steuerbare Periodenbetreffnis durch arithmetische Teilung der Einmalleistung im Verhältnis zur gesamten Baurechtsdauer zu bestimmen und der noch vorhandene Saldo zu passivieren (Rechnungsabgrenzung; sofern buchführungspflichtig oder nach Sollmethode abrechnend; VGr, 16.12.2009, SB.2009.00048, E. 2.4).

[6] Der Leistende kann den kapitalisierten Baurechtszins in der Steuerperiode der Leistung vom steuerbaren Einkommen abziehen. GV: zur zeitlichen Abgrenzung des Aufwands vgl. FN 5 (Saldo aktiviert).

[7] Art. 21 Abs. 1 lit. c i.V.m. Art. 37 DBG. Vgl. FN 5.

[8] Vgl. FN 3. Zur zeitlichen Abgrenzung des Aufwands im GV vgl. FN 5 analog.

[9] Vgl. FN 4.

[10] Bei (teilweise) unentgeltlicher Einräumung eines Baurechts (d.h. ohne entsprechende Gegenleistung) ist der unentgeltliche Teil als Zuwendung von der Erbschafts- bzw. Schenkungssteuer zu erfassen, sofern die Voraussetzungen einer Schenkung/Zuwendung erfüllt sind (§ 3 ff. ESchG). Dabei werden sämtliche gegenseitig geschuldeten Leistungen im Rahmen des Rechtsgeschäfts berücksichtigt (Einmalleistungen und periodische Leis-

4.2 Einräumung eines Baurechts an einem überbauten Grundstück

Art der Leistungen	StSt / ESchSt	DBSt	GGSt
a) Entschädigung für Bauwerke	Empfänger: Leistung unter Abzug Anlagekosten steuerbar[11] (§ 21 Abs. 1 lit. c StG) Leistender: Leistungen nicht abziehbar[12]	Empfänger: Leistung unter Abzug Anlagekosten steuerbar (Art. 21 Abs. 1 lit. c DBG) Leistender: Leistungen nicht abziehbar	keine GGSt[13]
b) Periodische Leistungen für Bodennutzung	Empfänger: Leistungen steuerbar[14] (§ 21 Abs. 1 lit. c StG) Leistender: Leistungen abziehbar[15] (§ 30 Abs. 3 StG)	Empfänger: Leistungen steuerbar (Art. 21 Abs. 1 lit. c DBG) Leistender: Leistungen abziehbar[16]	keine GGSt[17]
c) Einmalentschädigung für Bodennutzung	Empfänger: Einmalentschädigung steuerbar[18] (§ 21 Abs. 1 lit. c + 36 StG) Leistender: Leistung abziehbar[19] (§ 30 Abs. 3 StG)	Empfänger: Einmalentschädigung steuerbar[20] (Art. 21 Abs. 1 lit. c + 37 DBG) Leistender: Leistung abziehbar[21]	keine GGSt[22]
d) (teilweise) unentgeltliche Einräumung	Begünstigter: unentgeltlicher Teil als Zuwendung/Schenkung steuerbar (§ 3 ff. ESchG)[23]	-	keine GGSt

tungen bei Einräumung und während Laufzeit, Heimfallentschädigung). Die jeweiligen Leistungen werden auf den Zeitpunkt der Zuwendung an den Begünstigten diskontiert (nach Diskontsatz im Stichjahr). Der Zinssatz zur Bestimmung des Kapitalwerts beträgt 3% (§ 14 ESchG; Weisung ZStB 41/420).

[11] Die Entschädigung für die auf den Baurechtsnehmer übergegangenen Bauwerke stellt Liegenschaftenertrag (§ 21 Abs. 1 lit. c StG; Einkommen aus unbeweglichem Vermögen) und nicht Kapitalgewinn aus beweglichem oder unbeweglichem Vermögen dar (VGr, 16.12.2009, SB.2009.00048, E. 2; RB 1995 Nr. 40; BGr, 22.4.1998, StR 1998, 664). Vom Liegenschaftenertrag sind die für die Erstellung der Bauten entstandenen Anlagekosten als Gewinnungskosten abziehbar (im Privatvermögen ist der Ertrag soweit steuerbar, als der Erlös die Anlagekosten übersteigt). Bei einer Einmalentschädigung ist die Leistung unter Abzug der Anlagekosten in der Steuerperiode des Zuflusses zusammen mit den übrigen Einkommen (ohne Anwendung von § 36 StG) zu versteuern. Bei Abgeltung durch periodische Leistungen sind die Anlagekosten auf die Leistungsdauer zu verteilen und von den steuerbaren Leistungen abzuziehen. Im GV ist weiter die Differenz zwischen Buchwert (Einkommenssteuerwert) und Anlagekosten als realisierte stille Reserven zu besteuern (§ 18 Abs. 2 StG; vgl. VGr, a.a.O., E. 2.6).

[12] Die Leistungen für die ins Eigentum des Baurechtsnehmers übergehenden Bauten stellen nicht abziehbare Anschaffungskosten dar. Im GV sind die Bauten zu aktivieren. Bei periodischen Leistungen sind die in späteren Steuerperioden geschuldeten Leistungen zu passivieren (antizipative Passiven).

[13] Es liegt kein Kapitalgewinn, sondern ein Ertrag aus unbeweglichem Vermögen vor (vgl. FN 11).

[14] Der periodische Baurechtszins für die Bodennutzung stellt steuerbaren Ertrag aus unbeweglichem Vermögen dar (§ 21 Abs. 1 lit. c StG). Sofern im Baurechtszins eine Entschädigung für teilweise entschädigungslos an den Baurechtsnehmer übergehende Bauten enthalten sind, sind von diesem Ertrag die anteiligen Anlagekosten abzuziehen (vgl. FN 11).

[15] § 30 Abs. 3 StG. Sofern im Baurechtszins eine Entschädigung für teilweise entschädigungslos an den Baurechtsnehmer übergegangene Bauten enthalten sind, ist dieser Anteil nicht abziehbar (vgl. FN 12).

[16] Vgl. FN 3.

[17] Vgl. FN 4.

[18] Vgl. FN 5. Sofern in der Einmalleistung eine Entschädigung für an den Baurechtsnehmer übergehende Bauten enthalten ist, ist dieser Anteil gemäss FN 11 zu versteuern.

[19] Vgl. FN 6. Sofern in der Einmalleistung eine Entschädigung für an den Baurechtsnehmer übergehende Bauten enthalten ist, ist dieser Anteil nicht abziehbar (vgl. FN 12).

[20] Vgl. FN 18.

[21] Vgl. FN 8.

[22] Vgl. FN 4.

Immobilien-Wegweiser durch den Steuerdschungel

4.3 Ausübung des Baurechts während der Baurechtsdauer

Art der Leistungen	StSt / ESchSt	DBSt	GGSt
a) Vermögen	Baurechtsnehmer: Vermögenssteuerwert Bauwerk steuerbar[24] (§ 39 StG) Eigentümer/Baurechtsgeber: Vermögenssteuerwert Land steuerbar[25]	keine Vermögenssteuer	-
b) Ertrag Baurechtsgrundstück	Baurechtsnehmer: Ertrag/Eigenmietwert steuerbar[26] (§ 21 Abs. 1 lit. a/b StG)	Baurechtsnehmer: Ertrag / (ev. reduzierter) Eigenmietwert steuerbar[27] (Art. 21 Abs. 1 lit. a/b DBG)	-
c) Baurechtszinsen[28]	vgl. 4.1 a; 4.2 a, b	vgl. 4.1 a; 4.2 a, b	vgl. 4.1 a; 4.2 a, b
d) Unterhaltskosten	Baurechtsnehmer/Eigentümer: Unterhaltskosten abziehbar[29] (§ 30 Abs. 2 StG)	Baurechtsnehmer/Eigentümer: Unterhaltskosten abziehbar (Art. 32 Abs. 2 DBG)	-
e) Schuldzinsen	Schuldner: Schuldzinsen abziehbar[30]	Schuldner: Schuldzinsen abziehbar	-

[23] Bei (teilweise) unentgeltlicher Einräumung eines Baurechts (d.h. ohne entsprechende Gegenleistung) ist der unentgeltliche Teil als Zuwendung von der Erbschafts- bzw. Schenkungssteuer zu erfassen (§ 3 ff. ESchG). Dabei werden sämtliche gegenseitig geschuldeten Leistungen im Rahmen des Rechtsgeschäfts berücksichtigt (Einmalleistungen und periodische Leistungen bei Einräumung und während Laufzeit, Leistungen bei Heimfall etc.). Die jeweiligen Leistungen werden auf den Zeitpunkt der Zuwendung an den Begünstigten diskontiert (nach Diskontsatz im Stichjahr).

[24] Der Vermögenssteuerwert bestimmt sich nach dem Zeitbauwert der vom Baurecht erfassten Bauten, bei Mehrfamilien- und Geschäftshäusern nach der Differenz zwischen kapitalisiertem Ertragswert und kapitalisierten Baurechtszinsen für die Bodennutzung (vgl. Weisung Bewertung von Liegenschaften 2009, N 75 f.; BGr, 12.10.11, StE 2012 B 73.11 Nr.1, E. 6). Die auf dem Land lastenden Schulden sind nicht abziehbar. Bei juristischen Personen ist der Buchwert bzw. Steuerwert massgebend.

[25] Der Baurechtsgeber/Eigentümer hat den Landwert (nach Basiszinssatz [4,75%] kapitalisierte Baurechtszinsen für die Bodennutzung, vgl. Weisung Bewertung von Liegenschaften 2009, N 78) zu versteuern. Sofern nicht alle Bauten des Grundstücks vom Baurecht erfasst werden, ist der Zeitbauwert dieser Bauten beim Eigentümer zu erfassen (ev. auch GS mit Gebäude normal nach Weisung, Baurecht als Belastung).

[26] Der dem Baurechtsnehmer während der Baurechtsdauer zufliessende Ertrag stellt steuerbaren Ertrag aus unbeweglichem Vermögen dar (§ 21 Abs. 1 lit. a StG). Bei Selbstnutzung hat der Baurechtsnehmer den vollen Eigenmietwert der Liegenschaft zu versteuern (vgl. Weisung Bewertung von Liegenschaften 2009, N 77). Sofern nicht alle Bauten des GS vom Baurecht erfasst werden, ist der anteilige Eigenmietwert zu versteuern.

[27] Sofern bei der direkten Bundessteuer der Baurechtsnehmer im Einklang mit der früheren bundesgerichtlichen Rechtsprechung (BGr, 29.3.1999, StE 1999 B 25.6 Nr. 34) auf den Abzug der Baurechtszinsen für die Bodennutzung verzichtet, kann er den niedrigeren, lediglich auf den Zeitbauwert des Gebäudes berechneten Eigenmietwert beanspruchen („Mietwertmodell", vgl. M DBG 2000 Nr. 8; BGr, 15.12.2012, 2C_890/2012; vgl. auch FN 3).

[28] Für die während der Baurechtsdauer geschuldeten Leistungen für die Einräumung des Baurechts oder für übergehende Bauten vgl. vorne unter Einräumung des Baurechts 4.1 a, 4.2 a, b.

[29] Der Baurechtsberechtigte kann die von ihm getragenen Unterhaltskosten für die vom Baurecht erfassten Bauten und Nutzungsflächen oder gegebenenfalls den Pauschalabzug geltend machen. Sofern auch dem Grundeigentümer ein Unterhalt am GS überbunden ist, kann er die von ihm effektiv getragenen Unterhaltskosten geltend machen (vgl. Merkblatt Liegenschaftenunterhalt, ZStB Nr. 18/821 N 38, 41).

[30] § 31 Abs. 1 lit. a StG. Der Schuldner der Geldforderung kann die jeweiligen Schuldzinsen geltend machen.

Art der Leistungen	StSt / ESchSt	DBSt	GGSt
f) Übertragung Baurecht (nicht als GS ins GB aufgenommen)	Empfänger: Entschädigung/Ertrag steuerbar[31] (§ 21 Abs. 1 lit. c StG) Baurechtsnehmer: vgl. 4.1, 4.2[32]	Empfänger: Entschädigung/Ertrag steuerbar (Art. 21 Abs. 1 lit. c DBG) Baurechtsnehmer: vgl. 4.1, 4.2[32]	keine GGSt[33]
g) Übertragung Baurecht (als GS in Grundbuch aufgenommen)	-	-	GGSt[34]
h) Unterbaurecht[35]	Regeln für Baurecht analog	Regeln für Baurecht analog	Regeln für Baurecht analog
i) Veräusserung eines mit einem Baurecht belasteten Grundstücks	-	-	GGSt: allenfalls rechtliche Verschlechterung[36]

---

[31] Sofern das Baurecht nicht als GS ins GB eingetragen ist, genügt für die Übertragung ein schriftlicher Vertrag (Übertragung ausserhalb des Grundbuchs) (BSK ZGB 779 N 22). Die Entschädigung ist als Einkunft aus Baurechtsverträgen steuerbar (§ 21 Abs. 1 lit. c StG). Von der Entschädigung sind die geleisteten Entschädigungen und Anlagekosten für Bauwerke und die bezahlten Entschädigungen für die zukünftige Bodennutzung (sofern nicht bereits abgezogen) als Gewinnungskosten anrechenbar.

[32] Für den neuen Baurechtsnehmer gelten betreffend Abziehbarkeit der Leistungen (für Bauwerke, Bodennutzung) die Regeln bei Einräumung eines Baurechts analog (4.1, 4.2).

[33] Die Übertragung eines nicht als GS ausgestalteten Baurechts löst keine GGSt aus (KommZH § 216 N 132).

[34] Für die Übertragung gelten die Regeln für die Übertragung von Grundeigentum (öffentliche Beurkundung, Eintragung Erwerber in GB). Es liegt eine zivilrechtliche Handänderung an einem Grundstück vor, welche die GGSt auslöst (auch bei Rückübertragung auf Eigentümer der LS) (KommZH 216 N 139). Als Anlagekosten sind u.a. die bezahlten Entschädigungen und sonstigen Anlagekosten für Bauwerke und die geleisteten Einmalentschädigungen für die zukünftige Bodennutzung (sofern nicht bei Einkommenssteuer abgezogen (z.B. bei GV)) anrechenbar.

[35] Sofern das Baurecht als Grundstück ins Grundbuch aufgenommen wurde, kann ein Baurecht zulasten des Baurechts (sog. Unterbaurecht) begründet werden. Steuerlich gelten grundsätzlich die Regeln für das Baurecht analog.

[36] Die Baurechtsbelastung ist gegebenenfalls (insbesondere bei nichtperiodischen Entschädigungen) nach dem Grundsatz der vergleichbaren Verhältnisse durch Zu- oder Abrechnungen beim Erlös oder Erwerbspreis (bzw. Verkehrswert vor 20 Jahren) zu berücksichtigen (KommZH 219 N 20). Für die Anpassung des Erwerbspreises ist davon auszugehen, dass bereits im Zeitpunkt des Erwerbs ein gleiches Baurecht bestanden hätte. Dabei sind sämtliche Leistungen im Zusammenhang mit dem Baurecht einzubeziehen (Einmalleistungen und periodische Leistungen bei Einräumung und während Laufzeit, Leistungen bei Heimfall etc.). Aufwendungen an den Bauten im Baurecht sind nicht beim baurechtsbelasteten Grundstück anrechenbar (VGr, 2.6.2010, SB.2009.00116).

4.4 Ablösung des Baurechts (an einem überbauten Grundstück)			
Art der Leistungen	StSt / ESchSt	DBSt	GGSt
a) Entschädigung für heimfallende Bauwerke	Empfänger: Leistung unter Abzug Anlagekosten steuerbar[37] (§ 21 Abs. 1 lit. c StG) Leistender: Leistungen nicht abziehbar[38]	Empfänger: Leistung unter Abzug Anlagekosten steuerbar (Art. 21 Abs. 1 lit. c DBG) Leistender: Leistungen nicht abziehbar	keine GGSt[39]
b) Entschädigung für vorzeitige Auflösung des Baurechtsvertrags	Empfänger: Entschädigung steuerbar[40] (§ 21 Abs. 1 lit. c StG) Leistender: Entschädigung abziehbar[41]	Empfänger: Entschädigung steuerbar (Art. 21 Abs. 1 lit. c DBG) Leistender: Entschädigung abziehbar	keine GGSt[39]
c) (teilweise) unentgeltlicher Heimfall	Begünstigter/Eigentümer: Zuwendung/Schenkung steuerbar (§ 3 ff. ESchG)[42]		keine GGSt[39]
d) (teilweise) unentgeltlicher Heimfall gegen unterpreislichen Baurechtszins	Eigentümer: Differenz zu angemessener Entschädigung steuerbar[43] (§ 21 Abs. 1 lit. c StG) Leistender: Differenz abziehbar[44] (§ 30 Abs. 3 StG)	Eigentümer: Differenz zu angemessener Entschädigung steuerbar[45] (Art. 21 Abs. 1 lit. a DBG) Leistender: Differenz abziehbar[46]	keine GGSt

---

[37] Mit Ablauf der Baurechtsdauer werden die Bauwerke zu Bestandteilen des Grundstücks des Grundeigentümers (Heimfall, Art. 779c ZGB). Gemäss Art. 779d Abs. 1 ZGB hat der Grundeigentümer bei Ablauf der Baurechtsdauer dem Bauberechtigten für die heimfallenden Bauwerke eine angemessene Entschädigung (Berücksichtigung objektiver Mehrwert der LS durch Baute und subjektive Interessen des Grundeigentümers) zu leisten. Die Entschädigung für die heimfallenden Bauwerke stellen beim Baurechtsnehmer Liegenschaftenertrag (§ 21 Abs. 1 lit. c StG) dar (Fälligkeit: Tag, an dem Baurecht infolge Zeitlauf untergeht, BSK ZGB 779d N 17). Vom Liegenschaftsertrag sind die Anlagekosten als Gewinnungskosten abziehbar (im Privatvermögen ist der Ertrag soweit steuerbar, als der Erlös die Anlagekosten übersteigt; im GV sind die heimfallenden Bauwerke auszubuchen). Sofern die Baute bei Einräumung des Baurechts schon bestand, setzen sich die Anlagekosten aus der (damaligen) Entschädigung für die Baute und der während der Baurechtsdauer vorgenommenen wertvermehrenden Aufwendungen zusammen. Bei Abgeltung durch periodische Leistungen sind die Anlagekosten auf die Leistungsdauer (arithmetisch) zu verteilen und von den steuerbaren Leistungen abzuziehen.

[38] Die Entschädigung für die ins Eigentum des Grundeigentümers übergehenden Bauten stellen nicht abziehbare Anschaffungskosten dar. Im GV sind die Bauten zu aktivieren. Bei periodischen Leistungen sind die in späteren Steuerperioden geschuldeten Leistungen zu passivieren (antizipative Passiven).

[39] Der Untergang eines Baurechts führt zu keiner Grundstückgewinnsteuer, da die Aufhebung einer Belastung keine Handänderung darstellt (vgl. § 216 Abs. 2 lit. b StG, KommZH 216 N 144).

[40] Die Entschädigung ist als Liegenschaftenertrag (§ 21 Abs. 1 lit. c StG, ev. i.V.m. § 36 StG) steuerbar.

[41] Die Entschädigung kann vom Leistenden als Gewinnungskosten abgezogen werden.

[42] Eine Wegbedingung der Heimfallentschädigung ist zulässig. Bei (teilweise) unentgeltlichem Heimfall der Bauten (d.h. ohne entsprechende Gegenleistung bzw. Differenz zur angemessenen Entschädigung) ist der unentgeltliche Teil beim Eigentümer als Zuwendung der Erbschafts- bzw. Schenkungssteuer zu erfassen, sofern die Voraussetzungen einer Schenkung/Zuwendung erfüllt sind (§ 3 ff. ESchG). Dabei werden sämtliche gegenseitig geschuldeten Leistungen im Rahmen des Rechtsgeschäfts berücksichtigt (Einmalleistungen und periodische Leistungen bei Einräumung und während Laufzeit, Heimfallentschädigung). Die jeweiligen Leistungen werden auf den Zeitpunkt der Zuwendung an den Begünstigten diskontiert (nach Diskontsatz im Stichjahr).

[43] Sofern die Heimfallentschädigung im Gegenzug zu einem tieferen Baurechtszins oder einer tieferen Baurechtseinräumungsentschädigung tiefer als die angemessene Entschädigung vereinbart wird, stellt die Differenz beim Eigentümer im Zeitpunkt des Heimfalls steuerbaren Liegenschaftenertrag dar (Anwendung von § 36).

[44] § 30 Abs. 3 StG.

[45] Vgl. FN 43.

[46] Vgl. FN 16 bzw. 3.

5. Grunddienstbarkeiten[1]

5.1 Errichtung, Ausübung und Ablösung einer Grunddienstbarkeit

Art der Leistungen	StSt / ESchSt	DBSt	GGSt
a) Einräumung/Ablösung einer dauernden und wesentlichen Grunddienstbarkeit	Empfänger: Leistungen nicht steuerbar[2] Leistender: Leistungen nicht abziehbar	Empfänger: Leistungen nicht steuerbar[2] Leistender: Leistungen nicht abziehbar	Einräumung: Grundstückgewinn steuerbar[2] (§ 216 Abs. 2 lit. b StG)
b) Einräumung/Ablösung einer nicht dauernden und wesentlichen Grunddienstbarkeit gegen Einmalentschädigung	Empfänger: Einmalentschädigung i.d.R. nicht steuerbar[3] Leistender: Einmalleistung nicht abziehbar[4]	Empfänger: Einmalentschädigung i.d.R. nicht steuerbar Leistender: Leistung nicht abziehbar	keine GGSt[5]
c) Einräumung/Ablösung einer nicht dauernden und wesentlichen Grunddienstbarkeit gegen periodische Leistungen	Empfänger: Leistungen steuerbar[6] (§ 21 Abs. 1 lit. a StG) Leistender: Leistungen abziehbar, sofern Ertrag steuerbar[7]	Empfänger: Leistungen steuerbar (Art. 21 Abs. 1 lit. a DBG) Leistender: Leistungen abziehbar, sofern Ertrag steuerbar	keine GGSt[5]

---

[1] Bei der Grunddienstbarkeit besteht die Belastung eines dienenden Grundstücks (beschränktes dingliches Recht) zugunsten des jeweiligen Eigentümers eines herrschenden Grundstücks (Art. 730 ff. ZGB). Zur Errichtung einer Grunddienstbarkeit ist ein gültiges Rechtsgeschäft (schriftlicher Dienstbarkeitsvertrag) und eine Eintragung im Grundbuch erforderlich (Art. 731 f. ZGB). Die Dauer der Grunddienstbarkeit ist gesetzlich nicht beschränkt, kann aber rechtsgeschäftlich befristet werden (BSK ZGB 734 N 8). Die Grunddienstbarkeit geht unter mit der Löschung des Eintrages im Grundbuch, wozu eine schriftliche Erklärung der Berechtigten beizubringen ist (Art. 734 i.V.m. 964 ZGB).

[2] Die Belastung mit einer Grunddienstbarkeit unterliegt der GGSt und nicht der Einkommenssteuer, falls sie dauernd (auf unbegrenzte Zeit errichtet) und wesentlich (wesentliche Beeinträchtigung der Bewirtschaftungs- oder Veräusserungsmöglichkeit) ist, und gegen Entgelt erfolgt (§ 216 Abs. 2 lit. b StG). Zur Berechnung des Grundstückgewinns ist der Wertverminderungsanteil des Grundstücks durch die Belastung zu bestimmen (Teilveräusserung/Aufspaltung der Eigentumsrechte). Die entgeltliche Ablösung einer solchen Grunddienstbarkeit unterliegt mangels gesetzlicher Grundlage nicht der GGSt und auch nicht der Einkommenssteuer (da grundsätzlich von der GGSt zu erfassen wäre, vgl. M StG 1980 Nr. 42). Bei (teilweise) unentgeltlicher Einräumung/Ablösung der Grunddienstbarkeit (d.h. ohne entsprechende Gegenleistung) ist der unentgeltliche Teil als Zuwendung von der Erbschafts- bzw. Schenkungssteuer zu erfassen (§ 3 ESchG), sofern keine GGSt erhoben wird.

[3] Bei einer auf unbegrenzte Zeit errichteten (aber nicht wesentlichen) Grunddienstbarkeit stellt die Einmalleistung für die Einräumung oder Ablösung Ersatz für den Minderwert/Mehrwert des GS dar und ist beim Empfänger nicht steuerbar. Bei einer zeitlich befristeten Grunddienstbarkeit (selten) stellt die Einmalleistung für die Errichtung (bzw. Ablösung) beim Empfänger steuerbaren Ertrag aus unbeweglichem Vermögen (§ 21 Abs. 1 lit. a i.V.m. § 36 StG) dar (keine Anwendung des Praktikabilitätsmodells; vgl. zur Besteuerung im GV, 4.1 FN 5, 6 analog).

[4] Bei einer zeitlich unbegrenzten Grunddienstbarkeit stellt die Einmalleistung nicht abziehbare Anschaffungskosten dar. Im GV ist der zusätzliche Wert des herrschenden Grundstücks aufgrund der Grunddienstbarkeit zu aktivieren. Bei zeitlich begrenzten Grunddienstbarkeiten kann die Einmalleistung in der Steuerperiode der Leistung als Gewinnungskosten abgezogen werden, falls ein Ertrag aus der Dienstbarkeit zu versteuern ist. Im GV ist der Aufwand zeitlich abzugrenzen (Teilung der Leistung durch Dienstbarkeitsdauer und Aktivierung des Saldos).

[5] Keine GGSt, da keine dauernde und wesentliche Beeinträchtigung der Bewirtschaftungs- oder Veräusserungsmöglichkeit (vgl. FN 2).

[6] Sofern die periodischen Leistungen während der gesamten Dauer der Grunddienstbarkeit geschuldet sind, stellen sie steuerbaren Ertrag aus unbeweglichem Vermögen dar (§ 21 Abs. 1 lit. a StG). Sofern die Errichtung oder Ablösung einer zeitlich unbegrenzten Grunddienstbarkeit gegen eine Leibrente oder Zeitrente geschieht, ist nur der Zinsanteil (40% bzw. Zinsquote) steuerbar (§ 22 Abs. 3 StG, § 20 Abs. 1 lit. a StG) und vom Leistenden abziehbar (§ 31 Abs. 1 lit. b bzw. a StG).

[7] Der Leistende kann die periodischen Leistungen (als Gewinnungskosten) abziehen, falls er Ertrag versteuern muss.

Immobilien-Wegweiser durch den Steuerdschungel

Art der Leistungen	StSt / ESchSt	DBSt	GGSt
d) Veräusserung eines mit einer Grunddienstbarkeit belasteten Grundstücks	-	-	GGSt: rechtliche Verschlechterung/ Verbesserung[8]
e) Vermögen	Wertverminderung / Wertvermehrung berücksichtigen[9] (§ 39 StG)	keine Vermögenssteuer	-
f) Unterhaltskosten	Unterhaltskosten abziehbar[10] (§ 30 Abs. 2 StG)	Unterhaltskosten abziehbar (Art. 32 Abs. 2 DBG)	-

---

[8] Eine Grunddienstbarkeit kann nur durch Veräusserung (bzw. Teilung) des herrschenden bzw. dienenden GS übertragen werden. Bei der Bestimmung der Grundstückgewinnsteuer wird eine Grunddienstbarkeit, welche bei Erwerb des GS noch nicht bestand, dadurch berücksichtigt, dass beim Erwerbspreis der der tatsächlichen Verschlechterung entsprechende Wert abgezogen wird (KommZH 219 N 19, RB 1963 Nr. 69). Bei Veräusserung des herrschenden GS wird eine Grunddienstbarkeit, welche bei Erwerb des GS noch nicht bestand, dadurch berücksichtigt, dass die für die Einräumung der Grunddienstbarkeit geleistete Entschädigung als wertvermehrende Aufwendung angerechnet wird oder dass beim Erwerbspreis der der tatsächlichen Verbesserung entsprechende Wert hinzugerechnet wird.

[9] Die durch die Grunddienstbarkeit entstehende Wertverminderung des dienenden Grundstücks und Wertvermehrung des herrschenden Grundstücks ist grundsätzlich beim Vermögenssteuerwert zu berücksichtigen (KommZH, 39 N 48; in der Praxis wird die Wertveränderung durch die Dienstbarkeit nur berücksichtigt, falls der aktuelle Vermögenssteuerwert nicht mehr in der Bandbreite von 70%-100% des Verkehrswerts liegt). Zeitlich begrenzte Dienstbarkeiten führen i.d.R. nicht zu einer Veränderung der Vermögenssteuerwerte.

[10] Sofern für den Berechtigten aufgrund der Grunddienstbarkeit Unterhaltskosten entstehen (vgl. Art. 741 ZGB), kann er diese steuerlich abziehen.

6. Andere Personaldienstbarkeiten[1]

6.1 Errichtung, Ausübung und Ablösung einer Personaldienstbarkeit

Art der Leistungen	StSt / ESchSt	DBSt	GGSt
a) Besteuerung der Personaldienstbarkeiten nach Art. 781 ZGB	Verweis auf Besteuerung der Grunddienstbarkeit[2]	Verweis auf Besteuerung der Grunddienstbarkeit[2]	Verweis auf Besteuerung der Grunddienstbarkeit[2, 3]
b) Übertragung Personaldienstbarkeit (als GS in Grundbuch aufgenommen)	-	-	GGSt[4]
c) Übertragung einer zeitlich unbefristeten Personaldienstbarkeit[5] (nicht als GS ins GB aufgenommen)	Empfänger: Entschädigung nicht steuerbar[6] Neuer Berechtigter: Leistung nicht abziehbar	Empfänger: Entschädigung nicht steuerbar Neuer Berechtigter: Leistung nicht abziehbar	keine GGSt[7]
d) Übertragung einer zeitlich befristeten Personaldienstbarkeit (nicht als GS ins GB aufgenommen)	Empfänger: Entschädigung steuerbar[8] (§ 21 Abs. 1 lit. a StG) Neuer Berechtigter: Leistung abziehbar, sofern Ertrag steuerbar	Empfänger: Entschädigung steuerbar (Art. 21 Abs. 1 lit. a DBG) Neuer Berechtigter: Leistung abziehbar, sofern Ertrag steuerbar	keine GGSt[7]

---

[1] Bei den Personaldienstbarkeiten besteht eine Belastung eines Grundstücks (Ausnahme: Nutzniessung ist auch an Fahrnis, Rechten und Vermögen möglich) zugunsten einer bestimmten Person, ein herrschendes Grundstück fehlt (Art. 745-781 ZGB). Nicht übertragbare (reguläre) Personaldienstbarkeiten sind die Nutzniessung, das Wohnrecht und (sofern nichts anderes vereinbart) andere Personaldienstbarkeiten nach Art. 781 ZGB. Übertragbare (irreguläre) Personaldienstbarkeiten sind (sofern nichts anderes vereinbart) das Baurecht und das Quellenrecht. Personaldienstbarkeiten an Grundstücken, welche selbständig (übertragbar und vererblich) und dauernd (auf mindestens 30 Jahre begründet) sind, können als GS ins Grundbuch aufgenommen werden (Art. 655 Abs. 2 Ziff. 2 ZGB). Zur Errichtung einer Personaldienstbarkeit nach Art. 781 ZGB an unbeweglichem Vermögen ist ein gültiges Rechtsgeschäft (schriftlicher Dienstbarkeitsvertrag) und eine Eintragung in das Grundbuch erforderlich (Art.781 i.V.m. 731 f. ZGB). Die Personaldienstbarkeit nach Art. 781 ZGB geht unter mit der Löschung des Eintrages im Grundbuch, wozu eine schriftliche Erklärung der Berechtigten beizubringen ist (Art. 734 i.V.m. 964 ZGB).

[2] Betreffend steuerlicher Behandlung von Einräumung, Ausübung und Beendigung einer Personaldienstbarkeit nach Art. 781 ZGB kann grundsätzlich auf die Behandlung der Grunddienstbarkeit (vgl. 5.) verwiesen werden.

[3] Die Einräumung einer Personaldienstbarkeit unterliegt der GGSt, falls die Personaldienstbarkeit irregulär (übertragbar und vererblich) ist und auf unbeschränkte Zeit errichtet wird (dauernde Belastung), eine wesentliche Belastung vorliegt und die Einräumung gegen Entgelt erfolgt (§ 216 Abs. 2 lit. b StG; vgl. 5.1 FN 2).

[4] Für die Übertragung einer ins GB als Grundstück aufgenommenen Personaldienstbarkeit gelten die Regeln für die Übertragung von Grundeigentum (öffentliche Beurkundung, Eintragung Erwerber in GB). Es liegt eine zivilrechtliche Handänderung an einem Grundstück vor, welche die GGSt auslöst (auch bei Rückübertragung auf Eigentümer der LS) (KommZH 216 N 139). Als Anlagekosten sind (u.a.) die geleisteten Entschädigungen für die zukünftige Belastung anrechenbar (sofern nicht bereits bei der Einkommenssteuer abgezogen).

[5] Personaldienstbarkeiten nach Art. 781 ZGB sind nur übertragbar, falls dies von den Parteien so vereinbart wurde (Art. 781 Abs. 2 ZGB). Sofern eine übertragbare Personaldienstbarkeit nicht als GS ins GB eingetragen wurde, genügt für die Übertragung ein schriftlicher Vertrag mit der Erklärung des Übertragenden und der Bezeichnung des neuen Berechtigten (umstritten: ob GB-Eintragung erforderlich; vgl. BSK ZGB 780 N 13 zum Quellenrecht).

[6] Bei einer unbefristeten Personaldienstbarkeit stellt die Entschädigung Entgelt für das übertragene Recht dar und ist beim Empfänger nicht steuerbar bzw. beim Leistenden nicht abziehbar.

[7] Die Übertragung einer nicht als GS ausgestalteten Personaldienstbarkeit löst i.d.R. keine GGSt aus (KommZH § 216 N 132). Allenfalls kann eine wirtschaftliche Handänderung i.S.v. § 216 Abs. 2 lit. a StG vorliegen.

[8] Die Entschädigung ist als Ertrag aus unbeweglichem Vermögen steuerbar (§ 21 Abs. 1 lit. a StG i.V.m. § 36 StG). Als Gewinnungskosten sind die geleisteten Entschädigungen für die zukünftige Belastung anrechenbar, sofern sie nicht bereits bei der Einräumung abgezogen wurden. Der neue Dienstbarkeitsberechtigte kann seine Leistung als Gewinnungskosten abziehen, falls ein Ertrag aus der Dienstbarkeit zu versteuern ist.

7. Grundlast[1]

7.1 Einräumung, Ausübung und Ablösung einer Grundlast

Art der Leistungen	StSt / ESchSt	DBSt	GGSt
a) Einräumung/Ablösung einer Grundlast gegen Einmalentschädigung	Empfänger: Einmalentschädigung i.d.R. nicht steuerbar[2] Leistender: Leistung nicht abziehbar[2]	Empfänger: Leistungen nicht steuerbar Leistender: Leistungen nicht abziehbar	keine GGSt[3]
b) Einräumung/Ablösung einer Grundlast gegen periodische Leistungen	Empfänger: Leistungen steuerbar[4] (§ 21 Abs. 1 lit. a StG) Leistender: Leistungen abziehbar, sofern Ertrag steuerbar[5]	Empfänger: Leistungen steuerbar (Art. 21 Abs. 1 lit. a DBG) Leistender: Leistungen abziehbar, sofern Ertrag steuerbar	keine GGSt
c) Ausübung der Grundlast	Empfänger: Ertrag steuerbar[6] (§ 21 Abs. 1 lit. a StG) Leistender: Leistungen abziehbar[7] (§ 31 Abs. 1 lit. b StG)	Empfänger: Ertrag steuerbar (Art. 21 Abs. 1 lit. a DBG) Leistender: Leistungen abziehbar (Art. 33 Abs. 1 lit. b DBG)	keine GGSt
d) Vermögen	Wertverminderung / Wertvermehrung berücksichtigen[8] (§ 39 StG)	keine Vermögenssteuer	-

---

[1] Durch eine Grundlast wird der jeweilige Eigentümer eines Grundstücks zu einer Leistung an einen Berechtigten verpflichtet (Realobligation), für die er ausschliesslich mit dem Grundstück haftet (Art. 782 ZGB). Der Gläubiger hat keine persönliche Forderung gegen den Schuldner, sondern nur ein Recht auf Befriedigung aus dem Wert des belasteten Grundstücks (blosse Sachhaftung). Da eine Verpflichtung zu einer Leistung und nicht nur ein Unterlassen oder Dulden geschuldet ist, bildet die Grundlast keine Dienstbarkeit. Die Errichtung einer Grundlast bedarf der öffentlichen Beurkundung und der Eintragung in das GB (Art. 783 ZGB). Nach 30-jährigem Bestand der Grundlast kann der Schuldner die Ablösung verlangen, auch wenn eine längere Dauer oder die Unablösbarkeit verabredet wurde (Art. 788 Abs. 1 Ziff. 2 ZGB). Die Grundlast geht unter mit der Löschung des Eintrages im Grundbuch (Art. 786 ZGB).

[2] Bei einer auf unbegrenzte Zeit errichteten Grundlast stellt die Einmalleistung für die Einräumung oder Ablösung Ersatz für den Minderwert/Mehrwert des GS dar und ist beim Empfänger nicht steuerbar bzw. beim Leistenden nicht abziehbar. Bei einer zeitlich befristeten Grundlast stellt die Einmalleistung für die Errichtung (bzw. Ablösung) beim Empfänger steuerbaren Ertrag aus unbeweglichem Vermögen (§ 21 Abs. 1 lit. a i.V.m. § 36 StG) dar und kann vom Leistenden abgezogen werden, falls ein Ertrag aus der Grundlast bei ihm besteuert wird (keine Anwendung des Praktikabilitätsmodells; vgl. zur Besteuerung im GV, 4.1 FN 5, 6).

[3] Die Belastung mit einer Grundlast unterliegt nicht der GGSt, da keine Dienstbarkeit oder öffentlichrechtliche Eigentumsbeschränkung vorliegt (§ 216 Abs. 2 lit. b StG).

[4] Sofern die periodischen Leistungen während der gesamten Dauer der Grundlast geschuldet sind, stellen sie steuerbaren Ertrag aus unbeweglichem Vermögen dar (§ 21 Abs. 1 lit. a StG). Sofern die Errichtung oder Ablösung einer zeitlich unbegrenzten Grunddienstbarkeit gegen ein Leibrente oder Zeitrente geschieht, ist nur der Zinsanteil (40% bzw. Zinsquote) steuerbar (§ 22 Abs. 3 StG, § 20 Abs. 1 lit. a StG) und vom Leistenden abziehbar (§ 31 Abs. 1 lit. b bzw. a StG).

[5] Der Leistende kann die periodischen Leistungen (als Gewinnungskosten) abziehen, falls er den Ertrag aus der Grundlast versteuern muss.

[6] Die Leistungen stellen beim Berechtigten Ertrag aus unbeweglichem Vermögen dar (§ 21 Abs. 1 lit. a StG).

[7] Der Leistende kann effektive Aufwendungen als dauernde Lasten (§ 31 Abs. 1 lit. b StG) abziehen, sofern der Abzug nicht bereits durch eine Verminderung des Ertrags des Grundstücks berücksichtigt wurde (vgl. VGr, 31.3.2010, SB.2009.00114; BGr, 24.11.2010, 2C_542/2010). Dauernde Lasten i.s.v. § 31 Abs. 1 lit. b StG sind Verpflichtungen, welche dem Pflichtigen auf Dauer oder während eines längeren Zeitraums auferlegt sind, aus einem Vermögensgegenstand erbracht werden müssen und dessen Nutzungswert vermindern (vgl. VGr, 20.4.2011, SB.2010.00087, auch zur Abgrenzung gegenüber der Leibrente).

[8] Eine durch die Grundlast entstehende Wertverminderung des Grundstücks ist grundsätzlich beim Vermögenssteuerwert zu berücksichtigen (KommZH, 39 N 48; in der Praxis wird die Wertveränderung nur berücksichtigt, falls der aktuelle Vermögenssteuerwert nicht mehr in der Bandbreite von 70%-100% des Verkehrswerts liegt).

Immobilien-Wegweiser durch den Steuerdschungel

Art der Leistungen	StSt / ESchSt	DBSt	GGSt
e) Übertragung einer zeitlich unbefristeten Grundlast[9] (nicht als GS ins GB aufgenommen)	Empfänger: Entschädigung nicht steuerbar[10] Neuer Berechtigter: Leistung nicht abziehbar	Empfänger: Entschädigung nicht steuerbar Neuer Berechtigter: Leistung nicht abziehbar	keine GGSt[11]
f) Übertragung einer zeitlich befristeten Grundlast (nicht als GS ins GB aufgenommen)	Empfänger: Entschädigung steuerbar[12] (§ 21 Abs. 1 lit. a StG) Neuer Berechtigter: Leistung abziehbar, sofern Ertrag steuerbar	Empfänger: Entschädigung steuerbar (Art. 21 Abs. 1 lit. a DBG) Neuer Berechtigter: Leistung abziehbar, sofern Ertrag steuerbar	keine GGSt
g) Veräusserung eines mit einer Grundlast belasteten Grundstücks	-	-	GGSt: allenfalls rechtliche Verschlechterung[13]

---

[9] Die persönliche Grundlast kann, sofern nicht durch spezielle Abrede unabtretbar, durch Abtretung in einfacher Schriftform übertragen werden (z.T. wird in der Lehre öffentliche Beurkundung gefordert; vgl. BSK ZGB 783 N 17). Ob eine selbständige und dauernde Personalgrundlast als GS ins GB eingetragen werden kann, ist umstritten (vgl. BSK ZGB 655 N 17, 783 N 12).

[10] Bei einer unbefristeten Grundlast stellt die Entschädigung Entgelt für das übertragene Recht dar und ist beim Empfänger nicht steuerbar bzw. beim Leistenden nicht abziehbar.

[11] Die Übertragung einer Grundlast löst keine GGSt aus (vgl. FN 3).

[12] Die Entschädigung ist als Ertrag aus unbeweglichem Vermögen steuerbar (§ 21 Abs. 1 lit. a StG i.V.m. § 36 StG). Als Gewinnungskosten sind die geleisteten Entschädigungen für die zukünftige Belastung anrechenbar, sofern sie nicht bereits bei der Einräumung abgezogen wurden. Der neue Berechtigte kann seine Leistung als Gewinnungskosten abziehen, falls der Ertrag aus der Grundlast zu versteuern ist.

[13] Bei der Bestimmung der Grundstückgewinnsteuer wird eine Grundlast, welche bei Erwerb des GS noch nicht bestand, dadurch berücksichtigt, dass beim Erwerbspreis der der tatsächlichen Verschlechterung entsprechende Wert abgezogen wird (KommZH 219 N 19).

8. Vorkaufs-, Kaufs-, Rückkaufsrecht: Vorgemerkte persönliche Rechte[1]

8.1 Vorkaufsrecht[2]

Art der Leistungen	StSt / ESchSt	DBSt	GGSt
a) Einräumung eines Vorkaufsrechts gegen Entgelt	Empfänger: ev. Entgelt steuerbar[3] (§ 21 Abs. 1 lit. a StG)	Empfänger: ev. Entgelt steuerbar (Art. 21 Abs. 1 lit. a DBG)	ev. GGSt[4]
b) Ablösung / Verzicht auf die Ausübung eines Vorkaufsrechts gegen Entgelt	Empfänger: Entgelt steuerbar[5] (§ 23 lit. d StG)	Empfänger: Entgelt steuerbar (Art. 23 lit. d DBG)	ev. GGSt[6]
c) Übertragung eines Vorkaufsrechts gegen Entgelt	Empfänger: Leistungen steuerbar[7] (§ 21 Abs. 1 lit. a StG)	Empfänger: Leistungen steuerbar (Art. 21 Abs. 1 lit. a DBG)	ev. GGSt[8]
d) Vermögen	i.d.R. keine Wertverminderung berücksichtigen[9] (§ 39 StG)	keine Vermögenssteuer	-
e) Veräusserung eines mit einem vorgemerkten persönlichen Recht belasteten Grundstücks	-	-	GGSt: allenfalls rechtliche Verschlechterung[10]

[1] Gewisse persönliche (obligatorische) Rechte, wie das Vor- und Rückkaufsrecht und das Kaufsrecht, können im Grundbuch vorgemerkt werden (Art. 959 ZGB). Durch die Vormerkung wird kein dingliches Recht geschaffen, jedoch erhält das vorgemerkte Recht Wirkung gegenüber jedem später am GS erworbenen Recht (dingliche Verstärkung des Rechts).

[2] Das Vorkaufsrecht ist das (Gestaltungs-)Recht, bei Eintritt des Vorkaufsfalls (Verkauf des GS) durch einseitige Willenserklärung die Übertragung des Eigentums am GS zu verlangen (Art. 216-216e OR, Art. 681 ff. ZGB). Der Vorkaufsvertrag bedarf grundsätzlich der öffentlichen Beurkundung, beim unlimitierten Vorkaufsrecht reicht schriftliche Form (Art. 216 OR). Vorkaufsrechte dürfen für höchstens 25 Jahre vereinbart und vorgemerkt werden (Art. 216a OR). Sofern nichts anderes vereinbart, ist das vertragliche Vorkaufsrecht vererblich, aber nicht abtretbar (Art. 216b OR).

[3] Das Entgelt stellt beim Eigentümer steuerbaren Ertrag aus unbeweglichem Vermögen dar, sofern es nicht von der GGSt erfasst wird (vgl. FN 4, 6; ev. Revision Einschätzungsentscheid Einkommenssteuer).

[4] Sofern ein limitiertes Vorkaufsrecht ausübt wird und das Entgelt für die Einräumung des Vorkaufsrechts als Teil des Kaufpreises gilt, ist das Entgelt von der GGSt zu erfassen (ev. Revision des Einkommenssteuerentscheids). Die blosse Einräumung eines Vorkaufsrechts unterliegt nicht der GGSt nach § 216 Abs. 2 lit. b StG, da keine Dienstbarkeit oder öffentlichrechtliche Eigentumsbeschränkung vorliegt und stellt i.d.R. auch keine wirtschaftliche Handänderung nach § 216 Abs. 2 lit. a StG dar (vgl. KommZH 216 N 85; RB 1965 Nr. 54), sofern kein Kettenhandel vorliegt (vgl. FN 6).

[5] Es liegt eine steuerbare Entschädigung für die Nichtausübung eines Rechtes vor (KommZH 23 N 47), sofern kein Kettenhandel vorliegt (vgl. FN 6). Die geleistete Entschädigung für die Einräumung des Vorkaufsrechts ist als Gewinnungskosten anrechenbar.

[6] Wird die Entschädigung vom Erwerber des GS im Rahmen eines GS-Kaufs an den Berechtigten zwecks Ablösung des Vorkaufsrechts geleistet, so bildet sie eine weitere Kaufpreisleistung, welche bei der GGSt berücksichtigt wird (RB 1998 Nr. 163). Dies steht der Besteuerung der Entschädigung beim Berechtigten nicht entgegen. Der Eigentümer kann die Entschädigung nur dann als rechtliche Verbesserung geltend machen, wenn das Vorkaufsrecht bei Erwerb des GS bereits bestand. In diesem Fall liegt kein Kettenhandel vor. Ein Kettenhandel mit Grundstückgewinnsteuer für den Berechtigten liegt dann vor, wenn der Berechtigte das Vorkaufsrecht im Vorkaufsfall einem Dritten (der mit Käufer nicht identisch ist) überträgt, der demzufolge das GS anstelle des Käufers tatsächlich erwirbt (vgl. RB 1965 Nr. 54).

[7] Mit der Übertragung oder Abtretung eines vorgemerkten persönlichen Rechts geht die Wirkung der Vormerkung auf den Erwerber über. Die Entschädigung stellt beim Empfänger steuerbaren Ertrag aus unbeweglichem Vermögen (§ 21 Abs. 1 lit. a) dar, sofern kein Kettenhandel vorliegt (vgl. FN 6). Die geleistete Entschädigung für die Einräumung des Vorkaufsrechts ist als Gewinnungskosten anrechenbar.

[8] Die blosse Übertragung eines Vorkaufsrechts führt i.d.R. nicht zu einer grundstückgewinnsteuerpflichtigen Handänderung, sofern kein Kettenhandel vorliegt (vgl. FN 6).

[9] In der Regel werden bei der Vermögenssteuer vorgemerkte persönliche Rechte bei der Bewertung des belasteten Grundstücks nicht wertmindernd berücksichtigt (KommZH 39 N 48; vgl. auch 5.1 FN 9).

[10] Bei der Bestimmung der Grundstückgewinnsteuer wird ein vorgemerktes persönliches Recht, welches bei Erwerb des GS noch nicht bestand, dadurch berücksichtigt, dass beim Erwerbspreis der der tatsächlichen Verschlechterung entsprechende Wert abgezogen wird (KommZH 219 N 19).

Immobilien-Wegweiser durch den Steuerdschungel

8.2 Kaufs- und Rückkaufsrecht[11]

Art der Leistungen	StSt / ESchSt	DBSt	GGSt
a) Einräumung eines Kaufsrechts gegen Entgelt	Eigentümer: ev. Entgelt steuerbar[12] (§ 21 Abs. 1 lit. a StG)	Eigentümer: ev. Entgelt steuerbar (Art. 21 Abs. 1 lit. a DBG)	ev. GGSt[13]
b) Ablösung / Verzicht auf die Ausübung eines Kaufsrechts gegen Entgelt	Empfänger: Entgelt steuerbar[14] (§ 23 lit. d StG)	Empfänger: Entgelt steuerbar (Art. 23 lit. d DBG)	ev. GGSt[15]
c) Übertragung eines Kaufsrechts gegen Entgelt	Empfänger: Leistungen steuerbar[16] (§ 21 Abs. 1 lit. a StG)	Empfänger: Leistungen steuerbar (Art. 21 Abs. 1 lit. a DBG)	ev. GGSt[17]
d) Vermögen	i.d.R. keine Wertverminderung berücksichtigen[18] (§ 39 StG)	keine Vermögenssteuer	-
e) Veräusserung eines mit einem vorgemerkten persönlichen Recht belasteten Grundstücks	-	-	GGSt: allenfalls rechtliche Verschlechterung[19]

---

[11] Das Kaufsrecht ist das (Gestaltungs-)Recht, durch einseitige Willenserklärung einen Kaufvertrag perfekt zu machen. Das Rückkaufsrecht gibt dem Veräusserer die Befugnis, unter gewissen vertraglich festgesetzten Bedingungen durch einseitige Erklärung die entgeltliche Rückübertragung vom Erwerber zu verlangen (Art. 216-216e OR). Der Vertrag über ein Kaufs- oder Rückkaufsrecht an einem GS bedarf der öffentlichen Beurkundung (Art. 216 Abs. 2 OR). Rückkaufsrechte dürfen für höchstens 25 Jahre, Kaufsrechte für höchstens 10 Jahre vereinbart und vorgemerkt werden (Art. 216a OR). Sofern nichts anderes vereinbart ist, sind die vertraglichen Kaufs- und Rückkaufsrechte vererblich, aber nicht abtretbar (Art. 216b OR). Für die steuerliche Behandlung gelten für das Rückkaufsrecht grundsätzlich die gleichen Regeln wie für das Kaufsrecht, so dass nachfolgend nur das Kaufsrecht genannt wird.

[12] Das Entgelt stellt beim Eigentümer steuerbaren Ertrag aus unbeweglichem Vermögen dar, sofern es nicht von der GGSt erfasst wird (vgl. FN 13; ev. Revision Einschätzungsentscheid Einkommenssteuer).

[13] Sofern der Berechtigte das Kaufsrecht ausübt und die Entschädigung als Anzahlung an den Kaufpreis gilt, ist sie von der GGSt zu erfassen (Revision des Einkommenssteuerentscheids, falls im Einschätzungszeitpunkt noch nicht feststand). Die blosse Einräumung eines Kaufsrechts stellt grundsätzlich noch keine wirtschaftliche Handänderung nach § 216 Abs. 2 lit. a StG dar, es kann aber eine solche vorliegen, sofern im Rahmen des Kaufsrechtsvertrags wesentliche Teile der Verfügungsmacht über das Grundeigentum übertragen werden (Substitutionsklausel, Verwaltung LS auf eigene Rechnung, Wahl der Mieter usw., vgl. RB 1977 Nr. 92). Eine wirtschaftlich Handänderung liegt auch vor, d.h. wenn der Kaufsberechtigte aufgrund einer Substitutionsklausel einen Dritten in den Kaufsrechtsvertrag eintreten lässt und dieser durch Ausübung des Kaufsrechts zivilrechtlicher Eigentümer des Grundstücks wird oder durch Verzicht auf die Ausübung des Kaufrechts dem Dritten zum GS-Erwerb verholfen wird (vgl. RB 1984 Nr. 67, RB 1997 Nr. 55).

[14] Es liegt eine steuerbare Entschädigung für die Nichtausübung eines Rechtes vor (KommZH 23 N 47), sofern nicht ein Kettenhandel oder eine wirtschaftliche Handänderung vorliegt (vgl. FN 13). Die geleistete Entschädigung für die Einräumung des Kaufsrechts ist als Gewinnungskosten anrechenbar.

[15] Sofern ein Kettenhandel oder eine wirtschaftliche Handänderung (vgl. FN 13) vorliegt, werden die Leistungen im Rahmen der GGSt erfasst. Liegt kein Kettenhandel vor und wird die Entschädigung vom Erwerber des GS im Rahmen eines GS-Kaufs an den Berechtigten zwecks Ablösung des Kaufsrechts geleistet, so bildet sie eine weitere Kaufpreisleistung welche bei der GGSt berücksichtigt wird (RB 1998 Nr. 163), was auch der Besteuerung der Entschädigung beim Berechtigten nicht entgegensteht. Der Eigentümer kann die Entschädigung nur dann als rechtliche Verbesserung geltend machen, wenn das Kaufsrecht bei Erwerb des GS bereits bestand.

[16] Mit der Übertragung oder Abtretung eines vorgemerkten persönlichen Rechts geht die Wirkung der Vormerkung auf den Erwerber über. Die Entschädigung (unter Abzug der Aufwendungen für die Einräumung) stellt beim Empfänger steuerbaren Ertrag aus unbeweglichem Vermögen (§ 21 Abs. 1 lit. a) dar, sofern keine wirtschaftliche Handänderung vorliegt (vgl. FN 13).

[17] Sofern eine wirtsch. Handänderung vorliegt (vgl. FN 13), sind die Leistungen von der GGSt zu erfassen.

[18] In der Regel werden bei der Vermögenssteuer vorgemerkte persönliche Rechte bei der Bewertung des belasteten Grundstücks nicht wertmindernd berücksichtigt (KommZH 39 N 48; vgl. auch 5.1 FN 9).

[19] Bei der Bestimmung der Grundstückgewinnsteuer wird ein vorgemerktes persönliches Recht, welches bei Erwerb des GS noch nicht bestand, dadurch berücksichtigt, dass beim Erwerbspreis der Verschlechterung entsprechende Wert abgezogen wird (KommZH 219 N 19).

Zürich, den 29. April 2013

Kantonales Steueramt Zürich
Der Chef a.i.:

A. Walter